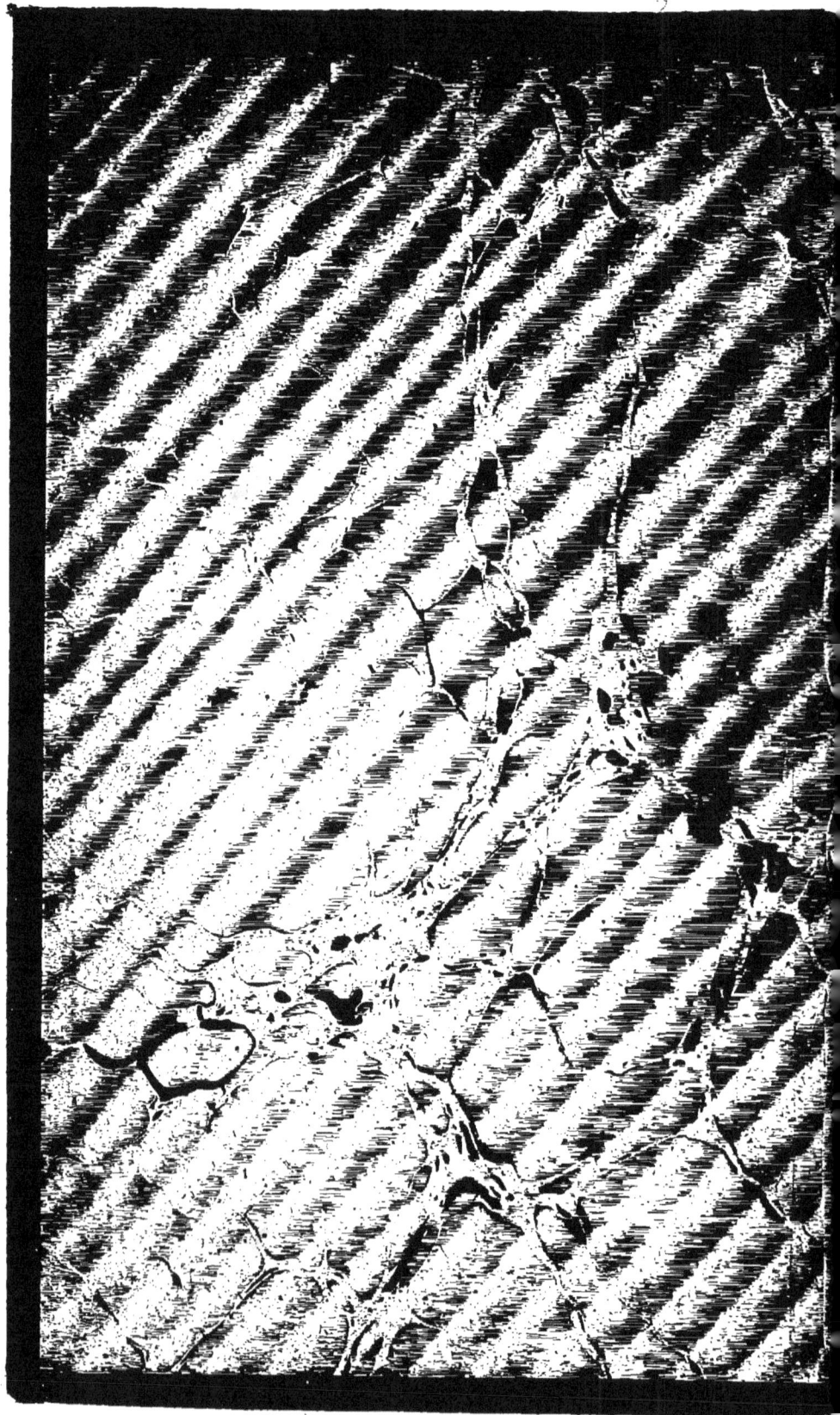

Oo

PRÉCIS D'HISTOIRE

DE LA

LANGUE FRANÇAISE

COURS GRADUÉ DE LITTÉRATURE FRANÇAISE

Par A. PÉLISSIER

Professeur de l'Université.

Enseignement secondaire classique.

Histoire de la langue française, 1 vol.   *Didier et Ce.*

Premiers principes de style et de composition, 1 vol. *Hachette et C°*

Sujets de composition (Classes élémentaires) 1 vol.   »

Principes de rhétorique. 1 vol.   »

Sujets de Composition (Classes supérieures), 1 vol.   »

Morceaux choisis des classiques français, 6 vol.   »

Enseignement secondaire spécial.

Morceaux choisis des classiques français, 2 vol.   *Hachette et Ce.*

Abbeville. — Imprimerie Briez, C. Paillart et Retaux.

PRÉCIS D'HISTOIRE

DE LA

LANGUE FRANÇAISE

DEPUIS SON ORIGINE JUSQU'A NOS JOURS

PAR

A. PELLISSIER.

Professeur de l'Université.

DEUXIÈME ÉDITION

Revue et augmentée de textes anciens
avec Traduction et Commentaire

PARIS

LIBRAIRIE ACADÉMIQUE

DIDIER ET Cᵉ, LIBRAIRES-ÉDITEURS

35, QUAI DES AUGUSTINS, 35

1873

A Monsieur

MAURICE MONJEAN

DIRECTEUR DU COLLÉGE CHAPTAL

Le premier en France
il a patronné l'Enseignement élémentaire
de l'Histoire de la Langue Française.
Cet Hommage d'un ami à un ami
consacrera le souvenir de cette création nationale.

Paris, juillet 1866.

AVERTISSEMENT

DE LA DEUXIÈME ÉDITION

Au moment où je préparais une édition nouvelle de cette HISTOIRE DE LA LANGUE FRANÇAISE, une Circulaire officielle recommandait aux professeurs de l'Université « l'étude sommaire de la langue française dans son origine et son développement. »

En attendant que des ouvrages d'une érudition plus sûre fassent porter tous ses fruits à cette innovation que mes leçons au collége Chaptal ont devancée de près de dix ans, j'ose offrir au public des écoles un *Essai* que je me suis efforcé d'améliorer et de compléter.

C'était un devoir pour moi de justifier l'approbation des maîtres qui, m'ayant servi de guides, ont trouvé dans mon travail l'occasion de se décerner à eux-mêmes des félicitations dont j'ose prendre ma part.

La théorie philologique est toujours l'œuvre la plus discutable, elle a été l'objet d'une révision que des conseils érudits ont éclairée.

Quelques amis de la philologie et de la jeunesse

sont venus à mon aide et m'ont secondé, dans
l'analyse des vieux textes, avec un empressement
qui m'a prouvé que l'érudition n'est pas forcément
« pédante et crottée », qu'elle est de sa nature
bienveillante et libérale, et qu'enfin le savoir n'ex-
clut pas le savoir-vivre. Je les en remercie de
tout mon cœur pour la jeunesse et pour moi ;
mais je continue à prendre seul la responsabilité
des fautes que cet essai doit encore contenir.

Personne plus que moi ne désire que je sois dépassé dans la voie que j'ai eu l'honneur d'ouvrir.

On fera mieux, avec plus de savoir, je le sou-
haite et je l'espère ; mais avec un culte plus sérieux de la gloire nationale, avec plus de respect
du passé, avec plus de sollicitude patriotique
pour l'avenir, jamais.

Auteuil, 1873.

PRÉFACE

DE LA PREMIÈRE ÉDITION.

***

Paris 1866.

Ce livre est le premier essai d'une histoire complète de la langue française. En l'écrivant, je me suis proposé de répandre et de rendre accessibles à tous les lecteurs les découvertes de l'érudition moderne sur cet intéressant sujet. Cependant c'est faute d'avoir pu le trouver que je n'ai pas donné à mon œuvre un titre plus modeste, tant je me sens au-dessous de la tâche que je n'ai pas craint d'entreprendre. Non pas que je doute de quelqu'une des choses que j'ai cru pouvoir avancer ; il n'est guère d'affirmation qui ne s'autorise des noms de Raynouard ou de Villemain, de Diez ou de Burguy, de Littré ou de Guessard ; mais la part qui me revient dans ce travail est si mince que j'ose à peine y inscrire mon nom.

Séduit par les travaux féconds et les découvertes ingénieuses de la philologie contemporaine, je regrettais qu'aucun enseignement élémentaire ne fît connaître à la jeunesse française comment s'est formée notre langue, la plus belle œuvre de l'esprit français, la plus brillante et la moins contestée de nos gloires nationales. Je déplorais tout haut la persistance du préjugé qui fait que, même en 1866, l'Université, trop scrupuleuse dans le respect de certaines traditions, enseigne mieux le latin que le fran-

1

çais et ne fait de notre belle langue qu'une étude accessoire, secondaire, indirecte. Ce regret fut entendu par le directeur d'un très-grand établissement d'instruction publique où une large étude des langues et des littératures modernes prend pour base l'étude de la grammaire et de la littérature française. Je fus prié de faire entrer dans. le cadre de l'enseignement supérieur du collége Chaptal un cours sur l'histoire de la langue de notre pays. C'était me prendre gracieusement par mes propres paroles ; j'essayai. Quelques bons juges ont bien voulu reconnaître et dire que je n'y réussissais pas mal ; les réponses de mes jeunes auditeurs leur. ont donné raison. Aussitôt un éditeur qui cherche et découvre toutes les nouveautés utiles me demanda le manuscrit de mon cours pour l'imprimer et en étendre le bénéfice jusqu'au public. Je n'eus pas le courage de décliner cet honneur ; et voilà comment les notes d'un curieux, transformées par trois ans d'un travail assidu, sont devenues un livre.

— Mais pourquoi tant d'empressement à publier des ébauches, quand de plus érudits et de mieux autorisés auraient pu traiter ce sujet nouveau ? et avec quelle différence de savoir et de talent ! — Contre cette objection je suis très-fort de ma sincère humilité. Au siége d'une place forte, le soldat qui s'élance d'abord à l'assaut essuie le premier feu et montre le chemin. Tel est le sort que j'ambitionne pour mon livre : il aura le mérite d'avoir été le premier, d'avoir donné le bon exemple ; les érudits et les savants viendront après, qui feront mieux. Une fois maître de la place, peut-être se rappellera t-on que les vainqueurs doivent un souvenir au soldat qui, dans son obscur dévouement au drapeau, a fait de son corps un degré pour porter de plus heureux à la victoire.

TABLEAU MÉTHODIQUE

DE L'HISTOIRE DE LA LANGUE FRANÇAISE

DISCOURS PRÉLIMINAIRE.

OBJET, MÉTHODE ET UTILITÉ DE CES ÉTUDES.

INTRODUCTION.

ORIGINES DE LA LANGUE FRANÇAISE.

Langues primitives de la Gaule. — Celtes, Ibères, Grecs, Romains, Francs. — Le latin des Gallo-Romains.

PREMIÈRE PARTIE.

LE VIEUX FRANÇAIS.

Langues romanes au IXe siècle. — Formation du vieux français au Xe et au XIe siècle. — Apogée du vieux français au XIIe et au XIIIe siècle. — Décadence du vieux français au XIVe siècle.

DEUXIÈME PARTIE

ÉTUDE PHILOLOGIQUE DU VIEUX FRANÇAIS.

Prononciation et orthographe. — Formation des mots. — Syntaxe, construction et versification. — Qualités et défauts du vieux français.

TROISIÈME PARTIE.

LE FRANÇAIS MODERNE.

Formation du français au xvᵉ siècle. — Développement au xvıᵉ siècle, — Apogée au xvııᵉ et au xvıııᵉ siècle.

CONCLUSION.

LE XIXᵉ SIÈCLE.

Présent et avenir de la langue française.

DISCOURS PRÉLIMINAIRE

OBJET, MÉTHODE ET UTILITÉ DE CES ÉTUDES.

1. L'histoire est, d'une manière générale, la connaissance des faits; il n'y a donc d'histoire possible que pour ce qui présente une succession de faits, c'est-à-dire pour ce qui change, pour ce qui se meut, en un mot, pour ce qui vit. L'objet essentiel de l'histoire, son objet inté-

ressant par dessus tous, c'est l'homme, sa vie et ses
œuvres ; aussi y a-t-il une histoire de la langue, comme
il y a une histoire de la guerre, de la politique, de la
littérature, des arts et de l'industrie.

2. En effet, une langue n'est pas une chose inerte, elle
a une existence propre et individuelle ; elle présente
tous les caractères d'un organisme soumis à la loi de la
vie et de la mort ; tous les faits constitutifs de la vie se
produisent et se montrent avec clarté dans son développement. La vie d'une langue consiste dans une série de
modifications qui lui servent à se maintenir en parfaite
harmonie avec l'esprit, les besoins, les sentiments et les
pensées d'un peuple, à se transformer avec une rapidité
égale à la pensée dont-elle suit toutes les fluctuations,
dont-elle exprime toutes les délicatesses ; l'écho ne ren-
voie pas plus fidèlement le son, l'ombre n'accompagne pas
le corps avec plus d'exactitude. On peut même, par une
comparaison très-exacte, dire que, pour un peuple, la
langue est ce que la graine est pour la plante : c'est à la
fois un résultat et un moyen, c'est en même temps un
organe et un fruit de la vie. Se transformer dans son
vocabulaire, dans sa syntaxe, dans ses caractères littéraires, telle est la loi de la vie pour un idiome.
Quand une langue est riche d'un nombre de mots assez grand pour exprimer tous les faits essentiels du
monde physique, moral et social, tous les éléments de la
vie de l'homme ; quand de plus elle a été employée par
des génies supérieurs en poésie ou en éloquence, alors
elle est fixée dans son vocabulaire, dans sa syntaxe et

dans son esprit; elle touche à la virilité, à ce qu'on pourrait appeler sa perfection, et tout ce qui en altère la constitution prépare et hâte la décadence de cette langue.

Ainsi se trouve amené le moment où l'idiome cesse d'être en harmonie avec l'esprit du peuple qui le parle. Alors le vocabulaire est insuffisant pour les besoins de l'esprit, la syntaxe et la construction ne répondent plus à la marche et à l'enchaînement des pensées; telle est la loi de la décadence naturelle, de la désorganisation d'un idiome. Ce singulier désaccord résulte tantôt de la grossièreté de la langue, tantôt de l'ignorance et de la barbarie de la population.

3. Cette discordance est une situation fausse qui ne saurait durer, c'est une crise qui se termine ou par la mort de la langue qu'une autre vient remplacer, ou par une transformation qui, renouvelant l'idiome, le met mieux en rapport avec les besoins de la nation. Telle est la loi de la mort ou de la rénovation des langues; car le principe de mort est aussi un principe de vie, et la décomposition d'une langue est le commencement de la constitution organique d'une langue nouvelle.

Cette série de faits qui constituent la vie d'un idiome, présentent, suivant les différents caractères des nations et les événements particuliers de leur histoire politique, sociale et morale, une foule de caractères accidentels et distincts; noter ces caractères tels que nous les attestent les monuments littéraires ou politiques, c'est donc faire l'histoire de cette langue, et il n'est pas de langue qui ne puisse avoir une histoire.

4. Il ne s'agit dans cette étude ni de recueillir et d'enregistrer les mots, ni d'énumérer les règles de syntaxe, sans oublier aucune de leurs transformations, c'est là une œuvre de grammairien. Le travail de l'historien consiste à tracer le tableau des faits essentiels de la vie et à rechercher les procédés généraux suivis par un idiome dans cette série de métamorphoses. L'histoire d'une langue n'en est ni le dictionnaire, ni la grammaire, c'est l'exposition complète des faits successifs de sa vie expliqués dans leur origine et dans leurs lois. Donner un sentiment exact de la façon dont s'accomplit et s'achève ce travail d'organisation et de désorganisation, voilà le but d'un historien de la langue. Dégager du chaos des détails les faits capitaux, les mettre en relief, en découvrir les racines dans le passé, en indiquer les fruits dans l'avenir, voilà son œuvre philosophique et le dernier résultat qu'il ambitionne.

5. Le passé se révèle au présent et lui parle par plus d'une voix. La voix des faits politiques et sociaux a été longtemps seule écoutée, elle frappe toutes les oreilles, n'est-il pas temps d'écouter la voix moins retentissante de la littérature et de la langue? C'est la voix de l'âme; elle s'adresse à l'intelligence et au cœur; c'est de l'intelligence et du cœur qu'elle nous dit les secrets.

Si même on compare ce tableau de la vie intérieure avec ce qu'on est convenu d'appeler l'histoire, c'est-à-dire avec le tableau des guerres, des conquêtes, des traités, des migrations des peuples, on reconnaîtra que l'étude des faits extérieurs présente, sous des différences localesà peine sensibles, une monotonie parfois fatigante. L'histoire politique est la peinture de la vie humaine dans ce qu'elle a de plus commun, de moins élevé, de moins caractéristique ; les costumes, les dates et les noms changent, les passions et leurs résultats restent les mêmes.

Au contraire, l'histoire d'un idiome est l'histoire d'un peuple dans son œuvre la plus intime, dans son œuvre individuelle. Aussi, lors même que l'histoire politique cherche à monter de la simple énumération des événements extérieurs à l'analyse des dispositions morales qui ont produit ces faits, elle reste encore bien loin du tableau des faits intellectuels et moraux enregistrés par l'histoire des langues; ceux-ci sont, bien mieux que les faits politiques, l'œuvre propre et la gloire du pays. Ainsi, tracer l'histoire d'une langue, c'est faire l'histoire morale de la nation qui la parle, l'histoire de son génie et de son développement intellectuel ; c'est assister à sa vie morale, en saisir sur le fait toutes les évolutions. Par là on connaît un peuple dans ce que sa vie a de plus intime et de plus élevé ; on observe le reflet de son développement intellectuel, on étudie à leur source et à leur origine les principes de ses progrès et de sa grandeur. A quelque moment qu'on la prenne, on peut dire que l'histoire de la langue d'un peuple révèle sa pensée, ses sentiments, ses émotions, ses croyances, sa valeur intellectuelle et morale, cause première et fin suprême de tout le reste.

6. Mais plus cette étude offre un intérêt sérieux et

1.

élevé, plus les difficultés qu'elle présente sont considérables, plus sont graves les conséquences des erreurs.
Les événements dont se compose cette histoire sont des
faits moraux qu'il n'est pas aisé de constater avec une
exactitude irréprochable. La rigueur des dates, qui offre
dans l'histoire politique le secours si précieux de la
chronologie, est à peu près interdite à l'historien d'une
langue; les transformations intellectuelles ne sont pas
de celles qui se produisent à jour fixe. Il en est de ces
révolutions de la pensée et du langage comme de la révolution permanente qui constitue la vie physiologique;
il semblerait que, sauf dans les cas extraordinaires, chaque jour ne fait que répéter et reproduire les phénomènes
du jour qui l'a précédé; ce n'est qu'à la longue que
l'effet du temps se fait apprécier.

Un écueil non moins dangereux que la poursuite d'une
précision impossible à réaliser, c'est la prétention de
soumettre tous les faits moraux à des lois d'une rigueur
presque mathématique; défaut trop commun aux philosophes et aux grammairiens que de vouloir absolument
mettre l'ordre scien ifique ou logique dans un monde où
cet ordre n'existe pas. Comme toutes les œuvres humaines, les langues sont soumises aux mille caprices
de la volonté; les meilleures sont les moins imparfaites,
celles qui déjouent le moins les calculs et les espérances
de la raison humaine.

Mais le défaut contre lequel un historien sensé doit
le plus se tenir en garde est cet étrange pédantisme des
érudits qui, suivant l'expression spirituelle de Max
Müller, parlent de la langue Kachikale et apprécient les

délicatesses de l'idiome des Tchérémisses ou des
Samoyèdes avec la même sécurité qu'ils mettraient à
critiquer un écrivain français du xviie siècle.

Il y a longtemps que Voltaire a donné le ton qui convient au vrai philologue, en lui conseillant ce langage :
« Je doute beaucoup ; je crois, mais je suis très-disposé
à ne plus croire. » Du reste, il faut l'avouer, la tendance
à généraliser les découvertes ingénieuses de l'érudition,
à considérer comme absolues les remarques et les observations de détail, est si bien dans les intincts de l'esprit
français que Voltaire lui-même n'y a pas échappé quand
il a osé dire : « Notre langue s'est formée du latin en
abrégeant les mots, parce que c'est le propre des barbares que d'abréger tous les mots. » Pour rester dans
le vrai de l'histoire, remplacez cette fin de phrase par
celle-ci : « parce que c'est le propre de toute langue
d'abréger les mots , pour rendre plus rapide l'expression de la pensée ; » alors seulement vous aurez
une conclusion conforme à la raison et à la réalité.

7. Ces difficultés sont encore accrues dans l'histoire
de la langue française par certaines circonstances particulières très-décisives. Il est impossible d'y découvrir
des règles fixes et universelles ; ces règles n'ont jamais
existé ; notre langue s'est formée sous l'empire des besoins les plus variés et les plus contradictoires de l'esprit
pratique du peuple, qui l'a parlé seul pendant bien
longtemps. Il est probable que le vieux français n'a été
écrit qu'à partir du jour où l'usage en a été prescrit aux
clercs ; puis d'une façon un peu plus générale, après les

Serments de Strasbourg, c'est-à-dire vers le IXᵉ siècle. Jamais le vieux français n'a eu de grammaire fixée, de vocabulaire arrêté et constaté par un dictionnaire ; jamais de grands écrivains n'ont fait autorité pour fixer ou constater l'usage et la construction des mots, même au XIIᵉ et au XIIIᵉ siècle. Ce n'est que fort tard, lorsque cette langue était morte, que des étrangers, des Anglais, s'en sont occupés en érudits pour en recueillir et en fixer sous forme de règles les principaux usages.

Grâce à cet ensemble de faits la langue de l'ancienne France offre aux érudits un attrait de jeunesse, d'originalité, d'inspiration naïve qui semblerait devoir être le privilège des langues primitives ; ce charme particulier explique la passion avec laquelle les savants allemands nous ont précédés et dépassés dans l'étude et l'analyse de nos vieux monuments littéraires.

8. La conclusion à tirer de l'ensemble de ces remarques, c'est qu'il faut appliquer à l'étude de l'histoire de toute langue, et en particulier de la langue française, une méthode très-rigoureuse ; les prescriptions principales de cette méthode peuvent être ainsi formulées :

Avant tout recueillir, enregistrer et respecter les faits, seule base solide et inébranlable de l'érudition.

Classer les faits observés d'après leurs caractères naturels, sans nul esprit de système.

Après ce travail préparatoire l'interprétation des faits et la recherche des lois doivent être dominées par la plus grande défiance contre les créations personnelles et contre toute hypothèse.

Cette détermination des lois qui couronne le travail de l'historien peut être éclairée par les remarques suivantes tirées de l'étude des faits :

La perfection d'une langue est moins dans la richesse de son vocabulaire, dans la régularité de sa syntaxe que dans sa souplesse et son aptitude à prendre sans effort toutes les formes qui conviennent le mieux à l'expression de la pensée; Pascal a eu raison de comparer une bonne langue à cette robe grecque dont les plis dessinent et accusent les lignes et les formes, au lieu de les couvrir et de les cacher.

En second lieu, toute langue n'est en réalité qu'un anneau dans une chaîne non interrompue ; elle forme la transition d'un idiome à un autre. Il faut donc en éclairer l'étude par une double comparaison, et montrer, d'abord comment une langue se rattache à une autre et la continue en la modifiant; ensuite comment elle contient en germe la langue qui doit la suivre, comment elle l'annonce et la prépare. Au lieu d'un tableau isolé, il s'agit d'une étude d'ensemble avec la recherche des ramifications dans le passé et dans l'avenir; l'historien doit joindre à l'examen de ce qui a précédé, la prévision de ce qui doit suivre.

9. De ces principes posés il résulte qu'il ne faut pas prétendre à ranger les faits d'une telle histoire sous le joug de forces physiques et fatales; l'organisme d'une langue subit l'action d'une puissance morale, l'esprit humain avec sa raison, et aussi avec ses caprices, ses préjugés, ses défaillances, ses contradictions. Cependant

cette force libre est soumise elle-même dans son développement à certaines conditions générales que l'expérience et l'histoire permettent de déterminer. L'instinct
fécond et spontané des masses qui font les langues pro-.
duit une œuvre ordonnée et logique; il obéit dans ce
travail à des lois que le philologue a pour mission de saisir dans leur signe visible. Ces lois essentielles sont des
conditions premières qu'on peut résumer ainsi qu'il suit :

1° L'activité naturelle de l'intelligence humaine agit
sans relâche et transforme tous les objets auxquels
elle s'applique; 2° les aptitudes inhérentes à la race et
qui font son originalité mettent leur empreinte à toutes
ses œuvres ; 3° l'intervention des grands hommes est
toute puissante et leur génie se trahit dans la langue
par les modifications du vocabulaire, de la syntaxe, de
la construct'on, qui font loi pour l'avenir, grâce à l'autorité de l'exemple; 4° des influences secondaires sont
exercées par les faits politiques ou sociaux qui agitent
la nation : invasions, guerres, alliances, etc.; 5° les
grandes découvertes de l'esprit humain modifient d'une
manière importante les conditions de la vie intellectuelle, telle est par exemple, au xve siècle, la découverte de l'imprimerie ; 6° le climat, la nature du pays
où vit un peuple est encore une puissance considérable
qui ne crée absolument rien, mais qui modifie la prononciation et l'harmonie ; c'est ainsi que le même radical
latin peut former des dérivés très différents en Italie, en
Espagne, en Provence et en Gaule.

10. Observer et classer les faits, en chercher la raison

d'être, en tenant compte des conditions essentielles de la vie des peuples, telle est la méthode expérimentale ; elle est aussi sûre que modeste. Une marche plus audacieuse et plus séduisante poursuivrait l'histoire de notre langue dans la science à priori des radicaux indo-européens auxquels peuvent se rattacher la plupart des mots français ; puis on montrerait par quelle série de transformations ces radicaux sont devenus des mots grecs, latins, allemands, zends ou sanskrits pour se métamorphoser enfin en mots français. Cette divination historique a quelque chose qui plaît à l'imagination, mais elle ne satisfait pas la raison : procéder ainsi, ce n'est plus écrire une histoire, c'est imposer une hypothèse, souvent une illusion et une erreur personnelle.

11. Pour échapper à la séduction de cette méthode, il suffit de suivre les guides dont les études ingénieuses ou profondes ont inauguré dans notre pays l'histoire de notre langue. Les premières leçons de clarté, de précision, de justesse et de goût dans l'exposition élémentaire des transformations du français, on peut, on doit les demander au génie critique de M. Villemain, qui a fondé avec tant d'éclat l'enseignement historique de la littérature. Ce que sa pénétration inventive a deviné, de patients érudits l'ont justifié avant ou après lui par de curieuses et solides recherches. J'aime à rappeler ceux qu'on paraît se plaire à reléguer dans l'ombre et dans l'oubli : d'abord Ducange, une des gloires de l'érudition française, esprit aussi remarquable par la solidité de sa critique que par l'étendue de ses connaissances ; puis

Sainte-Palaye, dont la science immense a laissé, avec beaucoup de fatras, des richesses que ses successeurs ont pillées et mises à profit sans songer à lui reporter l'honneur de ses découvertes ; enfin l'érudit que M. Villemain a proclamé son guide et son instituteur, Raynouard, que Burguy appelle un érudit d'un talent immense. Il faut garder une place très-honorable pour Ampère ; l'étendue et la variété encyclopédique de ses connaissances lui ont suggéré mille aperçus ingénieux et nouveaux. Génin avait un esprit très-vif et très-plaisant qui lui a fait autant de tort auprès des savants qu'il lui a valu de popularité dans le monde. Il était plus spirituel que savant ; bien des gens, dont il faut dire tout le contraire, n'ont pu le lui pardonner. De Chevallet, par ses patientes et sérieuses recherches, mérita de prendre place à la suite de ces maîtres. Sa mort prématurée a été pour la philologie une perte regrettable comme celle de Fallot, dont l'ardente curiosité semblait promettre à la France un infatigable chercheur. Quant à nos contemporains encore vivants, il suffit de citer MM. Littré, Francis Wey, Paulin Pâris, Guessard, Gaston Pâris etc., autant de partisans dévoués de la méthode expérimentale, autant de guides et de modèles qu'il faut consulter à chaque pas.

12. Un des résultats généraux les plus incontestables et les plus féconds de cette étude expérimentale du français, c'est de partager l'histoire de notre langue en deux périodes distinctes. Oui, les faits disent que la France a eu deux langues qui se sont succédé. Le vieux fran-

çais prend son origine dans le latin, s'en détache dans son indépendance au Xᵉ siècle, atteint son apogée au XIIᵉ et au XIIIᵉ siècle, subit la décadence au XIVᵉ siècle, et là disparaît. Le français moderne se forme au XVᵉ siècle pour atteindre son apogée au XVIIᵉ et au XVIIIᵉ siècle. Ainsi le XIV siècle est une époque de dissolution et de mort pour la langue. Et même, si l'on se rappelle que c'est le siècle de la Guerre de cent ans, on reconnaîtra que cette division proposée pour l'histoire de la langue et des arts en France s'applique aussi bien à l'histoire politique. En effet, du jour où l'on prendra pour principe des divisions de l'histoire, non plus la succession des dynasties royales, mais la constitution de l'esprit national, on reconnaîtra que la division la plus vraie de l'histoire de France consiste à y distinguer deux périodes séparées par le XIVᵉ siècle. Ainsi la Guerre de cent ans marque la décadence et la mort de l'esprit féodal, tandis que dès le XVᵉ siècle, avéc la renaissance de la littérature et des arts, naît et fleurit cet esprit national qui sera désormais l'âme de toutes les œuvres auxquelles s'appliqueront les forces vives de la France.

13. L'harmonie signalée entre l'histoire du peuple et l'histoire de sa langue n'est pas un des moindres services rendus par les recherches de l'érudition. Un peuple n'est bien connu que de l'historien qui a saisi dans les transformations de l'idiome de ce peuple l'image la plus fidèle qu'il puisse offrir de son esprit, le reflet le plus exact de ses mœurs, de ses usages, de son caractère. Nul ne connaîtra bien l'âme d'un peuple que quand il

saura l'histoire de sa langue. Ajoutez que si le langage subit l'influence de l'esprit, il exerce lui-même sur le développement de l'intelligence et de la moralité d'un peuple une influence telle, qu'étant donné les révolutions de l'esprit français à travers un développement littéraire de neuf cents ans, il est facile de discerner les principes bons et les principes mauvais qui ont agi sur notre civilisation.

Enfin, éclairant l'avenir par la science du passé, la critique peut profiter de l'expérience acquise pour encourager dans les tendances modernes ce qui est conforme aux saines traditions de l'esprit français, et pour repousser au contraire ce qui hâterait la corruption et la décadence de la langue et de la littérature. Ce n'est pas à moins que va l'intérêt de cette étude du passé ; elle est la leçon de l'avenir, qu'elle dirige entre les exigences de la tradition et les prétentions du néologisme : la sience de ce qui a été fait enseigne à continuer le bien et à se préserver du mal.

14. Dans ce but, ce qu'on doit apprendre du passé, c'est moins ce qu'il a fait que l'esprit qui a présidé à ses travaux. A l'historien de saisir et de deviner l'âme et le génie du passé de la France ; ce génie naïf et puissant avait produit une œuvre admirable que le culte fanatique de l'antiquité et le pédantisme des grammairiens sont venus mutiler, mais que nous pouvons restaurer aujourd'hui avec une piété filiale. Quand l'éclectisme moderne ouvre au néologisme une large voie par laquelle tout s'introduit dans notre langue — hier c'était l'anglais, aujourd'hui l'arabe, demain ce sera le cochinchinois —

une place peut-être faite à la langue de nos pères; elle a plus d'une expression heureuse à nous rendre , nous serons plus près de les accepter quand nous les comprendrons. Dès le XVIe siècle, Pasquier écrivait : « Il n'est pas dit que tout ce que nous avons changé de l'ancienneté soit plus poli. »

15. Cette remarque est si vraie que l'histoire donne presque toujours raison à l'usage des écrivains sur les régles des érudits. Si les philologues étroits du XVIe, du XVIIe et du XVIIIe siècle, au lieu de poser *a priori* des règles arbitraires ou de professer une admiration exclusive pour le latin ou le grec, avaient pris la peine de chercher à se rendre compte des procédés suivis par l'esprit français dans son travail spontané, ils auraient été moins dédaigneux et n'auraient pas provoqué, en appauvrissant la langue, les justes réclamations des meilleurs esprits même du grand siècle. Ce serait double bienfait si une croisade contre les règles des grammairiens anciens pouvait provoquer une protestation plus générale contre notre culte fanatique pour le règlement, la législation, la discipline militaire appliquée à tout et partout.

16. En effet, la logique de notre langue se trouve bien simplifiée par les faits historiques : la variété des exemples primitifs, le tableau des transformations de l'orthographe et de la prononciation rendent compte de mille choses mieux que ne fait la sophistique des grammairiens, qui semblent multiplier les difficultés et les distinctions pour se ménager l'occasion de faire briller leur subtilité d'esprit.

Tandis que l'érudition peut soutenir avec une égale vraisemblance les explications les plus contradictoires, l'histoire établit sûrement l'étymologie des mots parce qu'elle en fait suivre la filiation à travers les intermédiaires fournis par le vieux français. Ainsi elle rattache *faible* à *flebilis* par les mots *feble* et *fleble*, *âme* à *anima* par *aneme*, *anme*, etc.; elle suit l'échelle de *lutrin*, *letrin*, *lectrin*, *lectrum*, *lectrinum*, *legere*; elle explique par leur origine un grand nombre de composés inexplicables aujourd'hui, comme *débonnaire* (de bonne *aire*, synonyme de puissance, origine, caractère). Elle justifie certaines irrégularités apparentes, telles que les deux genres du mot *amour*, dont le genre a varié au moyen âge; ou quelques anomalies d'orthographe, comme *bonhomie*, de *homme*, et *honorable*, *d'honneur*, les deux consonnes étant la trace d'une mode ridicule qui s'est produite au XVIe siècle. Elle explique certains rapprochements bizarres au premier coup d'œil, comme les expressions de *haute* montagne et de *haute* mer, parce que *altus* signifie à la fois élevé et profond. Elle donne leur valeur à certaines expressions de nos classiques; par exemple, que de fois n'a-t-on pas reproché à Racine le mot de Pyrrhus à Andromaque : « Ah! que vous me *gênez!* » Le mot est justifié, il reprend toute son énergie pour qui songe que *gêne* vient de *gehena*, *torture*; est-ce la faute de Racine si, par l'usage, ce mot s'est affaibli jusqu'à devenir aujourd'hui un synonyme très-familier de *ennuyer*, *fatiguer*?

17. Enfin Burguy signale un des fruits les plus pré-

cieux de cette étude historique de notre vieux français,
quand il dit avec élan : « Je voudrais encourager le public à l'étude de ces belles épopées, de ces intéressantes
chroniques, œuvres d'un siècle si brillant, si fécond en
merveilles de tout genre, et dont l'influence politique et
littéraire s'est fait sentir pendant plus de trois cents dans
toute l'Europe. Cette étude servirait à entretenir et à ra-
nimer chez nous l'antique amour de la patrie. »

Qu'on se donne seulement la peine d'apprendre à lire
notre français du moyen âge, et, suivant l'heureuse
expression de J. V. Le Clerc, « on verra renaître toute
cette vieille poésie française qui fut quelque temps celle
de l'Europe et que les productions de nos trois derniers
siècles avaient fait condamner à un injuste oubli. »

Sans nul doute, la lecture et le commentaire des écrivains du XIIe et du XIIIe siècle rendraient plus sûr le
perfectionnement de notre langue. Peut-être appren-
drons-nous de nos ancêtres à répudier les procédés grossiers qui de nos jours ont cherché à renouveler la langue
française par des emprunts aux langues étrangères ou à
l'argot. Pourquoi ne pas substituer à ce travail malsain
de dégradation et de décomposition le rajeunissement
d'archaïsmes injustement tombés en désuétude ? Peut-
être, grâce à son goût pour les études historiques, le
XIXe siècle est-il appelé à réaliser enfin le vœu formé
par Fénelon, par Racine, par Molière, par La Fontaine
et par La Bruyère. En dépit de sa légèreté et de ses in-
conséquences, malgré son entraînement vers toutes les
nouveautés, le génie français aime à réagir contre tout
ce qui est excessif et illogique ; la raison, a-t-on dit,

finit toujours par avoir raison ; l'étude de l'histoire de notre langue peut hâter, assurer, étendre ce triomphe, qu'il faut appeler de tous nos vœux.

18. Cette étude, ramenée à ses éléments les plus simples, sera divisée de la façon suivante :

Une *Introduction* sur les origines de la langue française.

Une *Première partie,* essai d'histoire du vieux français.

Une *Deuxième partie,* étude philologique sur le vieux français.

Une *Troisième partie,* essai d'histoire du français moderne.

Une *Conclusion* sur le présent et sur l'avenir de la langue française.

Un *Appendice* contenant quelques morceaux choisis du vieux français avec traduction et commentaire philologique offrira l'occasion de vérifier l'application des principes et des règles proposés dans la deuxième partie.

INTRODUCTION

ORIGINES DE LA LANGUE FRANÇAISE

~~~~~~~~~~~~~~~~

CHAPITRE I

Des langues primitives de la Gaule : Langue des Ibères ; langue des Celtes.

1. Sources de notre histoire. — 2. Division des temps primitifs. — 3. Des Gaulois, Gals ou Celtes. — 4. Des Ibères ou Euskes. — 5. Traces de la langue des Ibères — 6. De la langue des Gaulois ou du Celtique — 7. Coup d'œil sur l'histoire de cette langue. — 8. Influence du Celtique sur la langue française. — 9. Caractère moral des Gaulois. — 10. Caractères généraux de la langue celtique. — 11. Traces laissées dans la langue française. — 12. Caractère hypothétique de ces conclusions.

1. L'histoire authentique de notre pays ne date que du jour où la Gaule a été en relation avec Rome, et, pour parler d'une façon plus exacte encore, cette histoire commence à la réduction des Gaules en province romaine. C'est aux conquérants que nous devons le peu que nous savons sur les peuples qui ont les premiers occupé le sol de la France, c'est-à-dire sur nos premiers aïeux.

2. Les Romains ayant imposé aux Gaulois leur langue avec leur autorité, la conquête romaine marque dans notre histoire primitive une époque importante. Il faut donc admettre dans l'histoire même des origines de la langue en France deux périodes bien distinctes, deux parties qui traitent, l'une des idiomes primitifs de la Gaule, à savoir l'Ibérien et le Celtique, l'autre des langues importées en Gaule par le commerce ou par la conquête, c'est-à-dire le Grec, le Latin et l'Allemand.

3. Aux époques les plus reculées que révèlent les traditions historiques, le territoire de notre France était habité presque sans partage par les *Gaulois* (Gaëls ou Gals) que, par une singulière substitution, l'on désigne souvent par le nom de *Celtes*, titre particulier d'une de leurs plus importantes confédérations. Les Gaulois formaient un rameau important de la branche Japhétique ou Indo-européenne, ils se rattachaient ainsi à la souche commune de presque tous les peuples de l'ancien continent, la souche des Aryas ; et cette origine première leur créait un lien de parenté avec les Grecs, les Romains et les Germains.

4. Cependant le sud-ouest de la Gaule avait été dès longtemps occupé par une population d'origine différente, les *Euskes*, qui, s'étendant jusqu'en Espagne, ont été nommés par les Grecs et les Romains *Ibères*, c'est-à-dire habitants des bords de l'Èbre. Les Ibères parlaient une langue qui, modifiée par le temps, est devenue la langue des Basques, appelée par les Basques eux-mêmes l'*Euscarien*. Mais cet idiome primitif a laissé dans la langue française des traces trop faibles pour qu'on n'ait pas le droit de négliger à peu près cet élément.

5. En effet, les mots français qu'on peut essayer de rattacher à cette origine sont à peine au nombre de cinq ou six ; les moins contestables et les plus intéressants sont les mots *savate*, traduction française du *zapata* espagnol et basque ; *truffe*, de *trufa*, moquerie, tromperie, primitif probable du nom propre créé par Molière pour désigner l'imposteur ou le faux dévot *Tartufe*, dont l'étymologie exerce depuis deux siècles la pénétration des philologues.

6. On peut donc admettre que la langue primitive des habitants de notre pays était la langue des Gals ou Gaulois, langue désignée sous le nom de *celtique*.

Quelle qu'ait été l'importance militaire des Gaulois, bien que leur domination ait été portée par la conquête jusqu'en Asie, nul monument authentique ne nous reste de leur idiome. Ce fait singulier s'explique par trois causes principales : 1º les Gaulois n'avaient ni littérature populaire, ni écriture, ni alphabet ; l'instruction était le privilège des prêtres, des druides, dont l'enseignement était oral ; toute composition écrite leur était interdite comme un sacrilège, et la transmission des principes religieux était l'objet d'une initiation pleine de mystères ; 2º après la conquête romaine, les vainqueurs laissèrent dédaigneusement végéter dans l'ombre les croyances, les institutions et la langue des vaincus ; mépris impolitique, car il permit aux Gaulois de faire de l'idiome national la langue mystérieuse et sacrée des conspirations ; 3° le dernier coup fut porté à la langue primitive de nos ancêtres au Ve siècle par la conquête franque, qui vint augmenter la confusion des langues en apportant en Gaule un troisième idiome, la langue germanique. Aussi, quand par la force des choses cette population mixte fut condamnée à chercher une langue qui pût servir aux communications générales, la langue primitive des Gaulois ne put prévaloir sur la langue latine. qui était déjà le langage officiel de l'Église et de l'État.

5. Ce triomphe du latin fut une raison de plus pour que l'idiome celtique se perpétuât par tradition dans les couches inférieures et obscures de la société gallo-romaine. Une lettre de Sidoine Apollinaire atteste que le bas peuple des Gaules s'en servait encore au IVe siècle de notre ère ; et même au Ve siècle, Sulpice Sévère dans sa vie de saint Martin démontre que le celtique et le latin étaient simultanément en usage. Le dernier asile du celtique ce furent les montagnes de l'Auvergne et surtout les landes sauvages de l'Armorique, où le celtique, rajeuni par une émigration galloise, refleurit avec le sentiment patriotique dès qu'eut cessé la pression romaine. Aussi la trace de cet idiome s'est-elle conservée jusqu'à nos jours ; il persiste dans les patois de la basse Bretagne, du pays de Galles et de quelques comtés d'Écosse et d'Irlande. C'est là qu'une curiosité intelligente

a retrouvé dans l'usage journalier du peuple les quelques mots de celtique primitif recueillis et conservés
par les historiens latins ou grecs ; aujourd'hui, grâce à
ces débris mutilés du passé, la sagacité des érudits peut
essayer de restaurer dans ses lignes principales ce grand
monument détruit.

8. Sans doute, il suffirait presque de signaler, à titre
de fait, l'existence de cet idiome primitif qui n'eut aucun
développement régulier. Il a laissé surtout dans le français des noms propres de lieux qui ont été d'abord lati-
nisés. L'action du celtique n'a guère pu s'exercer d'une
manière notable qu'en altérant la prononciation et par
suite l'orthographe du latin, parce que les Gaulois ont
dû faire subir à la langue que leur imposaient les vainqueurs toutes les modifications qui la rendaient plus
accessible à leur ignorance et plus conforme à leurs
habitudes nationales.

9. Cependant, les Gaulois et leur idiome méritent une
attention particulière, parce que le peuple gaulois forme
après tout le fonds du peuple français, et qu'à travers la
malveillance dédaigneuse des Romains, le portrait qu'ils
ont tracé des Celtes laisse percer plus d'un trait de caractère qui se retrouve dans leurs petits-fils et qui a dû
exercer une action considérable dans les révolutions subies par la langue française.

Jules César peint les Gaulois curieux et intelligents,
mobiles et avides de nouveautés ; Silius Italicus en fait
un peuple de bavards, sans suite dans les idées ; mais
ce qui intéresse le plus l'historien de la langue, c'est le

trait marqué par Caton : la passion du beau langage
aussi vive que celle du combat. Cette disposition, jointe
à leur souplesse d'esprit et de caractère, faisait des Gaulois les hommes les plus sociables, les esprits les plus
prompts à s'assimiler tout ce qui leur plaisait, à s'approprier tout ce qui pouvait leur profiter.

D'ailleurs, en dépit du mépris affecté d'abord par les
Romains, la communauté d'origine entre les deux nations
éclatait dans une communauté naturelle de principes et
de tendances : les Gaulois n'étaient point des barbares,
non; à une grande distance en arrière ils marchaient
dans la même voie que les Romains, ils appartenaient à
la même civilisation et, de l'aveu de César, ne diffé-
raient guère des Romains pour les principaux usages de
la vie. En un mot, un siècle avant notre ère, ils étaient
mûrs et prêts pour une culture qu'ils accueillirent avec
empressement, aussi vite policés que conquis.

10. La langue des Gaulois elle-même offrait dans sa
rudesse plus d'une analogie essentielle avec l'idiome
latin : c'est là ce qui explique les traces laissées par leur
idiome primitif dans la langue que les Gaulois ont
fait sortir de la langue latine. En effet, la langue celtique, à titre de langue arya, présentait dans ses radicaux et dans sa grammaire de sérieuses ressemblances
avec toutes les langues de même origine, à savoir : le
sanscrit, le perse, le slave, le grec, l'allemand, et probablement encore plus avec le latin.

11. Voici d'ailleurs les rapports les plus curieux entre

la langue celtique et le français moderne, autant qu'on peut le conjecturer par les rapports du français avec le breton : 1º les sons è, e, u qui sont étrangers au latin sont communs au français et à l'idiome breton, ce qui permet de supposer que ces voyelles sont d'origine gauloise ; la voyelle u est si bien propre aux Gaulois que l'usage s'en est perpétué même au nord de l'Italie dans l'ancienne Gaule transpadane, car ce n'est qu'au sud du Pô que règne l'ou italien, souvenir de la prononciation latine ; 2º les articulations ch et j, l'emploi des lettres m, n avec le son nasal, l'emploi des ll mouillées semblent des modifications introduites dans la prononciation latine par la persistance des habitudes traditionnelles des Gaulois ; 3º certains radicaux sont communs aux deux langues, comme la préfixe péjorative ber de berlue ; gog dans goguette, et dean (forêt) qui se retrouve dans Ardennes, semblent des restes du celtique ; 4º on compte une centaine de mots français qu'on croit pouvoir rattacher au celtique ; ces mots se rapportent en général à des objets physiques et aux détails de la vie commune ; en voici quelques-uns : amarre, bac, bec, botte, briser, clan, dune, fur (dans au fur et à mesure), havre, etc.; 5º l'on a cru même trouver la preuve que la déclinaison du vieux français était en germe dans la déclinaison gaélique qui, encore aujourd'hui, a deux cas et marque le pluriel en intervertissant l'ordre des cas du singulier, ainsi que le faisaient les Français du moyen-âge; 6º enfin, faut il reconnaître un souvenir obstiné de l'emploi que les Celtes faisaient en numération du système vigintésimal

2.

dans la persistance à travers le moyen-âge des expressions illogiques *quatre vingts*, *quinze vingts*, qui sont restées dans le français moderne ? le xviie siècle comptait encore par *sept vingts*, *huit vingts*, etc.

12. Comme conclusion de ce rapprochement entre le celtique et le latin, il faut convenir du caractère tout hypothétique de la plupart de ces observations. Elles attestent l'esprit d'invention des érudits ; mais elles n'ont pas la clarté propre à la plupart des étymologies latines de notre langue. De plus, bien des mots rattachés au latin ont pu venir directement de l'idiome plus ancien, beaucoup de racines étant communes aux deux langues. En un mot, jusqu'à l'introduction de la langue des Romains dans notre pays, tout est obscur, tout est conjectural, parce que nul monument authentique ne nous est resté ; faute de mieux, l'important est donc de donner toutes les interprétations à titre d'hypothèse. C'est ici surtout qu'il convient de répéter le mot de Voltaire : « Je ne sais pas, je doute ; je crois, mais je suis tout prêt à ne plus croire. »

CHAPITRE II

Des langues importées en Gaule par les Grecs, les Romains et les Francs.

1. Des Grecs et de leurs établissements en Gaule. — 2. Nulle influence primitive de leur langue. — 3. Des Romains et de la conquête romaine. — 4. Influence puissante de leur langue. — 5. Des Francs et de leur invasion. — 6. Action très-secondaire de l'idiome germanique. — 7. Causes et preuves de ce fait — 8. Conclusion : le latin devint la langue des Gallo-Romains.

1. Le pays des Gaulois a subi plus d'une invasion. A une époque très-reculée et dont la date exacte nous est inconnue, des aventuriers grecs abordèrent en Gaule sur les côtes de la Méditerranée ; ils y fondèrent des établissements durables et y conservèrent l'admirable idiome de la mère patrie ; mais en même temps, grâce à la souplesse féconde de leur esprit, ils apprirent vite la langue grossière de leur patrie nouvelle, épargnant ainsi aux Gaulois la peine d'étudier une langue savante bien supérieure à leur intelligence, encore inculte à cette époque.

2. Malgré l'éclat incontestable des écoles qui firent de Marseille et de plusieurs villes du midi autant d'A-thènes nouvelles, l'influence de la langue grecque sur

l'idiome du pays fut à peu près nulle ; la cause en fut peut-être bien la distance qui séparait cet admirable instrument littéraire du langage primitif des Gaulois. Toujours est-il que l'histoire ne trouve rien à enregistrer dans ces temps reculés. Ce n'est que bien plus tard, et soit par l'intermédiaire du latin, soit par un travail tout moderne de l'érudition qu'ont été formés et introduits dans la langue française tous les composés grecs que nous ne rencontrons ; par exemple, *photographie* est un composé formé d'hier ; *fracasser* ne se rattache au grec ῥήγνυμι que par le latin *frango* ; *école* de *schola*, est une transformation de σχολὴ, etc.

3. Une importation bien plus féconde, ce fut celle du latin. Vers 154 avant notre ère, les Romains, sous prétexte de venir au secours des Grecs de Marseille, avaient déjà occupé la partie méridionale de la Gaule : cent ans plus tard, un prétexte semblable servit au proconsul chargé du gouvernement de cette province pour attaquer les Gaulois restés indépendants, mais bien déchus de leur antique grandeur militaire et nationale.

A la suite d'une lutte héroïque de huit années, un triomphe qui fit à Jules César la renommée d'un grand grand homme de guerre réduisit toute la Gaule en province romaine. Telle fut alors l'estime imposée par les compagnons de Vercingétorix à leurs vainqueurs, qu'au lendemain de la conquête, Rome laissa siéger dans sa Curie patricienne des Gaulois vêtus du laticlave. En même temps qu'elle attirait ainsi les vaincus par les

éductions de la vanité, Rome prenait possession de sa
nouvelle conquête par tous les moyens dont sa politique
fit un usage si puissant et si profitable : l'administration
romaine imposa aux Gaulois, ayec son ordre et sa police,
les lois et la langue des vainqueurs. C'est alors que nos
ancêtres du Midi reçurent le nom de *Trilingues*, parlant
à la fois le Gaulois, le Grec et le Latin.

4. Dès ce jour tout vint se réunir pour entraîner les
Gaulois dans le courant de la civilisation romaine.
Auguste était fier des hommages de Lyon ; Claude, plus
capable que personne de goûter les aptitudes littéraires
des nouveaux venus accorda le droit de cité à toutes les
villes de la Gaule, sa terre natale ; il mettait ainsi les
Gaulois sur le pied d'égalité avec les Romains. Mais ni
la volonté toute-puissante des maîtres, ni l'autorité du
préteur, ni le séjour constant des milices romaines dans
le pays, ni même les prévenances et les faveurs inouïes
des empereurs, n'auraient suffi à provoquer la révolution qui s'opéra dans les Gaules, si la population ne
s'était trouvée à la hauteur de la civilisation, si les
germes n'étaient tombés dans un sol presque aussi fécond que celui de la Grèce. En effet, ces mêmes hommes
qui avaient déployé une énergie désespérée dans la résistance à la domination politique de Rome, ces mêmes
hommes, au moins dans les villes, acceptèrent avec
empressement sa langue et ses usages.

Aussi est-ce à la Gaule surtout que peut se rapporter
ce portrait d'une province romaine tracé par une ingénieuse érudition : « Les légions faisaient pénétrer

l'influence romaine dans les classes laborieuses par cette affinité naturelle qui attire le peuple vers les soldats ; les négociants latins établis sous la protection des armées communiquaient leurs habitudes et leur langue à tous ceux qui avaient affaire à eux ; enfin, les riches, les nobles, les chefs se trouvaient en rapport avec les procurateurs, les propréteurs et les proconsuls. Ces personnages romains étaient des gens du plus grand monde, chevaliers ou sénateurs, qui apportaient comme l'air de Rome et donnaient le ton à toute la bonne société. » C'est ainsi que la Gaule devint rapidement romaine, et qu'elle mérita des proconsuls intelligents ces égards que Pline réclamait en faveur de la Grèce.

5. Par suite, quand cinq siècles après la conquête de César, une conquête nouvelle imposa aux Gallo-Romains la domination des Francs, l'idiome de ces barbares ne put introduire que des modifications insignifiantes et toutes de détail dans la langue latine dès longtemps adoptée et parlée en Gaule, c'est alors que notre histoire présente ce phénomène intéressant d'une population vaincue qui donne et impose sa langue à ses propres vainqueurs.

6. Sans doute, le rôle politique des Germains a été très-considérable dans l'histoire de l'Europe au v° siècle ; mais leur action sur la langue des Gallo-Romains se manifeste uniquement par l'introduction de quelques mots; il ne se produit nulle assimilation, nulle fusion des diverses langues.

7. Cette infériorité des Germains sur les Romains s'explique par plus d'une cause historique et morale dont voici les plus frappantes : 1° la langue des Francs n'était pas une, elle se partageait en autant de dialectes qu'il y avait de tribus confédérées ; 2° la conquête de la Gaule ne fut pas systématique et simultanée ; c'était par petites bandes que les Germains passaient en Gaule ; et même en admettant deux grandes invasions franques, l'une au Ve siècle par Clovis, l'autre au VIIe siècle par les Carlovingiens assurant le triomphe définitif de l'Austrasie sur la Neustrie, toujours est-il que les premiers envahisseurs avaient eu le temps de s'assimiler à la population primitive de la Gaule, quand vint le second flot d'outre-Rhin ; 3° un grand nombre de Francs savaient déjà le latin, qu'ils devaient, soit aux leçons de l'Église, soit au séjour dans le palais des empereurs, où les barbares étaient admis depuis longtemps ; 4° les Francs étaient en bien petite minorité dans cette population gallo-romaine qui, les absorbant et se les assimilant très-vite, revêtit leur idiome tudesque de caractères latins ; 5° ils avaient eux-mêmes intérêt à se plier promptement à tous les usages des vaincus pour s'assurer le concours de l'Église et séparer profondément leur cause de la cause des Francs d'outre-Rhin, toujours prêts à tenter de nouvelles invasions aussi redoutées des Francs que des Gallo-Romains.

8. Il suit de là que de toutes les langues étrangères la langue latine, imposée par les Romains depuis près de six cents ans, fut de préférence employée par les Gaulois.

Aussi le travail d'altération spontanée qui du latin devait faire la langue française commença dès la réduction de la Gaule en province romaine; il a continué pendant le moyen âge suivant les mêmes lois; et l'action exercée sur ce travail séculaire par l'esprit et par la langue des Francs n'a été qu'un fait très-secondaire.

En résumé, l'histoire nous apprend que la langue française est, d'une façon aussi exacte que possible, une transformation de la langue latine importée en Gaule. Ampère a dit avec une parfaite exactitude : « Le français est une langue latine ; les mots celtiques y sont restés ; les mots germaniques y sont venus ; les mots latins sont la langue elle-même, ils la constituent. [1] »

Ainsi, étudier d'abord le latin des Gallo-Romains, c'est apprécier la langue que nos pères ont cultivée avec gloire avant de se l'approprier par une série de modifications; renvoyer au fond du tableau et comme une analyse d'un intérêt secondaire l'étude de l'action exercée par la langue des Francs, c'est à la fois suivre l'ordre chronologique des événements et donner aux faits leur place logique, le rang qui convient à leur valeur.

1. J. J. AMPÈRE *histoire de la formation de la langue française* 3ᵉ édition revue et annotée in-12ᵉ Paris, 1871.

CHAPITRE III

De la langue des Gallo-Romains. — Histoire du latin parlé en Gaule depuis César jusqu'à Charlemagne.

1. Étude du latin en Gaule, avant la conquête romaine. — 2. Le latin imposé par la conquête. — 3. Distinction entre le latin vulgaire et le latin littéraire. — 4. Caractères généraux du latin. — 5. Diffusion rapide en Gaule. — 6. Emploi universel au ive siècle de l'ère chrétienne. — 7. Il est adopté par les Francs au ve et au vie siècle. — 8. Caractères du latin parlé en Gaule au vie siècle. — 9. Tableau des altérations essentielles du vocabulaire et de la syntaxe. — 10. Exemples du latin depuis le vie jusqu'au viiie siècle. — 11. Le roman rustique.

1. Même avant la conquête romaine, les Grecs, déjà en rapport avec les peuples de l'Italie centrale, avaient manifesté leur goût et leurs aptitudes littéraires pour une étude raisonnée du latin. Ce sont des Gaulois dont l'histoire a conservé le nom, Plotius et Gniphon, qui éveillèrent à Rome le génie critique en ouvrant, vers l'an 87 avant Jésus-Christ, une école de rhétorique et de grammaire, Cicéron et César lui-même reçurent ainsi de ces barbares leurs premières leçons de littérature et de goût.

2. Mais il ne faut pas s'imaginer qu'en échange ce fût l'idiome élégant et poli des rhéteurs que les grossiers

3

soldats de César apprirent aux soldats de Vercingétorix ;
c'était la langue ou plutôt le jargon des camps et de la
place publique. Et même il faut y ajouter tous les
autres dialectes italiques : l'osque, le sabin, etc., que de
dialectes alors en Italie, et en combien de patois différents ne se divisent-ils pas encore! Tel fut le fond de
l'éducation latine des Gaulois. A la suite des légions
triomphantes vinrent la justice, l'administration et la
religion, qui imposèrent à la Gaule la langue littéraire
dont elles usaient. Ainsi, bien que supérieurs en nombre, les vaincus furent soumis à la langue des vainqueurs
moins par le poids des armes et de la conquête que par
l'ascendant moral d'une organisation civilisée sur une
anarchie grossière.

3. En vertu d'une loi naturelle dont l'histoire littéraire tient en général trop peu de compte, toute langue
est double : elle admet une langue vulgaire au-dessous
de la langue littéraire. Par suite, à Rome même, du
jour où le latin fut écrit, avait dû commencer cette distinction entre la langue vulgaire et la langue savante.
D'abord cette séparation fut à peine sensible ; mais la
réflexion critique, l'étude des grands écrivains, le culte
de la littérature grecque, l'enseignement des règles de
la composition et du style furent pour la langue littéraire des causes de perfectionnement qui la séparèrent
chaque jour davantage de la langue vulgaire. Ainsi,
parallèlement à l'idiome employé par les esprits cultivés
se développait dans le monde romain un idiome employé
surtout par le peuple et dans les camps. Les lit-

térateurs eux-mêmes rendent témoignage de ce fait lorsqu'ils donnent à un barbarisme le nom de *castrense verbum*.

C'est cette langue populaire aussi variée que le caprice et exposée à tous les outrages de l'ignorance et du hasard, c'est ce latin vulgaire que les provinces recevaient des soldats, pour lui faire subir encore l'influence de leurs propres habitudes de pensée, de parole et de prononciation.

Cette hypothèse historique est autorisée par la réflexion et par la comparaison avec ce que nous voyons se passer pour les langues vivantes. Elle se légitime par un assez grand nombre d'observations de détail, et elle prendrait toute la valeur d'un fait avéré, si nous possédions le vocabulaire de ce latin des rues de Rome dont Plaute peut donner une idée et que saint Jérôme appelle *militaris vulgarisque sermo*, le latin des soldats et du bas peuple. A côté de ces renseignements authentiques, le simple rapprochement entre le peu que nous savons de ce langage populaire et certains mots français jette quelque lumière sur la question et vient autoriser la distinction entre les deux sortes de latin. Plaute fait du masculin *frons, cupressus, laurus,* etc.; le français a conservé ce genre, en dépit des règles de la langue littéraire ; il fait du féminin *pulvis,* d'où nous est venu le mot *poudre.* Bien des mots français sont tirés de la basse latinité, qui n'était sans doute qu'un triomphe du latin populaire : *chêne* de *casnus, berbis* de *vervex, fontaine* de *fontana, pièce* de *petium, battre* de *battere, affaire* d'*ad facere, âge* d'*ætaticum, bas* de *bassus,* etc., autant de termes vulgaires auxquels correspondaient les mots littéraires : *quercus, ovis, fons, fragmentum, verberare, negotium, ætas, humilis*.

4. La langue apportée en Gaule par les Romains semblait, par une foule de caractères particuliers, prédestinée à s'infiltrer aisément dans la société gauloise ; ainsi s'explique son succès rapide dans notre pays. Quelques rapprochements méritent d'être signalés :

1º La langue latine, d'origine Arya, était par suite une sœur de la langue celtique aussi bien que de la langue grecque ; radicaux communs, analogie dans les procédés de formation, de syntaxe et de construction des mots, voilà qui rapprochait les deux langues et facilitait la constitution d'un idiome nouveau.

2º Le latin s'était formé lentement et n'avait pris un essor littéraire que depuis le jour où pendant la guerre de Tarente, près de cinq siècles après la fondation de Rome, le contact avec les Grecs avait révélé aux Romains les aptitudes et les destinées de leur idiome. Par suite le latin conservait, surtout dans ses formes familières, une rouille de grossièreté primitive qui le rendait plus accessible à l'intelligence des barbares en le rapprochant de leur idiome national.

3º La concision qui distinguait la langue latine et la rendait si propre aux formules des inscriptions, cette concision répondait aussi aux préférences de l'esprit gaulois, à son goût pour le mouvement et pour l'action. En même temps, les constructions régulières et logiques du latin satisfaisaient aux besoins de l'esprit et à la pratique des affaires, comme sa sonorité oratoire remplissait et charmait l'oreille de l'auditeur gaulois.

4° Une langue riche, savante, fixée par de grandes œuvres littéraires, puissante expression d'une société constituée, d'une administration qui réglait les destinées du monde, la langue du peuple-roi, entrait en lutte contre un idiome traditionnel, sans écriture, sans monuments, traduction vague et obscure des sentiments nationaux, arme d'oppression entre les mains de la théocratie druidique.

5° La loi de la politique romaine qui imposait aux vaincus la langue avec l'administration des vainqueurs fut rendue plus tolérable par la faveur marquée d'un grand nombre d'empereurs. Traitée avec des égards particuliers, la Gaule ne subit qu'une contribution peu considérable; ses principaux chefs furent dès les premiers jours mêlés à tous les grands corps de l'État romain.

6° Enfin les prédications du christianisme sont faites en Gaule dans cette langue latine que le clergé d'Occident adopte, non pour l'enfouir, comme les druides faisaient du celtique, mais au contraire pour la répandre par toutes les voies que lui ouvrent son zèle et son ardeur apostolique.

5. Les effets de ces causes diverses et puissantes ne tardèrent pas à se faire sentir, et l'ambition des Gaulois se plia volontiers au travail d'étudier et de savoir le latin quand le bon vouloir de Claude leur permit à cette condition d'exercer toutes les charges de l'État.

Déjà sous le règne de Tibère, Autun avait ouvert des écoles latines, et dès le premier siècle de notre ère, le poëte Martial félicite les femmes et les enfants de Vienne du plaisir qu'ils goûtent à lire ses vers ; enfin, Pline le jeune se fait gloire d'être connu, lu et apprécié par toute la Gaule.

6. Aussi, vers le IVe siècle, toutes les villes gauloises parlent le latin ; il est devenu la langue usuelle des hautes classes de la société. Un juge dont le génie oratoire garantit le goût critique, saint Jérôme, va jusqu'à dire que les Gaulois surpassaient les Latins eux-mêmes par la fécondité de leur éloquence et l'éclat de leur style. C'est à ce titre qu'il surnommait saint Hilaire, évêque de Poitiers, le Rhône de l'éloquence latine. De même, l'élégance classique de Sulpice Sévère lui a valu le titre de Salluste chrétien. Il n'était pas jusqu'au bas peuple qui ne se décidât à mêler quelques mots latins à son jargon celtique. En un mot, à propos de cette époque de notre histoire, M. Villemain a pu écrire : « Toutes les Gaules jusqu'au Rhin parlaient la langue latine, la religion parlait latin, la loi parlait latin, la guerre parlait latin ; partout le latin était la langue que le vainqueur imposait au vaincu. Pour traiter avec lui, pour lui demander grâce, pour obtenir la remise de l'impôt, pour prier dans le temple, toujours il fallait la langue latine. »

7. Quand, au Ve siècle, les Germains et les autres barbares d'outre-Rhin vinrent faire des établissements

définitifs sur les terres de l'empire romain, ce dernier choc porta le coup de mort aux idiomes indigènes. Comme l'Église, qui cultivait et enseignait le latin, la latinité devint le refuge des populations vaincues, et, par un hommage spontané de la barbarie franque à la civilisation, de même que Clovis se montre fier des titres romains que lui confère l'empereur Anastase Ier, de même les rois nouveaux venus se font gloire d'apprendre et d'employer la langue latine. Les Francs y étaient d'ailleurs condamnés par leur infériorité numérique ; c'était comme une poignée d'émigrants noyés dans un pays qui conservait le fond de sa population primitive.

De là il résulte qu'au VIe siècle le latin peut être considéré comme la langue universelle des Gaules. Les Gallo-Romains le cultivent en haine de leurs nouveaux dominateurs, dont la barbarie donne par contraste un lustre plus vif à la civilisation latine. Les Francs l'adoptent par politique et pour effacer la trace de leur sanglant passé. Enfin, le peuple lui-même commence sans doute à s'en servir. Cette conjecture est d'autant plus probable que c'est précisément l'époque où les écoles et les rangs du clergé sont ouverts aux plus humbles de la nation.

8. Mais le latin qui triomphe vers le VIe et le VIIe siècle dans le royaume des Mérovingiens est bien loin du latin élégant de Cicéron ; il n'est même plus le jargon romain des soldats de César ; c'est une corruption presque méconnaissable du latin vulgaire mêlé à l'idiome ancien. Cependant ce mélange n'est pas un chaos, et les révolu-

tions qui ont de la sorte altéré le latin ne sont pas des
accidents sans racines dans le passé. Bien au contraire,
les faits prouvent que, dans cette transformation sur un
sol étranger, le latin n'a guère fait que suivre les lois
primitives de son développement : le travail irréfléchi
des barbares a seulement, tantôt précipité, tantôt ralenti
cette marche naturelle. La transformation du latin est
souvent une décadence et une corruption ; mais parfois
aussi c'est une amélioration et un progrès.

Pour toute langue la vie est une lutte continuelle entre
entre deux forces rivales : l'archaïsme et le néologisme.
c'est-à-dire la tradition ou respect du passé et la révolution ou besoin du changement. Grâce au progrès résultant
de l'équilibre de ces deux forces, le latin était devenu, à
l'époque de Cicéron, une langue synthétique, très-riche
en cas, en désinences verbales, langue d'une construction
poétique et oratoire très-savante et très-raisonnée,
susceptible d'une grande perfection oratoire.

M. Villemain a finement comparé le latin du siècle
d'Auguste à ces instruments de musique si délicats qu'ils
se dérangent ou se brisent sous des mains grossières et
maladroites. Or, ces mains ignorantes, c'étaient celles de
tant de populations soumises par les armes et que n
le préteur, ni le proconsul ne pouvaient dépouiller du
droit d'altérer la langue que leur imposait la conquête.

Voici une preuve entre mille qu'en Gaule cette transformation s'est faite d'une façon toute spontanée. Dans
la simplification des mots latins, on n'a souvent tenu
aucun compte de la distinction entre le radical et la terminaison ; ainsi, l'on a fait un mot de ce qui n'était

qu'une désinence: du mot *avunculus*, la partie qui indiquait la parenté, le radical *avus* a disparu, et *unculus*,
qui n'était qu'une terminaison diminutive comme dans
homunculus, est devenu le mot *oncle*, qui ne conserve
rien de ce qui devrait indiquer son primitif. Voilà
comment le vocabulaire et la grammaire du latin, au
milieu, des provinces étaient placés dans des conditions
qui devaient en accélérer l'altération.

9. Déjà un demi-siècle avant l'ère chrétienne, Cicéron
signalait l'invasion des mots étrangers dans la langue
de Rome. Un siècle plus tard, Quintilien déplorait les
irrégularités du langage des provinces, et Aulu-Gelle,
vers 150, trouvant un rhéteur qui comprenait Salluste,
le cite avec la même admiration que s'il avait déchiffré
le texte des Douze-Tables. Cette langue, déjà si difficile,
même pour ceux qui la parlaient de naissance, était
donc condamnée à se simplifier pour se répandre. Ajoutez
que cette simplification, regrettable à certains égards,
réalise par un autre côté un véritable progrès, la richesse
des formes étant souvent une cause d'obscurité et de
confusion.

Pour ce qui s'est passé dans notre pays, les altérations
du latin se sont trouvées si conformes au génie même de
la langue latine, qu'elles s'étaient déjà produites, toutes
ou peu s'en faut, à l'état d'accident aux époques les
meilleures de la latinité. Les principales de ces modifications primitives méritent d'être signalées, parce qu'elles
prouvent l'affinité naturelle du français et du latin, car
elles se reproduiront dans l'histoire même de la forma-

3.

tion de notre langue : 1° assourdissement des voyelles ;
le latin de la décadence substitue *gemire* à *gemere*.
même aux époques primitives, Caton préférait *dicem* et
faciem à *dicam* et *faciam*, qui lui paraissent durs.
quelques substantifs de la troisième declinaison font
l'accusatif singulier indifféremment en *em* ou en *im*,
navem ou *navim*, *piscem* ou *piscim* ; disait également
optimus et *optumus* ; 2° abréviation des mots par suppression ou contraction : *ditior* au lieu de *divitior*,
summus au lieu de *supremus* ; Plaute disait *poplo*
pour *populo*, Virgile *sæcla* pour *sæcula* ; Auguste
préférait *caldus* à *calidus* ; 3° diminution des désinences
dans les déclinaisons et subtitution des prépositions aux
cas : *templum de marmore* dans Virgile ; *restituit ad
parentes* dans Tite-Live ; 4° emploi du verbe *hàbere*
comme auxiliaire pour former les temps passés ; César
a dit : *Copias quas habebat paratas ;* Cicéron : *De
Cæsare satis dictum habeo ;* Tite-Live : *Urbem quam
parte captam, parte dirutam habet ;* 5° usage des pronoms dans le rôle d'articles ; Sénèque donne pour titre
à Dieu : *Conditor ille generis humani ;* Cicéron avait dit
à propos de l'héroïsme militaire : *Ad veram laudem illa
pericula adeuntur.* Ces exemples pourraient être multi-
pliés, même sans sortir des écrivains d'une latinité irréprochable.

10. Telle est en résumé la théorie de cette révolution;
telles sont les lois qu'elle semble avoir subies. En fait
c'est à peu près vers le vi° siècle que se marque, par des
signes incontestables, la distinction entre le latin litté-

raire, langue morte et savante cultivée dans les monastères comme langue officielle de l'Église, et un idiome populaire qui n'est vraiment plus le latin, tant il a perdu les caractères distinctifs du langage de Cicéron.

En effet, les chartes du temps attestent un incroyable chaos où sont mêlées toutes les désinences : *Episcopi de regna nostra — Donabo ad conjux — In præsentia de judices*. Ainsi les cas sont oubliés et les prépositions les remplacent.

Comme cette contagion d'irrégularité gagnait même l'Église, en 589 le concile de Narbonne cherche à remédier au mal et défend de conférer les ordres majeurs à quiconque ne saura pas le latin littéraire ; ce qui n'empêche pas le pape saint Grégoire d'écrire naïvement, quelques années après : « Les règles mêmes de la langue fixées par les grammairiens me semblent peu dignes d'être respectées..... Je ne crains ni les barbarisme, ni l'irrégularité..... en vérité je considérerais comme une indignité de soumettre le langage de la doctrine divine aux règles de Donat. » Aussi, comment s'étonner qu'en 752, le pape Zacharie ait eu à prononcer sur la validité d'un baptême conféré en ces termes : *Ego te baptizo, in nomine patria, et filia, et spiritus sancti.*

11. En résumé, du VIᵉ au VIIIᵉ siècle se forme et se répand en Gaule un latin corrompu qui n'a plus guère que les radicaux du latin primitif et qu'on a justement appelé Roman rustique (*romanus rusticus*), c'est-à-dire langue des Romains altérée par les gens de la campagne. Ce jargon n'est point une création, ce n'est point une

langue nouvelle, c'est bien du latin ; c'est la langue de
Rome altérée par l'application de ses principes naturels
de modification et de simplification ; c'est la langue de la
plèbe romaine, telle que l'ont faite l'action du temps et
des hommes de notre pays, grossissant le vocabulaire
de quelques termes gaulois et d'un assez bon nombre de
mots francs. Mais nulle de ces influences secondaires n'a
sensiblement contrarié l'application des lois suivant
lesquelles l'idiome des Romains devait se transformer,
pendant une existence de huit siècles, depuis César
jusqu'à Charlemagne.

PREMIÈRE PARTIE

ESSAI SUR L'HISTOIRE DU VIEUX FRANÇAIS

~~~~~~~~~~~~~~~~~~~~

CHAPITRE IV

Naissance des langues romanes au IXe siècle (siècle de Charlemagne).

1. Premières traces du roman au vi^e siècle.— 2. Il est pro-
tégé par l'Église. — 3. Il fait son avènement dans le monde
politique par les Serments de Strasbourg (842). — 4 Serment de Louis le Germanique. — 5. Autres monuments
historiques. — 6. Analyse philologique des textes — 7. Multiplicité des langues romanes dès le début.—8. Caractères des
quatre principales langues romanes. — 9. Ordre chronologique de formation. — 10. Comparaison entre le provençal et
le français. — 11. Résumé.

I. Le premier renseignement historique prouvant
qu'une séparation est admise entre une langue gauloise
et les idiomes jusqu'alors parlé dans la Gaule, c'est cette
phrase curieuse de Sulpice Sévère : *Tu vero, vel celtice,
aut, si mavis, gallice loqueris.* Ainsi vers 400, à la fin
du IVe siècle, une langue gauloise se distinguait et se
détachait du latin ; c'était une langue toute populaire et

nullement savante, la preuve en est que c'est avec le
celtique et non avec le latin que l'historien érudit compare cette langue du pays. Elle a déjà conscience d'elle-
même, et sous les noms de *lingua vulgaris, rustica,
romana,* elle se distingue du latin littéraire, confiné
dans les monastères comme langue savante, langue
morte; c'est trop peu, de dire que les langues romanes
offrent des traces du latin populaire, elles sont ce latin
populaire lui-même.

L'histoire de la langue romane c'est donc l'histoire
des transformations du latin vulgaire importé en Gaule
par les soldats romains, sous l'influence des idiomes
celtiques rencontrés par la conquête de César, puis des
idiomes germaniques importés par la conquête des
Francs.

2. La langue latine, depuis Auguste, avait tout naturellement suivi la marche décroissante de la fortune romaine. Tout se précipitait vers la ruine : lettres, arts,
politique, force militaire ; car l'empire, dans sa longue
durée, n'a été qu'une longue agonie de la société ancienne. L'œuvre du despotisme impérial n'était pas un
organisme vivant qui portât en lui des germes de progrès, ce n'était qu'une sorte de mécanisme administra-
tif, fonctionnant jusqu'au jour où la brutalité des barbares vint le briser.

Cette ruine inévitable eût amené le chaos, si dès
longtemps à l'ombre de l'autocratie impériale, ne se fût
créée et développée une société à laquelle l'avenir était
promis, parce que seule elle contenait les principes de

la vie. La société chrétienne avait ses lois, sa hiérar-
chie, son unité dans un chef siégeant aussi à Rome ;
elle était prête à recueillir l'héritage de l'empire défail-
lant. Telle fut l'Église dont le rôle noble et puissant au
v_e et vi_e siècle ne saurait être trop vivement rappelé à
l'admiration et à la reconnaissance de notre temps.
C'est grâce à elle, que les désastres et les dévastations
ont une sorte de compensation dans l'organisation d'une
vie nouvelle, d'une poésie, d'un art, d'une littérature
originale où se déploient l'indépendance et l'énergie des
populations envahissantes. Au moment où la Rome
impériale est contrainte d'abdiquer, la Rome chrétienne saisit l'autorité. Seule debout, entre la civilisation païenne qui tombe et la barbarie germaine qui
menace de tout détruire, l'Église dompte ces sauvages
dominateurs, et par son union avec eux, forme une
société nouvelle, la société chrétienne et féodale du
moyen âge. La langue romane fut l'idiome de ce monde
renaissant.

Tout en conservant le latin littéraire comme sa langue
traditionnelle et sacrée, l'Église resserre ses liens avec
les populations de la Gaule, en acceptant et en consacrant leur idiome nouveau. Ce n'était pas à elle qu'il
appartenait de recueillir par l'écriture les compositions
profanes, destinées aux plaisirs d'une population qui ne
savait pas lire ; mais elle recueillit les premiers chants
religieux en langue vulgaire ; elle admit même dans sa
liturgie quelques répons en roman comme les mots *tu
lo juva*, recueillis par Raynouard dans les Litanies
Carolines. Vers 659, l'évêque de Noyon, Mummolin,

est tenu en grande estime parce que c'est un homme instruit dans la langue romane et dans la langue tudesque. En 813, le concile de Tours prescrit aux évêques de traduire en langue romane leurs instructions pastorales et même les homélies des Pères de l'Église. Autant de preuves qu'à cette époque, vainqueurs et vaincus avaient également accepté un idiome nouveau, dégagé du latin.

3. Enfin, le monde politique reconnaît, pour ainsi dire, par un acte officiel la langue nouvelle de la France ; c'est l'acte public connu sous le nom de *Serments de Strasbourg* (1). Les serments échangés, en présence de leurs deux armées, entre Louis le Germanique et les seigneurs français qui suivaient Charles le Chauve, sont les premiers monuments authentiques de l'idiome du IXᵉ siècle. Ainsi, par une coïncidence qui lui donne un double intérêt national, ce même traité de Verdun, d'où date l'indépendance de la France, parce qu'il marque la séparation des trois royaumes de France, d'Allemagne et d'Italie, fournit aussi le premier exemple de notre vieille langue. L'analyse de ce texte de 842 peut servir avec quelques fragments postérieurs à déterminiminer les caractères qui distinguent la langue nouvelle de la langue latine d'où elle est issue.

4. Voici le serment que Louis le Germanique fut obligé de prononcer pour se faire comprendre des Francs-Neustriens et des Gallo-Romains qui étaient venus de

---

1. Voir à l'APPENDICE les deux textes commentés.

Neustrie, d'Aquitaine et des autres régions méridio-
nales de la Gaule pour former l'armée de son frère
Karl ; il nous a été conservé, à titre de document historique, par Nithard, petit-fils de Charlemagne et conseiller intime de Charles le Chauve :

Pro dō amur et p̄ xr̄ian poblo et n̄ro cōmun
salvament dist di in avant in quant d'
savir et podir me dunat si salvaraieo
cist meon fradre Karlo et in adiudha
et in cadhuna cosa si cū om p̄ dreit son
fradra salvar dift In o quid il mi altre
si fazet Et ab Cudher nul plaid n̄uquā
prindrai qui meon vol cist meon fradre
Karle in damno sit.

Ce texte est très-exactement copié sur le fac-simile
pris par Chevallet dans le manuscrit original appartenant
à la bibliothèque du Vatican.

En voici la transcription dans notre écriture :

« Pro Deo amur et pro christian poblo et nostro commun salvament d'ist di in avant in quant Deus savir et
podir me dunat si salvarai eo cist meon fradre Karlo et
in adjudha et in cadhuna cosa si cum om per dreit son
fadra salvar dift in o quid il mi altre si fazet et ab Ludher nul plaid nunquam prindrai qui meon vol cist
meon fradre in damno sit. »

Enfin, en voici la traduction en latin et en français :

« Pro Dei amore et pro christiani populi et nostra
communi salute, ab isto die in posterum, quantum
Deus sapere et posse mihi donat, sic salvabo ego istum
meum fratrem Carlum ei in adjumento et in quaque
causa, sicut homo per rectum suum fratrem salvare
debet, in hoc quod ille mihi alterne faciet ; et a Lotha-
rio ullum placitum nunquam prehendam quod mea
voluntate isti meo fratri Karlo in damno sit. »

« Pour l'amour de Dieu et pour le commun salut du
peuple chrétien et le nôtre, dorénavant autant que
Dieu m'en donne le savoir et le pouvoir, ainsi je défendrai mon frère Karl que voilà et par aide et en
chaque chose, ainsi qu'on a le devoir de défendre
son frère, pourvu qu'il me fasse de même ; et avec
Lothaire jamais je ne prendrai aucun arrangement qui
par ma volonté soit au préjudice de mon frère Karl. »

5. Ce serment et la réponse des soldats de Charles le
Chauve nous ont été conservés dans un manuscrit qui
date probablement du x° siècle. Si l'on y ajoute quelque noms propres cités dans les anciennes chartes à la
suite de la formule géographique *in loco qui dicitur*,
une Cantilène de sainte Eulalie (1), qui est postérieure
au moins d'un siècle aux Serments, le texte des lois de
Guillaume le Conquérant, dont la date est de 1069 (2) et
les discours conservés de saint Bernard qu'on peut da-
ter environ de 1150, on aura réuni tous les témoignages
de ce que fut au début de cette langue nouvelle.

1. Voir à l'Appendice le texte commenté.
2. Voir à l'Appendice le texte commenté.

L'analyse élémentaire de ces monuments permet de reconnaître les caractères de l'idiome roman et prouve que, loin d'être de tous points une corruption de la langue latine, le roman fut à beaucoup d'égard un progrès.

6. L'âme et l'inspiration constante de cette révolution semble avoir été le désir de donner au langage plus de simplicité et plus de clarté en même temps : la plupart des changements introduits ont pour effet de réaliser ce bien. Les plus importants, les plus élémentaires sont :

L'abréviation des mots 1° par suppression de la terminaison : *amur* pour *amorem*, *christian* pour *christianum*, *om* pour *homo*, *savir* pour *sapere*, *vol* pour *volle* (*velle*) ; 2° par retranchement de la voyelle médiane : au lieu de *populo*, *poblo*, qui consacre la forme employée par Plaute.

La destruction de la déclinaison : *om* pour *homo*.

La simplification de la déclinaison réduite à deux cas, dont l'un joue le rôle du sujet et l'autre le rôle de régime : *Deus* et *Deo*, *Karl* et *Karlo*.

La création de l'article qu'on trouve pour la première fois dans la Cantilène de sainte Eulalie : *li inimi, la mort* !

Le pronom joint au verbe, tantôt avant : *il mi fazet* ; tantôt après : *salvarai eo*.

L'emploi du verbe *avoir* comme auxiliaire pour former des temps composés : *salvarai* pour *j'ai à salvar* : et dans la Cantilène : *elle n'out eskoltet* (elle n'eut écouté).

Un mode nouveau, le conditionnel substitué à l'emploi

embarrassant de l'imparfait du subjonctif : *requirrait*, au début des lois de Guillaume le Conquérant.

Un type nouveau d'adverbe en *ment*, *solement* pour *solum*, dans un discours de saint Bernard.

Ces modifications intéressantes sont la reproduction de presque toutes les altérations qui ont pu être signalées, au chapitre III de l'Introduction (page 49), comme des faits positifs dans l'histoire du développement naturel de la langue latine. Aidsi trouve justifiée cette assertion que le Roman n'est en somme que du latin ; c'est la conclusion à laquelle la critique se trouve amenée, par quelque côté qu'elle prenne la question. Il ne faut donc plus dire : le Roman est une corruption du latin; mais d'une façon plus rigoureuse : le Roman est la continuation et le développement de la langue latine dans des conditions intellectuelles et morales, politiques et religieuses, qui, malgré leur importance, ont bien peu troublé l'application des lois organiques de la langue latine.

7. Mais ce serait concevoir une idée très-fausse de notre pays au IX° siècle que de se représenter la France des Carlovingiens soumise à l'uniformité d'une langue constituée, avec son vocabulaire, sa grammaire, sa syntaxe officielle, comme était le latin au siècle d'Auguste, comme sera le français au siècle de Louis XIV. Rien, au contraire, de plus divers, de plus irrégulier, de plus confus, de plus contradictoire que le langage parlé sous Charlemagne depuis la mer du Nord jusqu'à l'Atlantique et la Méditerranée. Le nom générique de *roman rus-*

tique fait à cet égard une illusion qu'il faut éviter en lui substituant le terme plus vrai de *langues romanes ;* il n'y a pas une seule langue ; mais plusieurs langues sont formées simultanément par l'altération du latin. Ce titre rappelle donc à la fois la communauté d'origine et les diversités locales, la similitude de révolution et les différences accidentelles ; les langues romanes sont des sœurs auxquelles s'applique à merveille le mot d'Ovide :

.,. *Facies non omnibus una*
Nec diversa tamen, qualem docet esse sororum.

Le chaos de ce début fait d'abord une illusion qui peut conduire à deux erreurs opposées. L'historien peut être tenté ou bien de confondre tout l'occident de l'Europe dans un même jugement, ou bien de disséminer, d'éparpiller sa critique dans l'analyse d'une foule de nuances provinciales qui rendraient l'histoire insaisissable et impossible. Mais pour qui regarde avec attention, peu à peu la lumière, l'ordre se fait. Alors, sous les caprices infinis de l'ignorance et des inspirations locales, se dessinent assez vite dans la partie occidentale de l'empire romain quatre langues romanes : l'italien, l'espagnol, le provençal ou langue d'*oc*, et le français ou langue d'*oïl.* Ces deux dernières langues se distinguent par le signe de l'affirmation : *oc* (*hoc,* c'est cela) dans le midi, et dans le nord, *oïl,* participe passé du verbe *ouïr.* qui est devenu notre *oui* (c'est entendu); peut-être même la consonne *l* doit-elle se prendre pour un reste de pronom, *oïl* étant la forme romane de la proposition participe latine : *au*[*ditum est*] *il*[*lud*]. On peut regarder encore *oïl* comme une altération de [*h*]*o*[*c*] (*est*) *il*[*lud*]. En tout cas, malgré la différence d'orthographe, *oïl*, qui rappelle la prononciation *oye* de nos paysans, *oïl* doit se prononcer à peu près *oui*. Cette manière d'écrire s'est conservée longtemps. Le roi Charles VI ayant accepté pour femme Isabeau de Bavière, Froissart écrit ainsi cette réponse, en plein xvᵉ siècle : « Par ma foi, dit-il, *oïl*, nous ne veulons aultre. »

8. Les langues romanes peuvent être classées dans l'ordre où elles viennent d'être énumérées. Cet ordre correspond au progrès croissant des altérations subies par le latin, et tout naturellement ces altérations sont plus profondes à mesure qu'on s'éloigne du centre commun. Il y a donc un parfait accord entre l'indépendance et la position géographique des quatre contrées. L'italien et l'espagnol restent les plus fidèles aux habitudes de la latinité, à laquelle ils sont rattachés par le voisinage ou par la similitude de climat ; cette observation est si vraie qu'aujourd'hui on peut écrire des pages entières qui sont en même temps du latin très-pur et d'excellent espagnol. La langue d'oïl, parlé sur le territoire le plus éloigné de Rome, est aussi l'idiome qui altéra le plus les formes du latin. Voici un exemple simple et frappant de cette progression : du latin *amicus*, l'italien fait *amico*, l'espagnol *amigo*, le provençal *amico*, le français *amis*.

Ces quatre types essentiels subissant quelques fusions sur les frontières communes des quatre pays, an voit se former ainsi des zones intermédiaires, qu'il est plus important de mentionner qu'il ne serait facile de les étudier en détail; une histoire sommaire ne peut qu'insister sur les caractères essentiels des quatre grands dialectes romans. Un témoin du xiii⁰ siècle, et quel témoin ! Dante lui-même, marque par les traits suivants la physionomie des trois principaux :

« La langue d'oïl allègue pour soi qu'à cause de ses formes plus faciles et plus agréables, tout ce qui a été rédigé en poëmes narratifs lui appartient; la langue d'oc peut prétendre qu'elle est la première qui ait eu des poétes, comme plus parfaite et plus douce... La troisième, celle des latins (l'italien), peut s'attribuer deux priviléges : d'abord c'est d'elle que viennent ceux qui ont montré dans la poésie vulgaire plus d'harmonie et plus d'art..., ensuite ils paraissent s'appuyer davantage sur la grammaire. »

9. L'ordre chronologique dans lequel se sont formés ces différents idiomes est presque en sens inverse de leur proximité du berceau commun, ce sont les deux plus éloignés qui se sont constitués les premiers dans dans leur indépendance de la langue-mère. Les Gaulois ont eu leur langue originale longtemps avant les Italiens et les Espagnols ; on dirait que l'esprit, plus libre à une plus grande distance du centre, a plus vite et plus aisément secoué le joug romain. Autant qu'il est possible de fixer une date à cette évolution intellectuelle, le provençal se constitua vers la fin du ix⁰ siècle, le français au

début du xe, l'espagnol vers le xie siècle, et l'italien seulement au début du xiie siècle.

10. La langue d'oc et la langue d'oïl se partagèrent le territoire de la France actuelle d'une façon inégale. La Loire dessine à peu près la ligne de démarcation entre les deux langues de la vieille France; le provençal régnait au sud et le français au nord de cette frontière.

Du reste, ces deux idiomes forment à eux deux un groupe distinct et naturel, moins encore par le rapprochement géographique que par des analogies grammaticales, dont la plus remarquable est une fidélité plus constante à la déclinaison latine. Ce fait a une double signification : il prouve, d'abord, que les deux langues de la Gaule sont des dérivations plus directes du bon latin, puisqu'elles en conservent mieux les caractères essentiels, ensuite que les habitudes de la vie romaine étaient plus profondément enracinées en Gaule que dans l'Italie elle-même, plus bouleversée par l'invasion barbare.

Au début, le Provençal et le Français ne diffèrent vraiment que par des caractères secondaires de vocalisation et d'euphonie. Ce sont des conséquences presque nécessaires des différences morales entre les deux peuples et les deux littératures. Dans le nord, la littérature offre un caractère plus impersonnel et plus général, elle est surtout narrative et épique ; la littérature provençale est l'expansion lyrique de sentiments bien plus personnels. Quant aux deux langues, un grammairien ancien, mis en lumière par l'érudition de M. Guessard, Raymond Vidal les oppose ainsi l'une à l'autre : « La langue française vaut mieux et .est plus avenante pour faire romans et pastourelles ; mais celle du Limousin est préférable pour faire vers, chansons et sirventes. » Qui ne reconnaîtra l'exactitude de ces distinctions, rien qu'en rapprochant du texte provençal publié par M. Guessard la traduction qui en a été faite en français du moyen-âge par M. Littré, autant vaut dire un Français du temps :

TEXTE PROVENÇAL.	TEXTE FRANÇAIS.
Langue d'oc.	*Langue d'oil.*
Totz hom que vol trobar ni entendre deu primierament saber que neguna parladura no es tant naturals ni tant drecha del notre lingage con aquella de Proenza o de Lemosi.	Toz hom qui vuelt trover ne entendre doit premierement savoir que nule part leure de nostre langage n'est tant droite com cele de Provence ou de Limousin.

Cette double citation suffit pour reconnaître combien les langues d'oc et d'oïl sont voisines et analogues. La seule différence caractéristique est dans la sonorité ouverte et chantante du provençal : *trobar, neguna, parladura, drecha, aquella, Proenza, Lemosi*, toutes les finales sont des voyelles sonores, tandis que le français y substitue des sons étouffés, l'*e* muet et les nasales : *trover, nule, parleure, droite, cele, Provence, Limousin.* Cette opposition est le reflet des différences essentielles qui séparent les idiomes, les caractères, les tempéraments des peuples du midi et des peuples du nord.

4

11. Ainsi, au siècle de Charlemagne, à l'époque même où le grand empereur songeait à reconstituer l'unité administrative et politique de l'empire romain, une altération profonde de la langue latine s'était accusée par un mouvement simultané dans toute la partie occidentale de l'Europe : de nouveaux idiomes venaient au jour. Protégés, vivifiés par la charité éclairée de l'Église, ces idiomes populaires s'imposent aux successeurs de Charlemagne. Des quatre grandes langues romanes, deux se partagent le territoire de la France ; identiques dans leur fond, animés des mêmes principes de réformation, imposant au latin les mêmes altérations, le provençal et le français n'offrent d'autres différences que celles qui résultent de la différence naturelle des climats sous l'influence desquels les deux idiomes se forment et se développent.

CHAPITRE V

Formation et développement du vieux français au Xᵉ et au XIᵉ siècle.

1. Des langues romanes dont l'existence peut être constatée au XIᵉ siècle, celle qui offre l'intérêt le plus général en France, c'est évidemment la langue d'oïl. En effet, c'est un des dialectes de la langue d'oïl qui est devenu la langue du moyen-âge, ce vieux français qui a brillé d'un très-grand éclat, joui d'une renommée européenne, et doté notre pays de véritables chefs-d'œuvre.

2. Formé par un progrès plus lent que la langue d'oc, la langue d'oïl a dû précisément à sa lenteur même de se former d'une manière plus indépendante et plus durable. Dès le début, l'opposition de caractère et d'esprit

entre les populations du nord et celles du midi se trahit
dans les deux langues. Le Provençal appelle *franciot*
un beau parleur, un faiseur d'embarras, et c'est ce
même ridicule que le Français désigne par le nom de
gascon; entre le nord et le midi de la France, le même
reproche, la même raillerie est reçue et renvoyée. Cette
hostilité doit être notée comme une preuve de l'énergie
vitale des populations et des langues ; car dans leur
orgueil naïf, les Français du nord se qualifiaient eux-
mêmes de « nations les plus polies du monde ».

3. Leur langue étendait son domaine depuis les extré-
mités du bassin de la Loire, c'est-à-dire le Maine et
l'Anjou, jusqu'aux rivages de la mer du Nord, compre-
nant ainsi la Neustrie, la Picardie, le pays Wallon, tout
le bassin de la Seine et de la Marne avec une partie de
la Lorraine et de la Bourgogne. Autant qu'on peut ap-
porter d'exactitude dans une pareille délimitation, il est
permis de fixer pour borne au sud du domaine septen-
trional qui est échu à la langue d'oïl une ligne menée de
la Charente aux Alpes, en passant par Limoges, Cler-
mont-Ferrand, Tournon et Grenoble.

4. La langue d'oïl est essentiellement latine; elle garde
du latin son vocabulaire. Sur cinq cent soixante et onze
mots qui composent trois des monuments antérieurs au
XIIe siècle, Chevallet en a trouvé cinq cent dix-neuf,
c'est-à-dire environ les quatre cinquièmes qui sont d'o-
rigine latine incontestable. Ce ne serait rien que ce
vocabulaire commun, si la similitude de constitution des

langues ne venait s'y joindre ; mais les procédés essentiels de composition des mots, les règles générales de syntaxe et de construction sont encore autant de traditions latines, et les éléments étrangers jetés par la guerre dans ce courant primitif n'en ont pu changer la direction.

5. Cependant, du vᵉ au xᵉ siècle, cette partie de la France fut plus que toute autre occupée, agitée, bouleversée par les invasions et les guerres des Francs qui s'y établirent. Aussi la langue d'oïl est-elle de toutes les langues romanes la seule qui porte des traces visibles d'emprunts à l'idiome des Francs. Diez a fait ce calcul rigoureux que sur neuf cent trente mots qui ont passé de la langue germanique dans les idiomes romans, il s'en rencontre quatre cent cinquante dans le dialecte propre à la Gaule. Les barbares envahisseurs, tout en subissant la domination intellectuelle des peuples vaincus, leur imposèrent sans doute bien des altérations de prononciation ; ils introduisirent dans la langue un nombre de mots nouveaux assez considérable pour qu'un érudit ait pu porter à mille le nombre des racines françaises sorties d'un primitif germain, sans compter encore les dérivés et les composés. On a fait de plus cette remarque curieuse que la plupart des mots français qui sont d'origine franque servent à l'expression d'idées fâcheuses ou terribles, et en particulier désignent les armes et les combats: *babouin* de *bappe*, muffle, *guerre* de *war*, *brandir* de *brand*, épée, etc. Ampère ajoute encore cette observation fort ingénieuse, que la ré-

4.

volte des Gallo-Romains contre l'oppression barbare se
trahit vivement par le sens défavorable donné à la plupart des mots usuels que les vaincus ont tirés de la
langue des vainqueurs : *land* (terre) devient *lande* (terre
stérile), *buch* (livre) devient *bouquin* (vieux, mauvais
livre), *ross* (coursier) devient *rosse*, *herr* (seigneur) se
transforme en *hère* (pauvre diable).

Enfin, si l'on voulait ajouter à la liste des mots francs
l'indication des altérations les plus sensibles imposées
à la langue d'oïl par l'action des Germains, on pourrait
encore signaler les faits suivants : 1° introduction
de quelques-unes de ces aspirations si familières à
l'Allemagne : *harangue* de *hring*, cercle ; *herberge*
(auberge) de *hiri*, *bergan*, armée, garantir; *haire* de *hara*
etc. ; 2° admission de quelques suffixes expressifs, et
en particulier de la finale : *ard* avec le sens du superlatif ; *babillard*, *richard*, *vieillard*, etc.

Une fois cette part accordée à l'invasion franque, on
peut affirmer qu'en somme, quelques racines et quelques terminaisons d'origine germanique n'ont apporté
aucune modification importante à l'évolution naturelle
du latin dans la Gaule. Rajeuni par l'action féconde de
l'esprit gaulois, l'idiome néo-latin du x° siècle a déjà sa
valeur poétique et oratoire.

6. Telle est en effet l'importance des œuvres de la
langue d'oïl que l'histoire n'a pas dédaigné de recueillir
les témoignages relatifs au langage de nos pères dès ses
premiers débuts. On peut signaler quelques faits qui at-
estent la diffusion et l'autorité de cet idiome primitif, au

commencement du même x° siècle. Lorsqu'en 911 Rollon,
chef des Normands, prêta serment de fidélité au roi
Charles III, le vocabulaire des Francs était déjà tellement tombé en désuétude dans la Gaule que les premiers mots de son serment : *by Got*, provoquèrent les
risées de toute l'assistance ; les mêmes railleries accueillirent les seigneurs de la suite de Henri l'Oiseleur,
lorsqu'en 920 ce prince eut une entrevue avec le roi de
France. L'autorité de la langue d'oïl était si bien reconnue au x° siècle que, malgré l'affaiblissement croissant des tristes successeurs de Charlemagne, en dépit
même des mépris de l'érudition qui désigne ces premiers interprètes de la poésie populaire sous les noms
dédaigneux de *joculatores* ou d'*histriones*, les Normands s'empressèrent de se soumettre au joug de la
langue et abandonnèrent leur idiome scandinave pour
adopter la langue du pays ; ils portèrent même dans
cette étude une telle ardeur, que bientôt ils furent
passés maîtres dans la langue nouvelle. Une preuve bien
éloquente encore du rôle littéraire que joue déjà
cette langue, c'est l'éloge que font de Hugues Capet ses
contemporains, le félicitant de sa savante éloquence en
français : *linguæ Gallicæ facundia peritissimus*. Il
semble même que le fondateur de la dynastie capétienne
ait affecté de ne pas savoir d'autre langue que l'idiome
du peuple sur lequel il était appelé à régner, car il ré-
clama le secours d'un interprète pour s'entretenir avec
l'empereur Othon II, qui savait le latin. Enfin, dans un
concile tenu en 995, l'évêque de Verdun qui le prési-
dait fit l'ouverture de cette assemblée religieuse par

un discours en langue romane. Ainsi, les derniers retranchements de l'archaïsme étaient forcés ; la théologie elle-même abdiquait devant la souveraineté toute puissante de l'usage et la force des choses ; l'Église acceptait et consacrait la langue d'oïl.

7. Il y a donc quelque intérêt à noter les innovations les plus frappantes de cette langue au Xe et au XI[a] siècle. Rien de plus difficile à constater que la création et les progrès d'un idiome et d'une poésie par l'action de ces maîtres de langue qui eux-mêmes ne savaient pas lire et qui faisaient l'éducation d'une population encore plus grossière et plus ignorante. Il fallait qu'on recueillît comme par grâce quelques-uns des échos de la muse populaire, et pendant longtemps, avant de leur consacrer un manuscrit, la curiosité se contenta de les admettre sur les marges ou sur les pages restées blanches d'un manuscrit latin. Cependant il est possible de faire sur les premiers essais de cette langue naissante quelques remarques générales.

C'est probablement à cette époque qu'il convient de rapporter l'apparition de cet *e* muet qui est devenu l'un des signes distinctifs et originaux de la langue française. Il se rencontre déjà dans les Serments de Strasbourg (*fradre altre*), et il se retrouve plus fréquent encore dans la Cantilène de sainte Eulalie [1]. C'est alors aussi qu'appliquant la loi générale de l'assourdissement des voyelles, les Normands ont les premiers

---

1. Voir à l'APPENDICE le fragment de cette *Cantilène*.

substitué à l'*a* des Romains l'*é* fermé : *caritatem,* après avoir fait *caritat,* devient *carité,* etc.

8. Mais seule la main puissante de Charlemagne avait pu rapprocher dans une unité factice tant de nations d'origine différente et de caractère opposé. Le faisceau se rompit donc entre les mains débiles de ses successeurs ; la diversité naturelle reprit ses droits, la barbarie envahit de nouveau l'Occident, et le morcellement militaire et politique de l'empire eut son contre-coup dès le début du Xe siècle dans le morcellement de la langue d'oïl entre plusieurs dialectes provinciaux. Ces dialectes ont tous au début des droits égaux, de même que tous les seigneurs féodaux, avides d'indépendance, s'arrogent un pouvoir que les Carlovingiens ne sont pas en état de leur disputer. Les quatre plus répandus de ces dialectes féodaux de la langue d'oïl sont : le français ou dialecte de l'Ile-de-France, le picard, le normand et le bourguignon.

9. De ces dialectes, le français ou dialecte de l'Ile-de-France prend très-vite le premier rang, à la faveur des circonstances politiques. Le jour même où la dynastie germanique tombe avec les Carlovingiens, une dynastie nationale fait son avénement en France. Cette dynastie vraiment française, c'est celle des Capétiens, ducs de France, c'est-à-dire seigneurs féodaux du cœur même du pays.

En cette même année 987, le dialecte de l'Ile-de-France devient la langue commune du royaume, c'est le français proprement dit, et les dialectes de la veille déscendent au rang de patois, comme les seigneurs deviennent les vassaux des Capétiens. Paris, capitale du royaume, impose au royaume entier sa langue et son goût, et bientôt les écrivains ou les orateurs de province se sentent obligés de demander grâce pour leur jargon.

10. Cependant, soit pour se faire pardonner son usurpation, soit par une sorte d'éclectisme spontané que la parenté rendait facile, le français du XI⁰ siècle admet encore un très-grand nombre de formes normandes, picardes et bourguignonnes. Par exemple, le français *pois* (poids) est emprunté au normand *peser*; il continue à dire *attacher*, mais il prend au picard *attaquer*; il dit *roi* avec les Bourguignons, et *reyne* avec les Normands, etc.

11. Voici déjà que la langue nationale a ses poëtes, ses prosateurs et même ses érudits. Cet idiome, qui avait commencé par n'être au VI⁰ siècle que le jargon du bas penple, après avoir été accepté au VIII⁰ et au IX⁰ siècle par quiconque voulait se faire entendre de la foule, c'est au XI⁰ siècle une langue presque savante à laquelle l'emploi de l'écriture et quelques observations grammaticales viennent donner de la consistance et une valeur littéraire. A cette époque le latin a cessé d'être une langue usuelle; il a passé au rang de langue morte; il n'est plus guère entendu que de ceux qui l'étudient; même parmi les prêtres et dans les monastères, le règne du français commence et déjà il s'immortalise par un chef-d'œuvre.

12. C'est au XI⁰ siècle qu'il faut probablement rap-

porter la rédaction qui nous est parvenue de la *Chanson de Roland* [1]. Cette sublime épopée chevaleresque et nationale entraînait à la victoire les soldats de Guillaume le Conquérant, preuve certaine qu'en 1066 cette chanson de geste était déjà très-populaire parmi les soldats. Elle nos offre le type de ce qu'était la poésie française au xie siècle, et même, par une extension qui n'a rien d'excessif, au xe siècle.

Dans l'Église, les plus accrédités des prédicateurs emploient tous le français. Dans l'armée, Guillaume de Normandie impose l'étude de cette langue à ses compagnons d'armes. Enfin dans l'état civil, diplômes, lois, chartes, ordonnances, sont le plus souvent rédigés en langue vulgaire ; et les enfants l'emploient journellement dans les exercices de l'école. Il n'est pas jusqu'aux étrangers qui n'apprécient la valeur de l'idiome nouveau ; à tel point que les Anglais eux-mêmes envoient leurs enfants en France pour y dépouiller la barbarie de leur idiome natif.

13. Cependant l'année 1095 voit éclater la crise suprême de l'esprit féodal, et le mouvement religieux et militaire des Croisades vers la Terre-sainte a son contre-coup dans toutes les sphères où s'exerce l'esprit humain.

L'Église proclame sa souveraineté, la féodalité l'accepte, le tiers-état la bénit. Pour détourner ou suspendre les coups d'une noblesse oisive et brutale, la charité religieuse prêche la Trêve de Dieu et les Croisades. Cette voix est

[1]. Voir à l'APPENDICE un fragment de cette *Chanson.*

entendue ; et, laissant le tiers-état faire son entrée dans le monde par l'institution laborieuse des communes, les barons courent aux expéditions lointaines. Les Croisades répandent les dialectes romans par toute l'Europe ; aussi les peuples soumis à l'empire d'Orient, leurs ennemis même, apprennent, bon gré mal gré, la langue des envahisseurs d'Occident.

14. Quand il s'agit d'organiser la première victoire et d'établir le royaume de Godefroy de Bouillon, cette société se fonde sur une base nouvelle, la base de la justice : elle s'organise d'après des principes nouveaux, les principes du droit. Alors elle fait aussi fleurir un art nouveau, des langues nouvelles, une nouvelle littérature ; le code du système féodal soumis aux lois de la raison est rédigé en langue d'oïl, ce sont les *Assises de Jérusalem.*

Ainsi, d'un bout de l'Europe à l'autre, le XIe siècle est une époque de renaissance. Le monde chrétien, si barbare qu'il soit encore, sent qu'il approche d'un de ces moments de plénitude et de possession de soi-même où l'esprit humain, maître de toutes ses forces et inspiré d'une foi puissante et supérieure, produit tout ce qu'il est capable de produire. Le moyen-âge va donc atteindre son apogée au XIIe et au XIIIe siècle, et la langue tiendra sa place et jouera son rôle dans le brillant développement du génie de la France.

CHAPITRE VI

Apogée du vieux français au XII° et au XIII° siècle
(siècle de saint Louis).

1. Progrès accomplis au xɪɪ* et au xɪɪɪ° siècle. — 2. Rôle et institutions de saint Louis. — 3. Mérites généraux des œuvres de cette époque. — 4. Supériorité de la langue et de la littérature. — 5. Originalité des écrivains français. — 6. Caractère de la langue du moyen-âge. — 7. Analyse d'un passage de saint Bernard. — 8. Comparaison avec la langue du xɪ° et la langue du xɪv° siècle. — 9. Universalité de la langue et de la littérature françaises au moyen-âge. — 10. Qualités littéraires du vieux français. — 11. Résumé et conclusion.

1. Le xɪɪ° et le xɪɪɪ° siècle continuent dans notre histoire la marche progressive qui s'est annoncée et produite dès le siècle précédent. La royauté capétienne s'affermit ; elle impose avec énergie sa suzeraineté toute-puissante à ses barons. Philippe-Auguste représente la première partie de cette belle époque, et elle est couronnée par le noble et pur génie de saint Louis, qui a mérité de laisser son nom au xɪɪɪ° siècle.

En même temps que la royauté consolide son autorité, la nation, prenant possession d'elle-même avec une sécurité plus grande, étend et perfectionne sa langue. Ainsi, avec le degré d'exactitude que comportent ces

5

sortes de rapprochements, l'apogée du vieux français correspond au premier essai de constitution nationale de la France. Ces deux progrès moraux sont également favorisés par la politique, les institutions, le génie de Louis IX, par le calme qui suit les grandes agitations intestines du moyen-âge, et par l'éveil de l'esprit d'association, qui avec un éclat immortel s'est appliqué dans les croisades à la plus grande œuvre religieuse.

2. L'aspiration à l'unité territoriale et monarchique, aspiration vague et confuse dans la pensée de Louis VI, énergique et dominante pendant tout le règne de Philippe-Auguste, dicte à Louis IX une législation généreuse qui écrase la féodalité et nie le droit du plus fort. A l'institution de l'Université de Paris à laquelle Philippe-Auguste avait donné ses premiers règlements, Louis IX ajoute la création de la Sorbonne. Il fait traduire en français des fragments des livres saints et s'associe parfois à ce travail ; il entretient avec vigilance tous les établissements d'instruction , fonde la première bibliothèque publique ; en un mot, presque tous les actes de son gouvernement tendent à développer le goût des lettres. Cet intérêt constant fait éclore ou achever plus d'œuvres utiles : les communautés religieuses s'organisent, des universités provinciales sont fondées.

3. Il n'est pas jusqu'aux arts industriels, alors dans l'enfance, qui ne contribuent au progrès littéraire : c'est à la fin du XIIIᵉ siècle que se répandent en France les fabriques de papier de linge, innovation féconde à laquelle on peut appliquer ce que Pline écrivait du papyrus : « Son emploi est lié très-intimement à l'histoire des progrès de l'esprit humain. » A la même époque, le mérite et l'éclat des œuvres d'art mettent la France à la tête de l'Europe, au niveau même de l'Italie : l'architecture ogivale produit ses chefs-d'œuvre : Notre-Dame de Paris et la Sainte-Chapelle, les cathédrales de Laon, d'Amiens et celle de Rouen. Ainsi tout concourt à la fois pour faire du XIIe et du XIIIe siècle l'époque la plus brillante du moyen-âge, le point culminant de cette civilisation. Enfin telle est l'admiration que mérite cette période de notre histoire qu'il n'y a vraiment rien d'exagéré à la rapprocher des époques même les plus brillantes de l'histoire de l'esprit humain.

Dans ce sublime personnage de saint Louis fleurit et brille le génie de la France, génie patriotique et génie religieux, prêt à tout sacrifier à la patrie, mais sacrifiant la patrie même à la justice et tous les biens terrestres aux espérances de la vie future.

4. C'eut été une étrange contradiction qu'une époque si remarquable par ses œuvres et ses institutions sociales et religieuses n'eût pas en même temps une langue et une littérature bien supérieures à celles des âges précédents. L'histoire ne donne pas ce démenti à la logique, car, en fait, dès le XIIe siècle, les éléments divers dont s'est formée d'abord la langue se combinent en un tout homogène qui présente une physionomie très-distincte. Sans doute, cette langue nouvelle est encore hésitante dans son vocabulaire et dans ses constructions, elle est

gauche et embarrassée dans ses allures, elle est rude dans ses intonations ; mais elle est déjà indépendante et marquée des caractères originaux qui feront son mérite et sa gloire. Ainsi, à partir de la seconde moitié du XIIe siècle, avec Chrétien de Troyes et Raoul de Houdenc, la langue a pris une allure tout à fait dégagée ; le dialogue surtout, dans Chrétien de Troyes, mort vers 1192.

Quant à la littérature, cette époque est réellement l'âge d'or de la vieille France : la poésie épique reçoit un immense développement, et, la prose naissant du besoin de recueillir et de conserver le souvenir des hauts faits des croisades, l'histoire, suivant l'expression de Plutarque, descend du char de la Poésie et, par la forme même, sépare nettement la vérité de la fiction. Alors aussi les sermonnaires éprouvent le besoin de mettre en français, pour les vulgariser, les livres saints et quelques historiens de l'antiquité. Enfin, ces mêmes compositions que les copistes admettaient comme à regret sur les pages vides d'un manuscrit latin, on se décide à leur consacrer un volume tout entier; c'est à ce moment que remontent les deux plus anciens manuscrits romans qui nous restent : la traduction des quatre Livres des Rois et la Chanson de Roland [1].

5. Si maintenant on veut apprécier cette époque dans ses traits essentiels et distinctifs, le premier caractère qui frappe avant tout autre dans le travail littéraire du moyen-âge, c'est que la langue et la littérature sont des œuvres originales et populaires. Pas plus que les

1. Voir à l'APPENDICE.

trouvères, ceux des historiens du XIIIᵉ siècle qui n'écrivaient pas en latin ne sont des disciples du *trivium* et du *quadrivium*; les hautes inspirations des chants épiques, la vivacité de l'imagination des conteurs, la gaîté des comédies, telles que le Jeu de Marion et Robin, la richesse et la variété des rhythmes de la poésie lyrique, tout était personnel et spontané. C'est grâce à ces mérites de l'invention et de la vie que, si la langue des hommes de ce temps a passé, la simplicité, le naturel, la vivacité nerveuse du style des écrivains, rien de tout cela ne passe, rien ne vieillit, rien ne vieillira pour l'érudit et pour l'historien de nos gloires nationales.

Ces heureux génies ont rendu à cette langue un grand service. « Une langue est fixée, dit Voltaire, quand elle a été employée et consacrée par de grands écrivains dont l'usage peut et doit faire loi » ; or, ce caractère suprême ne manque pas au français du XIIIᵉ siècle. L'exemple d'orateurs tels que saint Bernard, d'historiens comme Villehardoin et Joinville ; les leçons de trouvères tels que Chrétien de Troyes, le châtelain de Coucy, Thibault de Champagne, fournissent des règles ou du moins des habitudes de parler et d'écrire plus puissantes que ne seront les préceptes établis par la logique ou par l'érudition.

6. Un simple coup d'œil donné à ces monuments de notre passé suffit pour faire connaître que la langue du XIIᵉ et du XIIIᵉ siècle est un demi-latin, idiome assez

1. Voir à l'APPENDICE.

lourd, sans éclat et sans élégance, parce qu'il procède à
la fois de ce qui n'est plus et de ce qui n'est pas encore,
mais ferme, précis, naturel; archaïque par bien des
côtés, mais nouveau par beaucoup d'autres. Un exemple
pris au hasard permettra d'apprécier le caractère, les qualités et les défauts de la langue de Villehardoin et de
Thibault de Champagne ; voici quelques lignes de saint
Bernard; l'orateur chrétien n'a recours à nulle des licences
de la poésie, s'adressant à la foule, il emploie les tours
populaires.

7. *Por ceu volt il dexendre, et ne volt mies sole
ment dexendre en terre et nastre, anz volt assi estre
conniz et por ceste conissance faisons nos ui ceste feste
de l'Aparicion. Hui vinrent li troi roi por querre lo
soloil de justise qui neiz estoit..... Signor roi ke faites
vos ? Aoreiz vos dons un alaitant enfant ?.... Est dons
cest enfes Deus ?*

Le français du moyen-âge a conservé du latin un
reste bien précieux pour l'indépendance de ses constructions, c'est une sorte de déclinaison à deux cas
dans les substantifs et les adjectifs : il dit au cas sujet du
singulier *uns enfes*, et au cas régime *un enfant*, et en
même temps, par une innovation qui concourt à la
clarté de l'expression, il détache des pronoms un article qui se décline avec une plus grande richesse de
cas que le substantif et l'adjectif : à chaque ligne se
rencontrent les formes : *li, la, lo, les* [1]. Les verbes ont

1. Voir à l'APPENDICE.

retenu la plupart des figuratives latines : *s* pour la deuxième personne du singulier, *t* pour la troisième ; et au pluriel *ons,* transformation de *mus* ; *ez* pour *is*, *nt* (*volt, faisons, aoreiz, vinrent*) ; enfin, les mots invariables sont enrichis par la formation d'un nouvel adverbe dont la terminaison est fort ingénieuse : *solement* de *sola mente, bonnement* de *bona mente,* etc.

La syntaxe de ces phrases jouit des bénéfices de la déclinaison, elle est encore toute latine. La construction est le plus souvent inversive et calquée sur les habitudes anciennes : *volt il en terre dexendre* ; mais déjà la construction propre au français moderne se rencontre à la ligne qui suit : *dexendre en terre.* Plus loin c'est encore l'inversion latine qui prévaut : *Est dons cest enfes Deus* ? Mais la persistance des distinctions casuelles pour le sujet et pour le régime (*enfes, enfant*) explique cette persistance des inversions, qui ne peuvent prêter à aucune amphibologie.

L'orthographe est encore bien plus fidèle aux habitudes latines, et, quoique la prononciation soit sans doute déjà bien altérée par l'usage, les lettres latines restent, ne fût-ce qu'à titre de signes étymologiques : *Deus, vol* de *vult, nos, fesle* de *festa, querre* de *quærere.*

8. Ainsi la langue du XIIe et du XIIIe siècle offre une application régulière et générale des mêmes principes de formation des mots, de syntaxe et de construction grammaticale et littéraire qui avaient présidé dès longtemps au travail de transformation commencé au Xe et

au xiᵉ siècle. De plus, comme ces mêmes règles sont déjà violées ou mises en oubli, dès le xivᵉ siècle, on peut considérer la langue du xiiᵉ et du xiiiᵉ siècle comme le type le plus parfait de notre vieux français.

En résumé, les faits disent avec une clarté parfaite qu'au xᵉ siècle est né et s'est développé un fruit de la vie intellectuelle et morale de la France, qui se gâte et périt dans l'agonie générale du xivᵉ siècle; ce fruit, c'est la langue primitive et nationale de la vieille France. Entre ces deux époques extrêmes, le xiiᵉ et le xiiiᵉ siècle forment une période brillante, de même que les règnes de Philippe-Auguste et de saint Louis contrastent à la fois avec les essais laborieux de Louis VI, et avec les misères des premiers Valois.

9. Une preuve, une confirmation éclatante de la supériorité de la langue française au siècle de saint Louis, c'est le crédit universel dont elle jouit en Europe. La France de Philippe-Auguste et de Louis IX est bien, à tous les titres, le coryphée de la civilisation. Sans doute, la langue provençale a pu sembler constituée avant le vieux français dans ses caractères originaux et distinctifs; cependant, un assentiment unanime donne au français la préférence sur tous les autres idiomes; l'Europe entière souscrit à ce jugement de Martino da Canale, traduisant l'histoire latine de Venise en français parce que *la langue françoise cort parmi le monde et est plus délitable à lire et à oïr que nule altre.* La France était comme un foyer d'où la lumière rayonnait sur toute l'Europe ; au xiiiᵉ siècle, l'Anglais Mandeville racontait en français ses pérégrinations suspectes, comme le Vénitien Marco Polo écrivait le récit consciencieux de ses voyages ; Brunetto Latini de Florence, dans son *Trésor*, répétait à peu près les paroles mêmes de Canale ; enfin Adenès, le roi des ménestrels, dans son poème de *Berte aus grans piés*, avait le droit de dire :

> Avoit une coustume ens el Tyois païs
> Que tout li grant seignor, li comte et li marchis
> Avoient entour eux gent françoise tous dis
> Pour apprendre françois leur filles et leur fils.

La langue et la littérature de la France forment donc pour l'Europe, qui les adopte avec enthousiasme, une sorte de fonds commun sur lequel chaque nation construisit plus tard sa propre littérature, lorsque l'unité du monde féodal fut brisée, lorsque l'esprit individuel des peuples revendiqua ses droits. Développant cette idée avec la double autorité de l'érudition et du goût, Le Clerc ajoute dans son introduction à l'Histoire littéraire de la France au XIVe siècle : La France avait surtout conquis les âmes par la poésie.... elle a eu des poètes en langue vulgaire qui ont été compris et imités aussitôt par l'Angleterre, l'Italie, l'Allemagne, les pays scandinaves, l'Orient. »

On peut même aller plus loin et soutenir que le mouvement littéraire qui s'accuse en Italie et en Espagne au XIVe siècle est imprimé à ces deux langues romanes par l'émulation et l'imitation de la France, qui guide toutes les nations romanes, provoque leur amour-

5.

propre et leur offre des modèles d'imagination comme d'héroïsme.

10. Cette langue, déjà vive dans ses allures, est aussi flexible en raison de son caractère mixte ; elle excelle surtout à rendre, d'un style rapide, les détails du récit et de la conversation. C'est ce qu'atteste le nombre presque incalculable des romans et chansons de geste, des fabliaux pleins de malice et de verve railleuse, enfin, des récits historiques qui atteignent une perfection presque classique dans Villehardoin et dans Joinville [1]. Le français du moyen-âge a des traits vigoureux pour le portrait du suzerain et du baron, des notes énergiques pour les misères du vassal et du serf, des nuances délicates pour peindre les attraits des dames, parfois même un accent sérieux et noble pour célébrer l'Église qui donne aux preux pardon et repos, aux vilains asile et protection. Rivarol a pu dire que si l'on comparait Thibault de Champagne à Ronsard, on reconnaîtrait au français du XIIᵉ siècle une certaine perfection que n'a pas la langue du XVIᵉ siècle. L'éloge est mérité ; il peut même être étendu : l'histoire et la logique constatent à certains égards une véritable supériorité de la langue de Joinville sur la prose même de Voltaire; par exemple, la raison aime mieux *l'endemain* que *le lendemain*, *m'espée* que *mon épée*, qui fait un solécisme ; *qui que je visite* est plus simple et plus logique que *quel que soit celui que je visite*, etc.

1. Voir à l'APPENDICE.

11. Ainsi les faits généraux de l'histoire et les observations critiques qu'ils provoquent sur la langue écrite
et parlée en France au XIIe et au XIIIe siècle mettent
hors de doute que le français de cette époque était un
idiome constitué et complet, ayant sa grammaire, sa
syntaxe, sa construction et sa littérature ; un idiome
dont l'influence a été très-considérable et très-heureuse
sur toute l'Europe civilisée.

N'est-il pas permis de tirer de là une dernière conclusion ? C'est que l'analyse précise et détaillée de la
grammaire et du génie littéraire de ce vieux français
est une étude historique du plus haut intérêt pour
quiconque est jaloux de ne laisser dans l'ombre aucune
des gloires de notre pays ; c'est une œuvre tout à fait
patriotique.

CHAPITRE VII

Corruption du vieux français au XIVᵉ siècle
(siècle de la Guerre de cent ans).

1. Caractères généraux du xivᵉ siècle : Dissolution de la
société féodale. — 2. Misères physiques et morales de la
France. — 3. Décadence des arts et des lettres. — 4. Les traductions et les satires se multiplient. — 5. Corruption de la
langue par la séparation des dialectes provinciaux. — 6. Décadence de la poésie. — 7. Défauts de la prose de Froissart. —
8. Corruption du latin dans les écoles. — 9. Analyse des
caractères grammaticaux du français au xivᵉ siècle. —
10. Origine de la règle moderne de l's. — 11. Confusion et
obscurité dans le vocabulaire et dans la syntaxe. — 12. Symptômes d'une renaissance prochaine.

1. Le xivᵉ siècle est l'époque où se dissout la société
du moyen-âge; il voit frapper à mort les deux grandes
autorités du temps, la papauté insultée dans la personne
de Boniface VIII et avilie dans celle de Clément V,
la chevalerie dégradée par le supplice ignominieux des
Templiers. Il a donc pour caractères distinctifs l'affaiblissement de l'autorité catholique et l'ébranlement de
la féodalité.

2. En France, ce siècle est une époque de crise politique et morale, un temps de confusion dont toutes les
misères ont leur écho et leur conséquence dans une
décadence littéraire; le désordre social entraîne le dé-

sordre intellectuel. La féodalité apanagée est la ruine de
la monarchie du xivᵉ siècle, comme au ixᵉ siècle la
puissance de la féodalité militaire avait été la ruine des
Carlovingiens ; assurément, l'invasion étrangère elle-
même n'aurait pas eu les suites terribles qui assombrissent
alors notre histoire, si la France n'avait été désolée par
le mal intérieur des rivalités féodales. A ces deux fléaux
s'en joint un troisième, c'est l'essai douloureux d'un
pouvoir nouveau dont l'avénement dans notre pays ne
fut pas signalé par des bienfaits : le pouvoir adminis-
tratif inaugure son règne par des expédients qui le dés-
honorent dès le berceau : confiscations, fausse monnaie,
banqueroute. En un mot, la guerre, le désordre et la
ruine partout : voilà le bilan de l'époque.

Pris entre le soldat étranger qui le poursuit, les
grandes compagnies des rois et des seigneurs qui le dé-
valisent, enfin le fisc qui le vole sous prétexte de nourrir
des défenseurs qui le pillent et le massacrent, le pauvre
peuple tantôt se soulève par des élans de rage qu'il faut
noyer dans des flots de sang, tantôt retombe épuisé, et,
s'abandonnant lui-même, s'engourdit dans la torpeur
de la misère et de la faim.

3. Au milieu de ce sanglant chaos, l'esprit de progrès
suspend sa marche naguère encore si brillante et si
rapide. Dans toutes les régions où s'exerce l'activité de
l'intelligence, la vie et le mouvement s'arrêtent ; les
arts comme les lettres souffrent d'une décadence prématurée : la belle architecture ogivale se perd dans la recherche et la manière. Ainsi la jeunesse est flétrie dans sa

fleur, et la décrépitude devance et remplace la maturité.
Même au sein des monastères les études languissent ;
plusieurs des écoles fondées à l'ombre des abbayes se
ferment, et Virgile est considéré moins comme un
poëte que comme un devin expert en sorcellerie. Pétrarque nous a laissé le tableau de cette triste dissolution :

« Non, je ne reconnais plus rien de ce que j'admi-
rais autrefois. Ce riche royaume est en cendres...... Les
écoles de Montpellier que j'ai vues si florissantes sont aujourd'hui désertes.... Paris, où régnaient les études, où
brillait l'opulence, où éclatait la joie, n'amasse plus des
livres, mais des armes, ne retentit plus du bruit des
syllogismes, mais des clameurs des combattants ; le
calme, la sécurité, les doux loisirs ont disparu... Qui
dans cet heureux royaume eût pu se figurer même en
songe de telles catastrophes ? Et si un jour il se relève,
comment la postérité voudra-t-elle y croire, lorsque
nous-mêmes, qui en sommes témoins, nous n'y croyons
pas ? »

4. La sécheresse égoïste dans l'âme des nobles, l'indignation haineuse dans le cœur du peuple appauvrissent
la veine poétique. Faute d'enthousiasme, d'imagination
et d'idéal, un grand nombre d'écrivains se réduisent au
rôle de traducteurs, soit qu'ils fassent passer en français
quelques auteurs anciens, soit qu'ils mettent en prose et
remanient les anciens romans dont le faux goût du
temps ne veut ou ne peut plus comprendre la naïveté
primitive. La plupart de ceux qui continuent à cultiver

la poésie reçoivent du continuateur du roman de la
Rose le modèle d'un tour railleur et sceptique, d'un ton
de sarcasme frondeur, enfin d'un matérialisme grossier
qui ravale la poésie et dégrade le goût. A part quelques
œuvres d'exception, comme les vers de Charles d'Orléans
ou quelques compositions dont l'inspiration mystique,
le tour allégorique et le ton sentencieux rendent la lecture impossible, la poésie ne survit guère que dans la
satire brutale et violente, nouvelle arme de combat dans
une société où la lutte est partout.

5. Le mal s'étend suivant une marche naturelle, de la
pensée et du sentiment jusqu'à la langue qui leur sert
d'interprète. Déjà le Provençal cesse au xivᵉ siècle de
se développer comme langue littéraire ; il passe à l'état
de la langue morte. Quant à la langue française, elle
subit une crise terrible qui pour elle aussi aurait pu
être la mort. Cette crise est accusée par le fraction-
nement des quatre grands dialectes provinciaux en une
foule de patois qui aspirent tous à l'indépendance.

L'unité monarchique, préparée par les premiers Capétiens, conquise par Philippe-Auguste, mise à profit
par le génie de saint Louis, se brise, une fois encore, à
l'avénement des Valois. Leur indépendance ressaisie,
les seigneurs féodaux créent chacun un État dans l'État,
et par suite une langue dans la langue française. Autant
ils font de duchés et de comtés, autant se forment de
dialectes locaux entretenus par les courtisans, les légistes, les écoles, les écrivains qui se groupent autour
de chacun de ces seigneurs. Ainsi se multiplient ou

s'entretiennent ces idiomes provinciaux qui, perpétués
jusqu'à notre époque, sont devenus les patois bourguignon, picard, normand, etc., autant d'obstacles à cons-
tituer l'unité nationale du peuple et de la langue ; ainsi
l'on voit peu à peu disparaître la bonne langue, qui
n'est plus cultivée dans un centre littéraire dont l'autorité s'impose au reste de la France.

6. Outre la perte consommée de l'élégance et de l'élévation distinguée du langage, un des traits les plus
frappants de l'altération regrettable de la langue poétique, c'est l'abandon définitif du vers décasyllabique,
dont l'harmonie échappe à des oreilles devenues trop
grossières. Il est supplanté par l'alexandrin, qui, créé
au XIIe siècle, s'était déjà répandu au XIIIe siècle et règne
maintenant sans partage ; sa coupe, symétrique jusqu'à
la monotonie et à la lourdeur, charme ces esprits incapables d'impressions plus délicates. Telle est la pauvreté,
la sécheresse, la barbarie de la langue poétique, que le
génie si noble de Christine de Pisan ne réussit pas à secouer cette rouille et cette poussière.

7. Reste la prose : elle est en général lourde et sur-
chargée d'épithètes et de synonymes ; la pensée est
étouffée sous des détails de mots entassés avec plus de
profusion que de goût. Cependant elle a été consacrée
par un monument très-remarquable, c'est la Chronique
de Froissart [1], récit anecdotique, écrit au jour le jour

1. Voir à l'APPENDICE, un fragment de *Froissart.*

par un homme de beaucoup d'esprit, mais de peu de
conscience morale. Froissart a puisé à toutes les sources ;
ses devanciers, Jean Le Bel et autres auraient beaucoup
à lui réclamer. Il a mis le pied dans tous les camps ; il
a été le héraut de toutes les victoires, le complaisant
de tous les succès. Ses pérégrinations à travers tous les
partis lui ont fait perdre la notion distincte du bien et
du mal : aussi reflète-t-il les événements dont il se fait le
narrateur avec la fidélité et l'insensibilité d'un miroir.
La langue de Froissart a tous les caractères de son esprit
et de ses opinions ; son style est diffus, désordonné,
indécis, son éclectisme banal lui fait perdre le nerf et le
relief ; et l'animation romanesque du récit ne peut faire
illusion sur le vide de la pensée et du cœur.

On peut donc admettre comme un fait général à
peine contredit par quelques exceptions de détail, que,
de 1350 à 1425 environ, tout ce qu'il y avait de savant et
d'ingénieux dans notre vieille langue nationale disparaît ; révolution qui laisse la place libre pour la création
d'un idiome nouveau fondé sur d'autres principes.

8. Jusque dans les écoles où se conservait la tradition
du latin comme langue propre des doctes et des clercs,
la langue classique elle-même s'altère et s'appauvrit.
Faute d'énergie pour la résistance, les érudits se laissent
pénétrer et envahir par la langue vulgaire, dont le mélange décolore le latin, lui fait perdre ses caractères
originaux, sans que le français ait tiré lui-même le
moindre profit du mal qu'il produisait.

9. Cette corruption et cette décomposition de la

langue du moyen-âge sont attestées par deux faits surtout dont les résultats sont considérables :

1º L'oreille qui a perdu toute délicatesse à cet égard
ne tient plus compte de l'accent latin dans la formation
des mots nouveaux.

2º Toutes les finales se confondent, les cas et les personnes se mêlent ; on ne comprend plus la valeur et le
sens précis des désinences. La révolution populaire qui,
dès le xiiiᵉ siècle peut-être, avait déjà rejeté la déclinaison, gagne jusqu'à la langue littéraire.

Ces deux altérations de la barbarie renaissante ont
une conséquence très-grave : elles ravissent à la langue
le caractère de demi-latinité qui faisait son mérite propre
et original, la distinguait des autres langues néo-latines
et lui assurait les avantages d'une langue synthétique.
Ainsi, tandis qu'au xiiiᵉ siècle on dit au sujet *Diex*, *Dix*,
Dex, au régime *Dieu* ; au xivᵉ siècle, Oresme écrit :
« Quand le *Dieu* (sujet) de fortune donne du bien » et,
« que félicité soit don de *Dieu* » (régime).

10. Le cas le plus employé était tout naturellement
le cas régime qui correspondait à quatre cas latins, tandis que le cas sujet ne remplaçait que le nominatif latin.
Il suit de là que le cas régime persiste au singulier et
au pluriel, et comme il est marqué au singulier par
l'absence de l'*s*, au pluriel par l'addition de l'*s*, cette
révolution est dans la grammaire le germe de la règle
moderne qui donne l'*s* comme caractéristique du pluriel.

11. Il ne faut pas croire que ces altérations fussent
soudaines et imprévues ; elles avaient été dès longtemps

préparées par l'incertitude de la tradition et les licences
des poètes. Elles sont d'une grande conséquence pour la
syntaxe et la construction, qui hésitent, comme la déclinaison et la conjugaison elles-mêmes. De là naît dans
le langage une extrême confusion, les constructions
inversives sans le secours des cas devenant presque
toujours une source d'amphibologies.

C'est encore à cette époque qu'il faut faire remonter
le malheureux usage d'éviter l'hiatus de : *ma âme* ou
l'élision plus habituelle et plus douce de *m'âme*, par
l'absurde emploi de l'adjectif masculin *mon âme*. Froissart dit tantôt, comme au XIII⁰ siècle, *m'amie*, tantôt,
comme au XIX⁰ siècle, *mon amie*.

La règle de l'emploi de l'*e* muet comme signe du
féminin dans les adjectifs est une simplification heureuse
qui date de cette époque ; il n'y a plus à cet égard
qu'une classe d'adjectifs et l'on écrit : *grande, loyale,
forte*.

C'est par une abréviation moins bien inspirée que
dans la conjugaison des verbes de la première classe le *t*
de la troisième personne du singulier disparaît, et soit
qu'on prononçât encore le *t*, soit qu'on ne craignît pas
l'hiatus, on écrit *parle-il, donc-il*.

Voici, du reste, en quels termes un écrivain du temps,
traducteur des psaumes de David, résume son jugement
sur l'état de la langue au XIV⁰ siècle : « Et pour ceu
que nulz ne tient en son parleir ne reigle certenne,
mesure, ne raison, est laingue romance si corrompue
qu'à poinne li uns entend l'aultre et à poinne peut on
trouveir à jour d'ieu personne qui saiche escrire. »

En résumé, la misère physique et morale abaisse le niveau de la civilisation française. La faiblesse ou les exactions des rois, l'égoïsme et la cupidité des grands vassaux et des princes du sang, les aspirations impuissantes des villes et des campagnes, l'occupation étrangère, l'oubli de tout sentiment élevé, de tout dévouement, de tout patriotisme, la trahison à la place de la foi chevaleresque, voilà les traits historiques de ce déplorable siècle. Dans un pareil milieu, l'esprit et la langue n'avaient aucune chance de se développer et de grandir. C'était déjà beaucoup de vivre ; mais la vie sans le progrès, c'est la corruption et la décadence. Aussi le XIVe siècle est un temps de crise, crise redoutable où la langue française pouvait périr, comme périssait à côté d'elle la langue d'oc. Le français a traversé victorieusement cette crise ; une langue nouvelle en va sortir dont les caractères distinctifs semblent déjà poindre du milieu des ruines.

12. Le respect de l'accent avait été l'âme de toutes les premières créations du vieux français ; mais ce respect n'était possible qu'à l'époque où le latin était encore une langue vivante, la langue officielle de l'État et de l'Église. Du jour où il n'est plus que l'idiome consacré de la religion et de la science, le latin s'écrit plus qu'il ne se parle, et dès lors la valeur mélodique de l'accent s'oublie et se perd. Il en est de même pour la conservation d'une déclinaison; même abrégée la déclinaison était un usage trop hostile aux tendances analytiques de l'esprit moderne ; elle ne pouvait être respectée.

Cependant, grâce aux travaux des traducteurs, plus préoccupés du style que de l'idée, la langue s'enrichit de mots nouveaux ; et, par exemple, on doit à Pierre Bercheure, traducteur de Tite-Live, les mots : *colonie, fastes, faction, magistrat, triomphe*, etc., etc.; à Oresme, qui traduisit Aristote sur un texte latin : *aristocratie, démocratie, démagogie, despote, insurrection, monarchie, séduction, tyrannie*, etc.

Enfin, le goût pour la clarté et la précision manifeste sa persistance et ses progrès par la rédaction même des actes officiels ; les ordonnances et les rescrits de Philippe IV et de Charles V sont déjà rédigés dans un style qui ne sera plus dépassé; ce style diffère très-peu du français des lettres-patentes de Louis XIV.

Par un bienfait spécial de la Providence, il arrive donc que cette confusion et ce désordre du xive siècle sont un chaos fécond. L'avenir n'est pas perdu ; la littérature mystique ou railleuse de la fin du siècle contient les germes d'une littérature meilleure, de même que le triomphe des légistes et du droit romain sur la violence des seigneurs féodaux prélude à l'avénement d'un droit fondé sur la raison, droit qui ne sera ni romain, ni féodal, mais humain et vraiment catholique ou universel.

Ainsi, l'histoire du xive siècle, surtout dans sa deuxième partie, nous fait assister à un travail productif : ce qui fait que, malgré son infériorité relative, l'époque de Jean de Meung et de Froissart est un moment de crise et non une date de mort, c'est que,

grâce à la vitalité de l'esprit français réservé par la
Providence à des destinées nouvelles, cette époque a
rendu encore un service signalé à la civilisation moderne.

Le xive siècle opère sur plusieurs points une rupture
définitive avec le passé ; il provoque un élan d'indépendance laïque ; il prépare l'effort libre qui doit renouer
la chaîne des traditions classiques. « Le xive siècle, dit
Le Clerc, est une époque qui commence beaucoup de
choses, dont quelques-unes ne sont pas encore achevées, même au xixe siècle. »

DEUXIÈME PARTIE

ÉTUDE PHILOLOGIQUE DU VIEUX FRANÇAIS

CHAPITRE VIII

Quelques conseils pour la lecture du vieux français.

1. Difficulté de fixer quelle a été la prononciation au moyen-âge. — 2. Causes de cette difficulté. — 3. Règle générale de Génin. — 4. Règles particulières. — 5. De la voyelle *a*. — 6. De la voyelle *e*. — 7. De la voyelle *i*. — 8. De la voyelle *o*. — 9. De la voyelle *u*. — 10. Des doubles voyelles. — 11. De l'hiatus. — 12. Prononciation des consonnes. — 13. Du *ch*. — 14. De la consonne *l*. — 15. De la consonne *x*. — 16. Du *t* final. — 17. Des consonnes juxtaposées. — 18. Des consonnes finales. — 19. Des consonnes euphoniques. — 20. Résumé.

1. Dès le premier essai tenté pour étudier le français du moyen-âge, un premier obstacle arrête et parfois rebute ; c'est la singularité de la prononciation à laquelle on se croit condamné. Rien de plus décourageant que de se heurter à chaque ligne contre des mots inintelligibles, tant ils semblent différents des nôtres, malgré la communauté d'origine : *nies, altre, nevud, il donet, eslire, cuer, muete, bues, cos, iex, suer, anme*, etc.

Il faut avouer que tous ces mots sont durs, barbares, incompréhensibles, si nous les prononçons comme ils sont écrits, c'est-à-dire comme nous les prononcerions aujourd'hui, en ayant bien soin d'en articuler toutes les lettres. Mais prononcer ainsi, c'est se laisser égarer par un préjugé dont l'homme se guérit à mesure qu'il étudie plus de langues ; l'expérience apprend, en effet, que tout est de convention dans les rapports entre les signes écrits et les sons parlés. Cette première réflexion générale absout déjà le moyen-âge du reproche de barbarie, que lui prodigue le pédantisme de l'ignorance.

D'ailleurs, quelques observations très-simples et quelques règles très-pratiques font évanouir presque toute difficulté, bien plus, avec un peu de réflexion et d'exercice, il est aisé de lire, de comprendre et de rendre intelligibles à tout auditeur la plupart des mots du vieux français. Ce n'est pas, toutefois, que sur ce point, plus que sur les autres, nous soyons en possession de règles fixes qui n'admettent pas d'exception.

Jamais, au contraire, la science philologique n'a été condamnée à plus de conjectures, puisque nos seuls textes authentiques ne sont guère que des manuscrits du XIIIᵉ siècle dont les auteurs reproduisent surtout l'orthographe de leur pays et se règlent sur la prononciation de leur dialecte. C'est l'étude attentive et la comparaison des assonances dans les vers qui jettent quelque lumière sur ce point.

2. Les conditions politiques et morales dans lesquelles s'est opérée la transformation du latin en vieux français

ont exercé sur la prononciation et l'orthographe plus d'influence encore que sur le vocabulaire et sur la syntaxe. D'une part, l'ignorance profonde des populations, qui façonnent la langue à leurs besoins, jette et introduit dans les innovations toutes les contradictions de la nature humaine : nul souci des exceptions, nul soin d'établir certains rapports constants entre les sons et les signes qui les représentent. D'autre part, les érudits font résistance ; ils voudraient rattacher les mots à leur origine ; ils luttent en faveur de la tradition et de l'orthographe latine. Enfin, sous l'influence toute physique des différences de climat dont il ne faut ni méconnaître l'action, ni exagérer la force fatale et nécessitante, chaque division féodale de la France a son dialecte, c'est-à-dire ses habitudes de prononciation et d'orthographe qui contribuent à retarder la constitution d'une orthographe et d'une prononciation communes et définitives. Faute d'une direction supérieure, l'arbitraire et l'anarchie sont partout ; il faut donc renoncer à une législation uniforme, régulière, indiscutable.

D'ailleurs, sur ce point comme sur bien d'autres, un retour sur nous-mêmes doit nous inspirer l'indulgence : aujourd'hui encore, de Paris à Lille ou à Rennes, à Bayonne ou à Marseille, songeons de combien de façons différentes notre langue française est parlée ; songeons à la difficulté que, même en 1872, rencontre un lexicographe qui veut ramener à des règles notre prononciation moderne, et nous apprendrons à devenir moins exigeants pour nos ancêtres du moyen-âge, qui manquaient de tout secours, et n'avaient ni la tradition des

6

grands modèles, ni les grammairiens, ni l'Académie, ni la rapidité des communications qui nous rend si facile et de propager le bien et de corriger le mal.

Le vieux français fut parlé pendant très-longtemps avant d'être écrit, et les mots ont dû subir mille modifications avant qu'on songeât à les fixer par l'écriture. Il suit de là qu'au premier essai pour écrire cette langue nouvelle que le peuple ignorant imposait aux classes éclairées, la difficulté dut être extrême. En effet, la lutte s'engageait entre le respect de l'étymologie et la soumission aux habitudes d'une prononciation qui répondait rarement à l'orthographe du primitif latin. Par exemple, pour les mots dérivés de *gloria* et d'*alter*, tandis que l'étymologie demandait qu'on écrivît *glorie* et *altre*, la prononciation réclamait peut-être *gloire* et *autre*.

3. Au milieu des traces qu'ont laissées en sens inverse la routine et l'érudition, Génin, partisan ingénieux de la routine, a proposé une règle de prononciation très-simple et d'une application très-facile ; inutile d'ajouter que, par suite de sa simplicité même, cette règle admet bon nombre d'exceptions.

De même que notre français écrit est en général une reproduction du vieux français, de même notre langue parlée doit rappeler l'idiome du moyen-âge dans la plupart des sons et des articulations. Tout cela doit nous avoir été transmis avec le vocabulaire : de là cette règle applicable surtout au dialecte de l'Ile-de-France : LES MOTS ANCIENS SE PRONONÇAIENT COMME SE PRONONCENT LES MOTS MODERNES QUI LES ONT REMPLACÉS. Ainsi les mots cités plus haut, *nies, altre, nevud, il donet, eslire, cuer, muete, bues, cos, iex, suer, anme,* doivent être lus : *nièce, autre, neveu, il donne, élire, cœur, meute, bœufs, coqs, yeux, sœur, âme.*

L'application de cette seule règle générale rend plus facile la lecture des textes du XII⁰ et du XIII⁰ siècle.

4. Il faut cependant y joindre quelques règles de détail qui semblent bien répondre aux trois qualités que, suivant le grammairien Palsgrave, les Français recherchaient dans la prononciation : « harmonie, brièveté, articulation distincte. » Ainsi, c'est par amour de l'harmonie que certains hiatus sont évités ; c'est par goût de l'harmonie et de la brièveté que certaines consonnes ne se font pas sentir ; enfin, c'est pour obtenir une articulation distincte que certaines autres sont prononcées.

Il faut passer rapidement en revue les voyelles d'abord, puis les consonnes.

5. La voyelle *a,* se prononçant en latin comme en français, présente peu de difficultés ; cependant l'*a* long, avant l'invention de l'accent circonflexe, a été indiqué ou par le redoublement de cette voyelle, ou par l'adjonction de l'*e* ou de l'*i.* Tout en disant *âge,* on écrit, jusqu'au XVI⁰ siècle, *eage, aage, aaige.* Il est même probable que *ai* s'est toujours prononcé *a* long : *Montaigne, saige, raige, langaige,* etc., se prononçaient *Montagne,* comme écrit Pascal, *sage, rage, langage.* Il nous reste aujourd'hui, en témoignage de cette pronon-

ciation, les deux formes équivalentes *je vais* et *je vas*.

> En feme de meillor aaige
> Qui plus soit veziée et saige.

6. La voyelle *e* représente deux sons, *e* muet et *é* plus ou moins fermé. L'*e* était muet à la fin d'un mot ou quand il servait à rendre l'*a* long. Suivi d'une consonne, l'*e* avait le son fermé, comme dans *aimer*, ou le son *eu*, comme dans *vies*, qu'on prononçait *vieux*, etc. Le nom de *trouvère* au moyen-âge était fort expressif ; il désignait un *trouveur*.

Placée devant *i* et *u*, la lettre *e* se détacha d'abord de façon à séparer deux syllabes ; mais de bonne heure elle cessa de se faire entendre : *que je feisse* finit par se prononcer *fisse* ; *meur* sonna comme *mûr* :

> C'ome ne feme ne veïst
> Qui en parole me meïst.

Dans cet état de choses, devant *u*, dont le son primitif était *ou*, l'*e* ne servit plus qu'à lui donner, par exception, le son qui lui est propre aujourd'hui : *eune blesseure*, *heurler*, se prononçaient *une blessure*, *hurler*. Cet usage nous a laissé sa trace dans la prononciation régulière des mots *gageure* et *j'eus*, ainsi que dans la prononciation populaire de *Eugène, Eustache*, où l'*e* initial ne se fait pas sentir.

> As batailles montent del mur
> Car il n'estoient pas seür.

L'*e* final n'avait peut-être d'autre fonction que d'indiquer que l'*r* devait se faire sentir : *emperere*, s'il avait été écrit *emperer*, se serait prononcé *empereu* ; au lieu de *blesseure*, *blesseur* aurait sonné *blessu*.

7. La voyelle *i* ne se prononçait pas toujours dans *ie* ; *rochier*, *couchier*, *vergier* se lisaient parfois *rocher*, *coucher*, *verger*. Aussi, selon toute probabilité, depuis qu'on a prononcé comme on écrit les mots *bouclier*, *destrier*, on a sacrifié la prononciation primitive, qui était *boucler* et *destrer* ; la preuve en est que dans les vers *bouclier* comme *destrier* ne compte jamais que pour deux syllabes. Le rôle de l'*i* était de donner à l'*e* le son fermé, comme il lui donne aujourd'hui le son ouvert dans les mots *reine*, *peine*, *treize*, etc.

En résumé, la voyelle *i* semble avoir eu souvent pour fonction propre d'indiquer une modification du son des autres voyelles ; *ai* se prononçait *â*; *ei*, *è*; *ier*, *er*; *oi*, *o*; *ui*, *u*. Cette lettre est la plus simple de toutes puisque ce n'est qu'une ligne verticale, elle était donc très-heureusement choisie pour ce rôle très-actif. D'ailleurs cette intercalation se rattache à une théorie très-importante de la langue sanscrite.

Comme c'était le même signe qui représentait *i* et *j* dans l'écriture des Romains, dans l'ancienne orthographe *i* tient souvent lieu de *j* et se prononce comme tel.

8. La voyelle *o* avait le son que nous lui donnons encore. Suivie de *i*, elle ne formait pas une diphthongue, mais se prononçait plus brève comme il arrive aujour-

6.

d'hui pour *oignon, empoigner* ; ainsi l'on écrivait *ci-goigne* et l'on disait *cigogne*. C'est assez tard, et pour faire sentir toutes les lettres écrites, qu'on a prononcé, comme nous faisons, *histoire* et *gloire*, dont la prononciation primitive se trahit dans leurs dérivés *historien* et *glorieux*. On voit par cet exemple que Voltaire se trompait peut-être, lorsqu'il prenait pour la plus insupportable trace de barbarie welche et gauloise la terminaison *oin* qui est probablement de création moderne.

L'*o* représentait encore le son *ou* : *jor, por, Bologne, forvoyer* se prononçaient *jour, pour, Boulogne, fourvoyer*. Il représentait même le son *eu*, dont l'affinité avec le son *ou* est très-frappante. Ainsi *dolor* se lisait *doulour* d'où nous est venu *douloureux*, puis *douleur* ; *labor* se lisait *labour* et *labeur*, qui nous sont restés tous deux. Afin de représenter ce son *eu*, l'*o* s'adjoignait souvent un *e* : *noeve, joene, empereor, jugleor*, prononcez *neuve, jeune, empereu, jongleu* ; nous suivons cette vieille règle quand nous lisons *œil*, donnant à *œ* le son *eu*.

9. La voyelle *u* conserva longtemps le son latin *ou* : *amur* se lisait *amou* ; *nus, nous* ; *cutelier, coutelier*; *cupe, coupe*, etc. Suivie d'un *e*, cette voyelle représentait le son que nous écrivons *eu* ; *il puet, suer, bues* se prononçaient *il peut, sœur, bœufs*.

> Tant change coraiges et muet
> Un jor fait bel et autre pluet.

C'est encore une application de cette règle du moyen-

âge que de prononcer comme nous faisons : *cueillir,*
orgueil, etc. Peut-être *deux* s'est-il prononcé comme
nous faisons, alors même qu'on l'écrivait *dou, dui,* etc.

Avant qu'on adoptât le son moderne de la voyelle *u,*
ce son était indiqué par *ui* : *étuide, il fuit,* se lisaient
étude, il fut.

L'usage latin de représenter par un même signe écrit
la voyelle *u* et la consonne *v* s'étant prolongé jusqu'au
milieu du xvi siècle, l'échange et la confusion entre
ces deux lettres furent très-fréquents : d'*habere* se
forma *j'avrai,* qui devint *j'aurai* ; et par une marche
contraire, *januarius* a formé *janvier* ; *Deus* a donné
Deu ou *Dev,* dont le féminin a été *deusse, devesse.*
déesse. L'usage du signe V dans l'écriture et dans la
typographie fut si lent à se populariser qu'on peut voir
encore dans les noms gravés autrefois aux coins de,
rues de Paris V surmonté d'un tréma pour représenter *us*
et ce tréma persistant même quand l'U fut adopté, l'on
écrivit longtemps *rüe*; c'était du reste un moyen d'é-
carter la prononciation *reu.*

10. Deux voyelles de suite se prononcèrent d'abord
séparément : formé de *securus, seur* fut articulé *seür*;
traditor, avant de donner *traître,* forma *traître,* qu'on
écrivit parfois, pour en indiquer la prononciation, *tra-*
hitre, qui nous a donné *trahir* et *trahison* ; *adjuvare*
faisait *aidier,* qui se prononçait *aïder, aïde,* comme il
se dit encore dans le patois picard.

11. Ces exemples, qu'on pourrait multiplier, semblent
une preuve que le vieux français ne fuyait pas les

hiatus ; ce serait cependant aller trop loin que d'avancer qu'il les recherchait. Une règle absolue dans un sens ou dans l'autre est inadmissible, à propos d'une œuvre d'expansion spontanée.

12. Les consonnes françaises nous sont venues de l'alphabet latin et la prononciation n'en a sans doute pas varié beaucoup. Cependant leur emploi au moyen-âge donne lieu à quelques observations intéressantes.

Une première remarque générale, c'est que certaines consonnes ne se prononçaient pas. Elles semblent tantôt avoir eu pour la prononciation des voyelles une valeur analogue à celle de nos accents, tantôt avoir servi de signes étymologiques et indiqué l'origine des mots : ainsi dans *ex* le rôle de la consonne est de faire prononcer *eux* ; dans *nepvold* le rôle du *p* est d'indiquer que le mot vient de *nepos*. La correction qui plus tard a fait disparaître ces consonnes étymologiques de notre orthographe est donc loin d'être, comme se l'imaginent encore certains grammairiens, un moyen heureux d'effacer de prétendues traces de barbarie.

13. La consonne double *ch* se prononçait dans le dialecte picard *k* : *charnage, chœur* sonnaient *karnage, kœur* : le patois picard fidèle à cette règle prononce encore un *kien*, un *kemin*, une *karette*, tandis que le français moderne a introduit l'aspiration propre au dialecte de l'Ile-de-France : *chien, chemin, charette.*

14. La consonne *l* semble offrir une particularité curieuse : précédée de *a, e, o,* elle équivaut à notre *u*

et indique les sons *au*, *eu*, *ou*; *altre*, *cheval*, *chevel*, *licol*, se disaient *autre*, *chevau*, *cheveu*, *licou*.

> Regardez, sire, ce que valt
> Et ce, et ce, et ce mi faut.

> A l'encommencer il esteut
> Guerre celui qui amors velt.

Cette antique prononciation explique le pluriel de nos substantifs en *al* : quand nous disons *cheval*, *égal*, au singulier, nous conservons l'orthographe ancienne, en donnant une prononciation moderne plus conforme à l'origine des mots, qui viennent de *caballus*, *æqualis* ; quand nous écrivons au pluriel *chevaux*, *égaux*, nous employons une orthographe nouvelle en conservant l'ancienne prononciation. C'est le même mélange de tradition et d'innovation qui se produit, sans nulle logique, à propos de *tonel*, dont le français moderne représente la prononciation primitive par *tonneau*, et dont il conserve l'orthographe en altérant le son dans *tonnelle* et *tonnelier*. Nous écrivons *cheveu* ce qu'au moyen-âge on écrivait *chevel*, et trompés par notre prononciation moderne, nous disons *chevelu* et *chevelure*. Du reste, le rapport étroit et fondamental entre les formes *el*, *eu*, *eau* est attesté par la relation qui persiste entre les mots *bel* et *beau*, *nouvel* et *nouveau*, *chevelu*, *cheveu*, *écheveau*, etc.

> Beax enlaidit de jor en jor
> Quar beautez a por de vigor
> Esgardez com beautez decline.

15. La consonne *x* semble avoir eu pour fonction or-

thographique d'indiquer que l'*a* doit se prononcer *au*,
que l'*e* doit se prononcer *eu* ; *ex*, *iex*, *Diex* se prononçaient *eux*, *yeux*, *Dieu* ; l'*x* était alors un simple signe
de prononciation, comme il est parfois aujourd'hui signe
du pluriel.

> Si est li homs et sains et sax
> Et maintenant li vient grant maus.

16. Le *t* final dans les verbes est caractéristique de la
troisième personne du singulier ; il n'altère pas sensiblement le son de la voyelle qui le précède : *il at, il
donet, il aimet* se disaient *il a, il donne, il aime* ; dans
ce cas, le *t* ne se fait bien sentir que devant une voyelle :
at il, donet il, etc. ; ce sont ces locutions anciennes, fort
ingénieuses, que nous avons conservées, en les altérant
par une mauvaise orthographe, dans nos formules interrogatives : *a-t-il, donne-t-il*?

17. La juxtaposition des consonnes peut donner lieu à
une observation générale, c'est que nos ancêtres semblent
avoir redouté le heurt des consonnes bien plus que celui
des voyelles ; si bien qu'on peut poser cette règle générale : QUAND DEUX CONSONNES SE SUIVENT, UNE SEULE
SE PRONONCE. Par exemple, au commencement des
mots : *esponge*, prononcez *éponge* ; au milieu, *debte*,
dette ; à la fin, *loing*, *loin* ; *subject*, *sujet*. Nous obser-
vons cette règle pour les mots *seing*, *temps*, *corps*, etc.

Ce désaccord entre l'écriture et la prononciation
s'explique à l'honneur de nos pères, qui conservaient

ces consonnes muettes à titre de signes étymologiques, *esponge* venant de *spongium*, *debte* de *debitum*, *subject* de *subjectum*, *temps* de *tempus* ; excellente leçon donnée par nos pères aux ignorants et aux étourdis qui viennent aujourd'hui proposer d'écrire comme on parle.

Un exemple assez curieux de l'importance de cette règle ancienne des lettres étymologiques, c'est l'histoire du mot *faubourg*, dont l'orthographe moderne déguise tout à fait l'origine. Au XIIIᵉ siècle, on nommait *forsbourg* la partie de la ville située au delà de l'enceinte, en *dehors* (*foris*) ; trompé par la prononciation, qui ne faisait pas sentir l'*r*, on écrivit *fobourg*, en supprimant les signes étymologiques ; puis, au XVᵉ siècle, pour donner une sorte de sens au mot, on écrivit : *les faux bourgs*, d'où est venue notre orthographe, *faubourg*, qui ne présente plus aucun sens. De même, et faute de prononcer les doubles consonnes, le nom de *rue Marie l'Égyptienne*, par abréviation *rue de l'Égyptienne*, est devenu *rue de la Jussienne*, etc.

18. Les consonnes finales peuvent être muettes ou se faire sentir :

1º Elles ne se prononcent pas, quand le mot suivant commence par une consonne : *chef* se lisait *ché*, comme nous lisons aujourd'hui, sans prononcer l'*f*, *clef*, *bœufs*. De même *courir vite* se disait *couri vite* ; *avec toi*, *avé toi* ; *c'est donc lui*, *c'est don lui*. 2º Cette même consonne finale se faisait sentir devant une voyelle : « elle se lie à la voyelle initiale du mot suivant, dit Théodore de Bèze, si bien qu'une phrase entière glisse comme un mot unique. » Exemple : On peut *donc aimer à courir avec ardeur.*

Cette règle du mutisme d'un grand nombre de consonnes entra dans les habitudes françaises, à tel point qu'en 1663 Molière se moque des pédants jaloux de « cette exactitude de prononciation qui appuie sur toutes les syllabes et ne laisse échapper aucune lettre de la plus sévère orthographe. » C'est en renchérissant sur cette innovation, très-nuisible à l'harmonie de notre langue, que certaines personnes en viennent à faire sentir la consonne finale dans *gens, vers, fils, mœurs,* et à dire : *gensses, verses, fisses, mœurses.*

19. La même préoccupation de l'harmonie explique l'addition très-fréquente des consonnes euphoniques ; elles sont destinées à prévenir le choc d'une voyelle contre une autre, et par suite ne se font sentir que devant une voyelle. Ainsi *c* est purement euphonique dans la locution interrogative *a joc evud* qui se lisait *ai-jos-eu* (ai-je eu ?) ; le *d* de *parlad* ne se fait sentir que dans des propositions comme : *Saul parlad à David.* Peut-être est-ce l'addition d'un *d* euphonique qui a formé du nom *or*. l'adjectif *doré,* d'abord *oré,* à moins qu'il ne vienne de *deauratus.* L'*n* est euphonique à la fin d'*ainsin,* et ne se prononce que dans des constructions comme : *ainsin autrefois.* L'*s* et le *t* jouent le plus souvent ce rôle euphonique ; c'est de cet usage que nous est venue sans doute la locution familière *entre quatre-z-yeux* dont l'orthographe serait *quatres yeux* ; le *t* euphonique a laissé sa trace dans la locution *voilà-t-il* *pas*, et probablement dans le substantif *tante* du latin *amita*, qui, au XIIe et au XIIIe siècle, donnait *ante*.

Le *v* euphonique se glissait souvent dans la prononciation, même sans être écrit : *pooir* sonnait *povoir* ou *pouvoir* ; *j'ai eu* s'est prononcé *j'ai évu*, comme disent encore bien des paysans.

20. En résumé, dans l'orthographe et dans la prononciation du moyen-âge, les lettres semblent avoir rempli cinq rôles différents :

1° Signe vocal, la lettre représente un son ou une articulation ;

2° Signe modificatif, elle change le son d'une autre lettre : *al* se prononce *au* ;

3° Signe grammatical, elle indique le rôle d'un mot : dans *donet*, le *t* est la figurative de la troisième personne du singulier ;

4° Signe étymologique, la lettre rappelle l'origine du mot : *subject* ;

5° Signe euphonique, elle prévient un choc désagréable à l'oreille : *quatres yeux*.

Quant à la prononciation des voyelles, elle est résumée dans le tableau ci-contre.

Si, aidé de ces secours, on veut avec un peu de suite et d'attention appliquer ces règles à la lecture d'une page de Villehardoin [1], l'on sera frappé de la facilité qu'on devra trouver à l'entendre et du petit nombre de mots par lesquels on sera encore arrêté.

1. Voir à l'APPENDICE un fragment de *Villehardoin*.

7

TABLEAU DES PRINCIPAUX SONS :

Les lettres :	équivalent à :	Quand vous voyez :	lisez :
a		age	
aa	a	aage	age
ai		aige	
al	au	altre	autre
ea	a	eage	age
ei	i	que je feisse	fisse
el	eu	chevel	cheveu
ere *final*	eur	emperere	empereur
eu	u	meur	mur
et *final*	e	il donet	il donne
ex	eu	Diex	Dieu
ier	er	rochier	rocher
o	ou, eu	dolor	douleur
oe	eu	noeve	neuve
oi	o	cigoigne	cigogne
u	ou	amur	amour
ue	eu	suer	sœur
ui	u	il fuit	il fut

CHAPITRE IX

Caractères généraux du vieux français.

1. Le vieux français est une langue morte, dont on peut faire l'histoire et la philosophie. — 2. C'est une transformation du latin. — 3. Son vocabulaire est le même. — 4. Il a les mêmes principes de formation et de dérivation des mots. — 5. Loi vitale du changement. — 6. Action de la tradition et du néologisme.—7. Des influences accidentelles qui se sont exercées en Gaule. — 8. Loi du respect de l'accent latin. — 9. Classification élémentaire des modifications qu'une langue peut subir. — 10. Résumé.

1. Puisque la langue parlée en France pendant le moyen âge a été remplacée au quinzième siècle par un idiome nouveau qui est devenu le français moderne, ce vieux français est pour nous une langue morte. A ce titre, on a pu écrire son histoire tout entière, autant du moins que le permet tantôt le petit nombre, tantôt la profusion embarrassante des monuments.

De plus, par l'examen comparatif de ces monuments, il est possible à la critique et à la philologie de chercher quelles sont les lois qui ont présidé à cette œuvre de création ou plutôt à cette simple transformation du latin ; ces lois, constatées par un travail tout expérimental, permettent d'expliquer, à l'aide d'un très-petit nombre de principes, tous les faits observés dans l'his-

toire de la langue. Ainsi se forme la philosophie de notre
vieille langue.

2. Le caractère fondamental et essentiel de cette
langue, c'est d'être une langue néo-latine; le fait général qui domine tous les autres, c'est que le vieux français a son origine dans le latin.

3. A le considérer dans son ensemble, son vocabulaire est latin; on en peut classer tous les mots en deux
grands genres: 1º le fonds le plus considérable de la
langue est formé de mots latins qui appartiennent à la
fois à la langue littéraire et à la langue populaire des
Romains; 2º un grand nombre de mots ont été empruntés à la langue populaire, et ceux-ci ont un intérêt tout
particulier pour la curiosité du philologue; il y reconnaît trois espèces distinctes : ce sont ou des mots vulgaires que le temps avait fait passer d'abord dans la
langue littéraire, comme *minare* employé par Apulée
et qui a fourni le français *mener*; où tout au contraire
des termes qui étaient dans la langue littéraire à une
époque très-reculée, comme *apicula*, qui nous a donné
abeille; ou enfin des mots dont l'existence dans l'antiquité peut même être conjecturée par analogie : ainsi il
semble que *pendicare* doit avoir été le primitif de *pen-
cher*, comme *claudicare* de *clocher*.

4. Malgré son importance, le fait de la communauté
de vocabulaire a moins de valeur pour le philosophe
que la similitude des règles de la formation des mots et
des règles de syntaxe.

Ce dernier rapport existe également, et d'une façon tout à fait évidente, entre le français et le latin ; les points de contact sont si nombreux que les deux grammaires semblent presque se confondre. Tantôt le vieux français prend à la fois au latin son primitif et son dérivé comme *sens* et *sensible* ; tantôt il ajoute un dérivé au primitif que le latin lui a fourni : de *vendere* il fait *vendre*, puis *vente*. Jusque dans ces modestes innovations de détail, le français subit la loi des habitudes latines : ainsi les Romains transformaient souvent en substantif le participe passé de leurs verbes, de *mordere* le participe passé *morsus* devient un substantif ; suivant la même marche, de *prendre* le participe passé *pris* forme le substantif *prise*. C'est encore à l'imitation du procédé latin que s'est établie la loi très-féconde signalée par M. Egger dans un Mémoire où il a recueilli un grand nombre de substantifs formés d'un infinitif dont la terminaison verbale a été retranchée : *déclin* de *décliner*, *refus* de *refuser*, etc.

Ainsi l'origine latine du vieux français se trouve mise hors de doute par les deux signes les plus frappants et les plus sérieux : l'un tout extérieur, la persistance du vocabulaire ; l'autre interne, tout logique et par suite bien plus éloquent, la fidélité aux principes de formation et de dérivation que déjà suivait le latin. L'analyse plus détaillée des règles de syntaxe observées par le vieux français vient confirmer encore l'authenticité de cette origine.

5. Adopté par les Gallo-Romains, l'idiome des vain-

queurs a subi la loi commune de la vie, c'est-à-dire la loi du mouvement et de la transformation. Cette loi suprême, Varron l'a dès longtemps proclamée comme souveraine : *Consuetudo loquendi est in motu*, « l'usage d'une langue est dans un continuel changement. »

6. Cette transformation est le résultat final de la lutte entre deux forces très-variables : 1º la tradition ou l'archaïsme, principe de conservation ; 2º l'innovation ou néologisme, principe de changement. En tout pays, cette lutte s'établit dans des conditions physiques et morales qui en modifient l'issue et le résultat : tels sont le climat, les passions et les préjugés nationaux, les révolutions politiques et sociales. De plus, certains événements considérables comme des invasions de peuples nouveaux, l'influence exercée par quelques individus qui ont joui d'une grande autorité morale, sont des causes perturbatrices dont l'histoire doit tenir grand compte. Le difficile à cet égard est de ne rien omettre et de ne rien exagérer.

7. En Gaule, l'antagonisme entre la tradition et le néologisme s'est produit à travers mille conditions de ce genre qui ont contrarié ou favorisé ces deux forces, de manière à donner en somme à la langue nouvelle son caractère distinctif. De ces conditions historiques, si difficiles à saisir et à apprécier, il s'en rencontre deux surtout qui ont agi dans le même sens et qui doivent être signalées en première ligne :

1º Le vieux français est l'œuvre instinctive d'une

population profondément ignorante, qui, ne sachant ni lire ni écrire, ne put apprendre le latin que par l'oreille, sans l'étudier par les yeux et le raisonnement.

2o Par instinct de nature, encore plus que par ignorance, les Gallo-Romains étaient portés à simplifier les formes d'une langue trop compliquée pour eux, à en raccourcir les mots savamment modifiés et composés.

8. Du concours puissant de ces deux circonstances résulte un fait capital et distinctif : le respect de l'accent latin. La syllabe accentuée étant à peu près la seule qui fût perçue par l'oreille, le mot s'en trouve singulièrement abrégé : *maturus* devient *meur* ; *monasterium*, *monstier* ; *examen*, *essaim* ; *sollicitare*, *soucier* ; *ministerium*, *métier* ; *modulari*, *mouler*, etc. ; tandis que, dans les temps plus modernes, alors qu'on n'entend plus parler le latin, mais qu'on ne fait que le lire, des mêmes primitifs on forme les mots *maturité*, *monastère*, *examen*, *solliciter*, *ministère*, *modeler*, etc.

Ce respect de l'accent latin mérite donc d'être signalé comme le caractère le plus frappant de notre langue du moyen-âge ; il la distingue et du français moderne, et même des autres langues néo-latines qui, formées plus près du foyer de la langue des Romains, lui sont restées, à d'autres égards, plus fidèles, mais sur ce point sont peut-être bien moins latines que notre vieux français.

9. Sous l'empire de ces lois premières, et par suite des modifications dont elles furent cause, la transformation du latin en français s'opéra par des altérations qui,

d'après leur degré d'importance, peuvent se classer en
quatre genres principaux, selon qu'elles se rapportent :
1° au son — modifications vocales ; 2° au sens des mots
— modifications logiques ; 3° au rôle des mots — modifications grammaticales ; 4° au rapport des mots avec
la pensée et le sentiment — modifications littéraires.

10. L'analyse critique du vieux français consiste donc
à examiner successivement les faits qui se rapportent à
chacun de ces points, et qui, par leur ensemble, donnent
au français du moyen-âge sa physionomie propre et nouvelle.

Cette classification, très-simple, indique le programme
à suivre dans l'étude du vieux français. Il faut seulement subordonner toutes les explications de détail à
cette observation générale, qui sert à expliquer bien
des choses : la création du vieux français a été l'œuvre
d'une population ignorante, et cherchant par-dessus tout
la clarté, la précision, le naturel, dans l'expression de la
pensée.

Se pénétrer de cette vérité fondamentale pour en tirer
les conséquences avec mesure, c'est avoir déjà la clef
d'une foule de problèmes généraux. Il ne restera plus
guère à y ajouter que les observations de détail que
l'examen et l'analyse des faits pourront ensuite suggé-
rer.

CHAPITRE X

Formation des mots. — Modifications vocales ou figures de grammaire.

1. Les altérations les plus simples, les plus nombreuses et les plus frappantes des mots sont les modifications élémentaires bien connues en philologie sous le nom de *figures de grammaire*. Ces figures sont des altérations purement matérielles du mot, comme permutation de lettres, addition ou suppression ; elles ont leur principe essentiel dans la loi universelle du changement, qui est la loi même de la vie, pour les langues comme pour tout organisme.

2. En linguistique, cette étude est d'une façon à peu

7.

près exacte ce qu'est en physiologie l'examen des métamorphoses que subissent les os en passant d'un ordre
d'animaux à un autre ordre. En effet, les consonnes
forment comme le squelette de la langue ; c'en est la
partie solide, c'en est la charpente qui se modifie d'un
organisme à un autre, mais ne disparaît presque jamais.
La persistance des consonnes est donc une loi à la
lumière de laquelle s'éclaircissent bien des difficultés.

3. D'une manière très-générale encore, les faits enseignent que les altérations se produisent avec des caractères qui reflètent les tendances et les instincts primitifs et naturels de chaque peuple. Or, nos aïeux, qui
étaient d'origine septentrionale, si on les compare aux
Romains, ont, suivant une loi naturelle qui tient au
climat, éteint l'éclat, étouffé le son de toutes les lettres ;
et d'une façon toute particulière, les Francs, accoutumés
dans leur pays à une langue plus sourde et plus guttu-
rale que le latin, subissant l'empire des habitudes les ont
transportées dans la transformation de la langue latine.
On peut donc poser en règle générale que toutes les modifications grammaticales de notre vieux français tendent
à assourdir les voyelles et à durcir les consonnes.

4. Les figures de grammaire sont désignées par les
linguistes sous des noms d'origine grecque ou latine qui
sont presque tombés en désuétude, si bien que les érudits seuls en ont l'intelligence ; quelques périphrases
remplaceront donc avec avantage ce langage un peu trop
technique.

Ces figures s'appliquent à quatre objets principaux et peuvent être rangées ainsi : 1º permutation des lettres ; 2º transposition ; 3º suppression ; 4º addition.

5. La permutation des lettres, soumise pour les voyelles à la loi de l'assourdissement, a fait subir aux primitifs latins des changements considérables. Le plus important et le plus caractéristique est la création de l'*e* muet. Cette voyelle est exclusivement propre à la langue française ; c'est un signe de race très-particulier qui donne à notre langue une sonorité moins éclatante et dont l'écho se prolonge doucement. Ainsi dans les désinences l'*e* muet est appelé à remplacer toutes les autres voyelles : *rose* de *rosa*, *feindre* de *fingere*, *utile* d'*utilis*, *arbre* d'*arbor*, *chêne* de *casnus*.

6. En vertu de la loi de l'assourdissement *lana* est devenu *laine*, *cera* *cire*, *ebrius* *ivre*, *ordinare* *ordonner*, *color* *couleur*, *fluvius* *fleuve*, *cœlum* *ciel*, *audire* *ouïr*, *lætitia* *liesse*, *cauda* *queue*, etc. Assez souvent, tandis que la langue d'oc préfère *ou* comme plus sonore, la langue d'oïl dans les mêmes cas emploie *eu* ; cependant cette règle est si loin d'être absolue qu'il nous reste en français de nombreux exemples de ces deux procédés de substitution : ainsi *opus* a formé *ouvrage* et *œuvre* ; *dolor*, *douleur* et *douloureux* ; *labor*, *labeur* et *labour*, etc. C'est par la parenté entre les sons *eu* et *ou* que s'expliquent les formes diverses d'un même mot : de *movere*, *mouvoir*, *je meus* ; de *mori*, *mourir*, *je meurs* ; de *posse*, *pouvoir*, *je peux*, etc.

La même loi d'assourdissement des voyelles explique le rôle important de la voyelle *i*, qui sert à marquer cet affaiblissement du son et fait de *clarus clair*, de *bene bien*, de *memoria mémoire*, de *conducere conduire*, etc. Ainsi s'explique encore le grand nombre de diphthongues que présente le français ; ce fait résulte aussi de la suppression des consonnes médianes, dont il sera question plus tard : *traditor*, *traître* ; *regina*, *reine* ; *hodie*, *hui*, etc.

7. Malgré un très-grand nombre d'exemples, il faut reconnaître que cette loi de décroissance des voyelles n'est pas si rigoureuse qu'elle n'admette bien des exceptions ; ainsi *domina* devient *dame*; *columna*, *colonne*; *viridis*, *vert*, etc. Enfin, dans la variété un peu confuse de ces permutations de voyelles, qui ne reconnaît un procédé familier à la langue latine, qui disait *fulmen fulminis*, *onus oneris*, *caput capitis*, *decus decoris*, etc.?

8. La permutation des consonnes est soumise à la loi qui veut qu'elles deviennent plus dures en français qu'en latin. Appliquée aux labiales, cette loi fait de *curvus courbe*, de *vervex brebis*, etc.; dans l'ordre des dentales, *viridis* devient *vert*; dans les gutturales, *quare* fait *car*; *crassus*, *gras*, etc. ; dans les liquides, *scandalum* devient *esclandre*; *lacertus*, *lézard*; *racemus*, *raisin*. Les Parisiens, pour adoucir la prononciation, substituaient volontiers *s* doux à *r* ; de là nous sont venus de *cathedra* à la fois *chaire* et *chaise*, qui sont restés dans le français moderne avec deux attributions distinctes.

Les exceptions ne manquent pas non plus dans ce travail tout spontané, tout populaire, de formation des mots ; par exemple : *duplex* donne *double* ; *tunc, donc* ; *caput, chef; saturare, souler,* etc. Une des substitutions de consonnes les plus curieuses et les plus difficiles à expliquer, c'est la substitution de *r* à *n* dans *diacre* de *diaconus,* dans *pampre* de *pampinus,* etc.

9. Enfin, dans un mélange curieux des consonnes et des voyelles, trois faits méritent encore d'être signalés : la voyelle *u* vient diphthonguer l'*o* et la consonne *n* tombe dans *moustier* de *monasterium* ; *couvent* de *conventus,* etc. (on a longtemps dit *monstier, convent*); les consonnes *f* et *v* viennent remplacer la voyelle *u* dans *veuf, veuve* de *viduus* ; *Juif, Juive* de *Jùdœus,* etc. ; la voyelle *i* se transforme en la consonne *j, iuvenis, jeune,* d'où il résulte que d'un même primitif latin peuvent sortir deux dérivés français dont l'un prend *j*, comme *major*, qui est le mot latin francisé, et l'autre l'*i*, comme *maire* cas sujet de *major,* venant tous deux du latin *major.*

10. La transposition, changement de place des voyelles ou des consonnes dans le corps des mots, concourt avec la suppression de certaines lettres à l'abréviation des mots ; ainsi *fistula* devient *flûte* ; *temperare, tremper.*

11. La suppression de lettres est de tous les procédés celui qui va le plus sûrement à ce but que le vieux français semble avoir poursuivi partout et toujours : la simplification. Le cas le plus fréquent se présente à propos des consonnes consécutives. Presque toujours la

première, qui est la plus faible, est supprimée, tantôt
sans autre altération : *advocatus* devient *avoué*, tantôt
avec substitution de voyelle : *altar* devient *autel*. Cette
suppression d'une des deux consonnes ne se fait sentir
que dans la prononciation ; dans l'écriture on garde la
consonne à titre de signe étymologique ; on écrit *altre* et
nopces tout en prononçant *autre* et *noces*.

La suppression au commencement du mot est au contraire, surtout pour les voyelles, un accident assez rare
dans le vieux français, qui, d'ordinaire, respecte la partie initiale des mots ; cependant on peut citer comme
résultant de la chute de lettres initiales : *le* formé de
illum, *boutique* d'*apotheca*, *tisane* de *ptisana*.

12. Dans le corps des mots la suppression des lettres et
surtout des consonnes est un des signes distinctifs du
vieux français : ainsi *anima* forme *âme* ; *singularis*,
singulier; *ministerium*, *métier*; *rotundus*, *rond*; *salu-
tare*, *saluer*, etc. La fréquence de ce fait a pour conséquence la multiplicité des diphthongues : *reine*, *traître*,
de *regina*, *traditor*, etc.

13. Ces sortes d'hiatus, loin de paraître désagréables
aux oreilles des hommes du moyen-âge, semblent
avoir été recherchés, à l'imitation des anciens ; et de
nombreux exemples prouvent qu'au XIIe et au XIIIe
siècle on séparait les voyelles de *seur*, *traître*, *reine*,
qui se disaient *seür*, *traïtre*, *reïne*.

14. La suppression des finales a transformé *arcus* en
arc, *legalis* en *loyal*, etc. Ce procédé d'abréviation,

très-simple et très-populaire, a enrichi la langue française d'un grand nombre de mots, et en particulier de
mots abstraits. Ainsi M. Egger a pu dresser une liste de
plus de deux cents substantifs formés d'un infinitif dont
la terminaison a été supprimée ; *accord* d'*accordare*,
blâme de *blasphemare*, *conteste* de *contestari*, etc. Cette
observation ingénieuse reçoit un intérêt philologique
tout particulier de ce que ces substantifs étant plus
courts que le verbe semblent des radicaux, tandis qu'ils
ne sont que des dérivés.

15. L'addition de lettres, étant tout à fait contraire
aux tendances naturelles et générales de l'esprit français, est un procédé moins usité que la suppression ;
cependant les exemples en sont encore nombreux. Cette
modification se produit sous l'empire de bien des causes
différentes : tantôt un monosyllabe se redouble, comme
dans *cricri*, *bonbon*, etc. ; tantôt une lettre euphonique
est ajoutée pour adoucir le son, au commencement du
mot : *scribere*, *escrire* ; *amita*, *tante* ; à la fin : *de*
usque, *jusques* ; entre deux mots : *aime-t-il*, *a-t-on*,
etc., dans ce cas, la lettre est plutôt étymologique
qu'euphonique ; elle est le signe de la troisième personne du singulier ; tantôt une lettre est attirée par une
autre lettre : ainsi s'introduit *b* dans *chambre* de *camera*;
comble de *cumulus* ; *d* dans *cendre* de *cinerem* ; *tendre*
de *tener* ; *r* dans *nombril* d'*umbilicus*, dans *fronde* de
funda ; enfin *s* dans *ustensile* de *utensile*.

16. L'attraction est un singulier phénomène qui se

produit surtout à propos des nasales : il faut remarquer qu'elles ont une grande attraction pour la voyelle *i* ; c'est ce qui explique *aimer* d'*amare*, *frein* de *frenum*, *moine* de *monachus*, *coin* de *cuneus*, etc.

Tantôt des préfixes significatives sont ajoutées, comme dans DIS*traire*, BIS*cornu*, MÉ*fait*, etc. ; tantôt des mots s'agglutinent pour n'en former qu'un seul dont les éléments sont à peine discernables : *ainsi* de *in sic*, *lierre* de *li hedera*, *avant* de *ab ante*, *lundi* de *lunæ dies*, etc. ; ou bien les mots sont juxtaposés et forment des composés dont les éléments sont encore très-faciles à reconnaître : *embonpoint, orfèvre, primevère, milieu, licou*, etc.

17. Telle est d'une façon générale l'application faite pendant le moyen-âge des figures de grammaire dans la formation de notre vieux français. Ces règles sont susceptibles d'une infinité d'exceptions ; il ne faut jamais oublier, pour s'expliquer ces anomalies, que le travail de transformation d'où est sorti l'idiome du moyen-âge a été naturellement soumis à tous les caprices d'une formation spontanée et populaire, à toutes les contradictions et à tous les hasards de l'irréflexion ; cette langue s'étant constituée par le travail d'une population admirablement douée, mais qui n'avait pas conscience de ce qu'elle faisait.

CHAPITRE XI

Formation des mots. — Modifications logiques. — Tropes.

1. Rôle naturel des tropes. — 2. Des différentes espèces de tropes. — 3. Emploi de la métaphore. — 4. Emploi de la métonymie. — 5. Emploi de la métalepse. — 6. Emploi de la synecdoque. — 7. Conclusion.

1. Pour l'homme, qui est un être doué à la fois d'intelligence et de passion, la traduction de la pensée n'est complète qu'à la condition qu'elle rende, outre ses idées, ses sentiments et ses émotions. A cet effet, l'homme donne à son langage certains tours particuliers qui en sont comme la physionomie ; ce sont ces tours que les rhéteurs étudient sous le nom de figures.

Parmi ces mouvements du langage, les seuls qui doivent intéresser l'historien de la langue sont les figures de mots ; car les figures de la pensée n'ont point de date dans la succession des faits intellectuels ; elles sont contemporaines de l'intelligence humaine et n'intéressent vraiment que le poète et l'orateur [1].

Au contraire, les mots, en passant d'une langue dans une autre, changent de sens et d'acception sous l'empire des dispositions d'esprit qui provoquent les tropes. Les

1. Voir PRINCIPES DE RHÉTORIQUE, par PELLISSIER, 3e édition. Paris, 1873.

tropes sont les changements par lesquels les mots cessent de représenter leur objet primitif pour désigner un objet différent, mais non sans rapport avec leur premier objet. Les dispositions d'esprit qui produisent les tropes sont très-fécondes, parce qu'elles sont des faits essentiels et permanents de la nature morale.

2. Tantôt, entraîné par la vivacité de son imagination, l'homme met le nom du *ciel* que voient ses yeux à la place de celui du Dieu que conçoit sa raison ; ou bien encore il appelle *tigre* un homme dont la cruauté lui rappelle les instincts féroces d'une brute. Tantôt, par besoin de concision et pour supprimer des mots faciles à suppléer, il nomme *cachemire* un châle fabriqué à Cachemire ; *Homère*, un exemplaire des poëmes d'Homère. Souvent encore, faute d'un mot propre, nous employons par analogie un équivalent ; c'est ainsi que nous disons en français : le *bras* d'un fauteuil, l'*aile* d'un bâtiment, la *jambe* d'un compas, le *pied* d'un arbre, etc. Enfin, c'est en vue de donner à l'expression plus de noblesse qu'on substitue *mortels* à *hommes* ; c'est pour ménager la sensibilité et l'imagination que les anciens disaient : *il a vécu*, au lieu de *il est mort*, « parce que cette syllabe frappait trop rudement leurs oreilles. »

3. Aristote ramène tous les tropes à un seul qui les contient tous : la métaphore, qui transporte un mot de sa signification ordinaire à une autre signification. C'est en vertu d'une comparaison tacite que l'esprit fait ainsi passer un mot d'une acception à une acception tout à

fait différente : ainsi, de *capra*, nom de la chèvre, s'est formé le mot *caprice*, saut de chèvre, mouvement soudain et imprévu ; de *mactare*, égorger, s'est formé le verbe *mâter*, qui signifia d'abord abattre d'un coup d'épée, puis vaincre, écraser, réduire à s'avouer dompté; le substantif *captivus*, captif, prisonnier, est devenu *catif*, *chétif*, synonyme de misérable, à cause de l'état de misère auquel les prisonniers sont réduits ; *margarita*, perle, devient marguerite, l'éclat de la fleur rappelant l'éclat de la perle ; *pendere* devient *penser*, par l'intermédiaire de *pensare*, à cause de l'analogie entre le fait physique et le fait intellectuel.

4. A ce trope fondamental peuvent se rattacher trois autres tropes dont les exemples méritent d'être signalés : la métonymie, la métalepse et la synecdoque.

La métonymie met un mot à la place d'un autre par suite d'une relation naturelle entre les objets que désignent ces deux mots.

Le nom de l'effet sert à désigner la cause : *tremere*, trembler, est devenu *craindre*, le tremblement étant l'effet habituel de la crainte ; *crepare*, rendre un son éclatant, s'est transformé en *crever*, qui désigne le fait qui accompagne d'ordinaire ce bruit. Le nom de la cause sert à désigner l'effet : *stylus* est le poinçon de l'écrivain ou de l'homme de lettres, *style* représente le caractère littéraire de l'écrit tracé par ce poinçon : *ingenium* est l'esprit, cause de nos œuvres et de nos inventions; *engin* est le nom d'une des œuvres de l'esprit, d'un effet, d'un produit de son application à la mécanique.

Le nom du contenu sert à désigner le contenant : *ecclesia*, assemblée, devient *église*, lieu où se réunit l'assemblée des fidèles ; le nom du contenant devient celui du contenu : *focus*, foyer, âtre, se transforme dans le mot *feu*.

Le nom latin du lieu sert à désigner la chose ou l'être qui s'y rencontre ou qui en provient : *Armenia* se transforme en *hermine*, ce petit animal s'appelant *Armeniæ mustella*, belette d'Arménie ; ou dans le sens inverse, le nom de la chose s'étend au lieu où la chose se fait ; ainsi la formule : *Jube, Domine, benedicere* se prononçant dans l'église du haut d'une galerie qui séparait la nef du chœur, le nom de *jubé* est resté à cette galerie.

Le mot qui représente le signe d'une chose a servi à représenter la chose elle-même. Ainsi, la formule *Missa est* met fin au sacrifice religieux et sert à congédier les fidèles (*Ite, missa est* : Allez; l'assemblée est congédiée) ; cette formule est devenue le mot *messe*, qui désigne le sacrifice tout entier. Le contraire se produit également : *cara* est un mot de la basse latinité qui signifiait visage ; il a formé le mot *chère*, qui désigna d'abord, en général, le visage, l'accueil qu'on faisait à un hôte ; puis, par extension, les mets, la nourriture qu'on lui offrait comme marque et signe de l'accueil qu'on voulait lui faire.

Le nom d'une espèce se transporte à une espèce voisine ; *vervex*, mouton, devient *brebis* ; *nepos*, petit-fils, produit *nepveu* ; *volumen*, rouleau, manuscrit des anciens, se change en *volume* ; *sponsus*, fiancé, devient *époux*, etc.

5. Enfin, le nom de l'antécédent peut être pris pour celui du conséquent, ou réciproquement ; ce trope, qu'on nomme métalepse, n'est bien qu'une espèce de métonymie : *juxta* signifie près, côte à côte ; il a donné le verbe *joûter*, lutter de près, corps à corps : on applique ainsi au conséquent le nom de l'antécédent. Au contraire, le nom du conséquent sert à désigner l'antécédent, lorsqu'on dit *payer*, de *pacare*, apaiser, l'apaisement du créancier étant la conséquence du paiement. De même, *azardus*, en basse latinité, signifiait *dé* ; de ce mot s'est formé *hasard*, qui désigna d'abord le jeu de dés, puis le point de six à ce jeu, et enfin la destinée, la chance, le dieu du jeu. Le mot *finance* vient de *finer*, *finir*, *finire*, l'argent étant l'antécédent nécessaire de tout compte que l'on veut finir.

6. La synecdoque est un trope qui étend ou resserre l'application d'un mot, qui y fait entrer tantôt plus, tantôt moins. Elle prend le nom du genre pour désigner une espèce : *mercator*, marchand en général, devient *mercier*, espèce de marchand qui vend des objets d'habillement ; *sella* désignait le genre siége, *selle* est l'espèce de siége que le cavalier met sur sa monture ; *articulus* signifie petit membre ou partie de membre, *orteil* ne désigne plus que les doigts de pied ; *peregrinus*, voyageur, se transforme en *pèlerin* qui voyage vers la terre sainte ; *pomum*, fruit, devient *pomme*, etc.

La synecdoque de l'espèce au genre est plus rare ; cependant on peut citer : *atrium*, cour, partie d'une maison, qui est devenue en français *les aîtres*, les êtres, c'est-à-dire l'ensemble des parties de l'habitation ; *parens*, le père ou la mère, s'est transformé en *parent*, dont l'application est beaucoup plus générale ; de *fœnum*, foin, herbe sèche, est venu *faner*, à savoir dessécher, dans un sens bien plus étendu : *parabolare*, exprimer sa pensée par une image, s'est transformé dans le mot *parler*, exprimer sa pensée par quelque signe que ce soit ; *caballus* signifiait une rosse, *cheval* a un sens plus général.

C'est encore par le même trope que le nom latin d'une partie sert à désigner le tout en français : *tabula*, planche, devient *table* ; *camera*, voûte, devient *chambre*, pièce voûtée ; *testa*, tesson de pot ou de coquille, se transforme en *tête*, qui désigne d'abord le crâne, puis toute la partie supérieure du corps de l'animal.

Enfin le nom de la matière dont une chose est faite devient le nom même de cette chose : *carta* signifiait papier, il se transforme en *charte*, écrit sur papier ; *cœmentum* voulait dire moellon, il devient *ciment* pour désigner un mélange de chaux et de moellons broyés.

7. Ces réflexions et ces exemples sont bien loin d'épuiser le sujet ; mais ils suffisent pour montrer comment nos ancêtres ont appliqué à la transformation du latin les principes de modification des mots dont l'emploi est la vie même de l'intelligence humaine ; car toutes ces altérations, si subtiles qu'elles paraissent quand on les étudie d'une manière abstraite, se produisent dans la vie intellectuelle des peuples avec une spontanéité et une fécondité admirables.

CHAPITRE XII

Modifications grammaticales. — Des parties du discours.

1. Loi générale de l'abréviation. — 2. Caractère latin de la
grammaire du vieux français. — 3. Classification des mots.
— 4. Suppression du genre neutre. — 5. Déclinaisons à deux
cas. Règle de l's. — 6. Exception à cette règle. — 7. Son
extension illogique. — 8. Classification des adjectifs. — 9.
Origine de notre règle du participe présent. — 10. Des comparatifs et des superlatifs. — 11. Des adjectifs numéraux.
— 12. Création de l'article. — 13. Des pronoms. — 14. Création des pronoms indéfinis. — 15. Des verbes : Figuratives
des personnes. — 16. Trois formes nouvelles du passé. —
— 17. Formation du futur. — 18. Création du conditionnel.
— 19. Suppression de la voix passive. — 20. Grand nombre
de verbes réfléchis. — 21. De la distinction des conjugaisons. — 22. Mots invariables : Création des adverbes en
ment. — 23. Des négations. — 24. Des prépositions et des
conjonctions. — 25. Résumé.

1. Le besoin de clarté et de brièveté dans l'expression
des idées et des sentiments est la loi première qui préside à la constitution spontanée de la grammaire, comme
aux modifications élémentaires des mots, dans le français du moyen âge. Pour ce travail d'abréviation, nos
ancêtres avaient été précédés et devancés par le peuple
de Rome, auquel Quintilien reprochait déjà de manger
une partie des mots, d'appuyer sur les syllabes initiales
et de supprimer les finales. Rien de plus naturel que

cette tendance du latin ait été encore exagérée par nos aïeux, ces Gaulois que les Romains nous peignent si pétulants et si mobiles.

L'âme des diverses altérations révélées par l'étude des faits, ce fut donc bien encore la tendance à tout simplifier pour rendre tout plus facile et plus accessible à des intelligences qui manquaient de culture ; car, tandis que le peuple se faisait ainsi sa langue nationale, les clercs continuaient à pratiquer le latin littéraire.

2. Néanmoins, le caractère latin du vieux français se manifeste très-clairement par ce fait qu'à prendre la question d'un point de vue général, et sauf quelques exceptions de détail très-secondaires, la grammaire du vieux français répète et continue la grammaire latine.

Les règles de la grammaire se rapportant d'abord à la classification des espèces de mots, puis à la syntaxe, ces deux parties doivent être étudiées successivement.

3. La classification des mots français est la même que celle des mots latins, et on trouve également dans les deux langues des mots variables destinés à exprimer les êtres, les choses, leurs qualités et leurs actes, et des mots invariables qui ont pour fonction de marquer les rapports entre les différents éléments du discours.

Les mots variables peuvent se subdiviser en deux groupes : 1º les mots qui expriment les êtres et leurs qualités (substantifs, adjectifs et pronoms) ; 2º les mots qui représentent les états et les actes (verbes).

4. Dans les deux langues aussi se produisent pour la modification des mots variables les faits de déclinaison et de conjugaison ; cependant, au dessus de ces deux faits s'établit et domine en français un instinct très-remarquable de simplification. Par exemple, le latin avait, comme le grec, trois genres ; mais le neutre, dont le rôle doit être de désigner les choses dans lesquelles ne peut se produire la distinction des sexes, le neutre n'était réellement en latin que le genre des mots qui n'étaient ni masculins, ni féminins ; il n'avait d'autre mérite que d'ajouter à l'élégance du langage par la richesse et la variété. Le genre neutre disparaît dans le vieux français, sans grand préjudice littéraire et avec un grand avantage de simplicité pour la pratique.

D'autre part, le français du moyen âge n'est pas en progrès sur le latin pour la rigueur dans l'emploi des terminaisons destinées à caractériser les genres ; il fait *arbre* du masculin, en dépit de sa terminaison féminine, et *couleur* du féminin. Il reste souvent fidèle aux traditions du latin, sauf pour quelques mots, qui, bien que tirés du latin, semblent avoir pris le genre du mot correspondant de la langue des Celtes ou de la langue des Germains ; ainsi de *dens*, masculin, se forme *la dent*, de *flos*, la *fleur* ; d'*aquila*, qui est féminin, sort *aigle*, de *frons*, *front*, etc.

5. La déclinaison des noms et des adjectifs semble avoir été dès la plus haute antiquité un signe distinctif des langues aryas ; sans doute cette déclinaison était, en latin et en grec, beaucoup moins compliquée qu'elle ne

8

le semble au premier coup d'œil ; cependant elle est encore simplifiée par les ignorants transformateurs de la langue de Cicéron. Le vieux français ne conserve que deux cas : l'un, qui correspond au nominatif, est le cas sujet ; l'autre, qui remplit à lui seul les fonctions diverses de tous les cas obliques, est le cas régime. Jusque dans cette déclinaison simplifiée se retrouvent pourtant encore les traces des habitudes du latin. En effet, les substantifs latins terminés par *s* au nominatif singulier étaient beaucoup plus nombreux que les autres et se rencontraient dans toutes les déclinaisons : *Æneas, dominus, veritas, avis, flos, pectus, dies,* etc. ; par suite la lettre *s* demeure dans la langue nouvelle la caractéristique du cas sujet. Il faut même remarquer qu'à défaut de l'étymologie, l'analogie introduit l'*s* dans des mots qui n'y pouvaient prétendre comme *dolors, oms,* etc. Au contraire, la plupart des cas obliques du singulier en latin ne portent pas d'*s : rosæ, rosam, domino, corpori, faciem, manum, die,* etc. ; le cas régime du singulier est caractérisé en français par l'absence d'*s.* Voici le modèle le plus simple de la déclinaison du singulier dans la langue d'oïl :

SINGULIER DES NOMS ET DES ADJECTIFS.

Cas sujet :   *amis, chevals.*
Cas régime :   *ami, cheval.*

Le pluriel présentait en latin des particularités tout opposées. Au moins dans la première et dans la seconde déclinaison, et pour les noms neutres de toutes les déclinaisons, le nominatif latin ne prend pas d'*s : rosæ, domini, corpora,* etc , tandis que les plus usités des cas obliques sont terminés par *s* : *rosis, rosas, dominos, virtutes, virtutibus, manus, dies, diebus,* etc. Il faut même ajouter que l'accusatif, sauf dans les noms neutres, prend toujours une *s* au pluriel. Or l'accusatif peut être considéré comme le cas régime par excellence ; car Chevallet a calculé que, dans un morceau de latin, sur trois cents substantifs environ, plus de la moitié sont à l'accusatif. Ces faits expliquent que la règle de l's soit renversée pour le pluriel : le cas sujet ne prend pas d'*s*, et le cas régime en prend une.

PLURIEL DES NOMS ET DES ADJECTIFS.

Cas sujet :   *ami, cheval.*
Cas régime :   *amis, chevals.*

Procédé très-ingénieux qui simplifie la déclinaison, puisque le pluriel n'est que le renversement du singulier.

6. Malgré l'ignorance de la population qui forme la langue nouvelle, la règle de la déclinaison à deux cas est si régulièrement observée que, dans les plus anciens textes du moyen âge, c'est à peine si la critique peut relever sur dix mots une infraction. D'ailleurs, ces exceptions mêmes peuvent s'expliquer en admettant une seconde règle de déclinaison applicable à un petit nombre de substantifs et d'adjectifs.

La plupart des substantifs français dérivés des substantifs latins de la troisième déclinaison donnent lieu à une exception qui résulte de l'application de cette règle qu'il faut respecter la syllabe accentuée. En effet, cer-

tains noms et certains adjectifs latins qui suivent la
troisième déclinaison ayant une syllabe de plus au génitif qu'au nominatif, l'accent se déplaçait dans la prononciation. On disait en appuyant sur la voyelle accentuée : *imperAtor, imperatorem, ınfans, infAntem,* etc.
Par suite de cette altération primitive, le cas régime
dans les noms français dérivés se distingue du cas
sujet, au singulier par un changement de terminaison
et par l'allongement du mot : *emperere* a pour cas régime *empereor; sire* au sujet donne *seigneur* au régime;
enfes, enfant, etc. Au pluriel, la règle de l's continue
de s'appliquer comme la première déclinaison :

    Cas sujet :   *empereor, seigneur, enfant.*

    Cas régime : *empereors, seigneurs, enfants.*

Et même, cette règle générale étant étendue au nombre
singulier, on écrit souvent : *uns empereres, uns sires,
uns enfes.*

    7. Cette fonction de l's modifiait jusqu'aux infinitifs
pris substantivement, forme très-usitée dans la langue
du moyen-âge, où l'on dit volontiers : *li dormirs, li
alers, li venirs,* etc. Enfin, par une application qui dégénère en abus, la lettre *s* vient s'ajouter même à des
mots invariables qui étaient primitivement des noms au
pluriel : *certes, guères, encores, avecques,* etc.

    C'est donc un trait de génie philologique que d'avoir
deviné dans la grammaire du vieux français la règle
de l's; Raynouard, en retrouvant cette clef, longtemps
perdue, nous a rendu l'intelligence de notre ancienne
grammaire nationale.

8. Les adjectifs soumis aux règles de déclinaison des substantifs présentent pour l'indication des genres une particularité qui prouve une fois de plus l'origine latine du vieux français. A ce point de vue ils se répartissent en deux classes : 1° Les adjectifs français formés de primitifs latins, ayant une terminaison distincte pour le féminin, ont aussi deux terminaisons distinctes : *bons, bonne* ; *chers, chere*, etc. 2° Les adjectifs français dérivés d'adjectifs latins qui n'ont qu'une forme pour le masculin et pour le féminin n'ont aussi qu'une forme : on tire de *legalis, uns homs loials, une fame loials* ; de *regalis, des ordres royaulx, des lettres royaulx*, etc.

Ce n'est que plus tard et par la contagion de l'exemple que tous les adjectifs furent soumis à la règle qui domine aujourd'hui et qui impose deux formes aux adjectifs qui ne sont pas terminés par un *e* muet. En dépit de cette règle, nous disons encore comme au xiie siècle : *grand' messe, grand' mère, grand' route*, etc., qu'il vaudrait mieux écrire sans apostrophe : *grand mère*.

9. Un souvenir de distinction entre ces deux classes d'adjectifs se rencontre dans la règle moderne qui condamne le participe présent à demeurer invariable ; nos aïeux disaient *une fame aimant* au même titre qu'*une fame loials*, le participe présent latin n'avait qu'une forme pour le masculin et le féminin.

10. Par suite de l'esprit d'analyse et du besoin de clarté et de brièveté, le comparatif et le superlatif des adjectifs français se forment en ajoutant au positif les

8.

adverbes *plus, très, fort, le plus,* etc. Cependant l'autorité de la tradition latine se manifeste encore par la formation de quelques comparatifs en *or* et de quelques
superlatifs en *ime* : *granz, graignor, grandime* ; *mals,
pejor, pire, pesme* ; *petit, meindre, minime* ; *alt* fait
altisme ; *saint, saintime,* etc.

11. Les adjectifs numéraux ont été fixés de très-bonne
heure, comme tous les mots d'un emploi journalier ; ils
sont soumis aux mêmes règles que les autres adjectifs.
Les nombres cardinaux sont déjà :

Cas sujet : *uns, une ; — dui* ou *doi.*

Cas régime : *un, une ; — deux* ou *dous.*

Quant aux adjectifs ordinaux, ils sont calqués sur
les mots latins : *prime, seconde, tiers, quars, quins,*
qui sont restés en usage dans le langage technique de
la musique, des armes, de la médecine, et dans certains
noms historiques : — *parer en prime, intervalle de
tierce, fièvre quarte, Charles-Quint.*

12. La création d'un article est une des plus heureuses
innovations accomplies au moyen-âge. En effet, l'article
contribue à la clarté et à la précision du langage en dé-
terminant le substantif ; aussi l'absence de tout article
est-elle une des causes de l'infériorité du latin comparé
avec le grec. Par conséquent, la création d'un article
dans le vieux français était loin d'être un signe de
corruption ; de plus, cet article, conservant mieux que
le substantif la trace de la déclinaison latine, suppléait à
la pauvreté de la déclinaison française.

L'article est formé par une modification du pronom

démonstratif *ille,* et le besoin de cet instrument de précision était déjà si bien ressenti par tout l'empire que de ce même pronom le provençal et l'espagnol ont tiré leur article *el,* l'italien son article *il.*

Voici à peu près le paradigme de l'article du vieux français qui a formé le nôtre [1]:

	Masculin.	SINGULIER.	*Féminin.*
Nom.	*li*		*li, la, lai, le.*
Gén.	*del, deu, du*		*de la, de lai.*
Dat.	*às, aus*		*ala, alai.*
Acc.	*les, los*		*la, lai.*

PLURIEL.

Nom.	*li*		*les, li.*
Gén.	*des*		*des.*
Dat.	*as, aus*		*as, es.*
Acc.	*les, los*		*les.*

L'origine de cet article français formé par un pronom démonstratif explique son double rôle d'article et de pronom : c'est ce double rôle qui rend très-faciles à comprendre des phrases telles que celle-ci : — *Li borgois pour son forfait ou pour le sa fame paieroit*..... C'est-à-dire pour *celui* de sa femme ou pour le forfait de sa femme. Ce rôle pronominal de l'article n'est pas tombé en désuétude, car nous disons encore aujourd'hui *la saint Jean* pour *la fête* de saint Jean.

---

1. Voir à l'Appendice les Textes expliqués.

13. Les pronoms français sont calqués sur les pronoms latins ; de plus, ils ont été l'occasion d'une innovation qui ajoute encore à la clarté de l'expression, c'est que le pronom personnel accompagne presque toujours le verbe. Ce pronom personnel, dont le rôle est si important, jouit d'une déclinaison à deux cas semblable à celle du substantif :

SINGULIER.

Cas sujet :	*je,*	*tu,*	*il, elle.*
Cas régime :	*me, moi,*	*te, toi,*	*le, la, lui.*

PLURIEL.

Cas sujet :	*nous,*	*vous,*	*ils, elles.*
Cas régime :	*nous,*	*vous,*	*eux, elles, les.*

14. Une création non moins importante et sans nul précédent en latin, c'est la création d'un pronom indéfini. Du latin *homo* se forment *homs, hom, oms, om, on*. Peut-être bien est-ce à l'influence des habitudes germaniques qu'il faut rapporter cette innovation féconde ; ce pronom est l'équivalent de *man*.

La même observation s'applique au pronom indéfini *autrui*, qui n'est qu'un cas oblique de l'adjectif *autre*, ou le produit de l'agglutination d'*alter huic*.

Quant aux pronoms et aux adjectifs démonstratifs, ils ne sont que des transformations du latin : *ço, ce*, de *hicce, hocce*, ou des produits d'une agglutination : *cil* ou *celui* de *hunc illum* ; *chacun* de *quisque unus*.

15. Les verbes ont subi beaucoup moins d'altérations, et leur système général de flexion a été presque toujours respecté, à part quelques infractions secondaires et quelques innovations heureuses.

Pour distinguer les personnes, *s* demeure la figurative de la deuxième personne du singulier, comme dans tous les idiomes romans, sauf en italien. Il n'y a d'exception que pour l'impératif, où le latin ne prenait pas d'*s* : *ama, aime,* etc. La consonne *t* reste figurative de la troisième personne du singulier, et l'on écrit sans modifier le son de l'*e* muet : *il aimet, il donet.* A la première personne du pluriel, *umus* reste dans *nous sommes* ; *amus, emus, imus,* se contractent en *ons* dans les autres verbes; à la deuxième *ez* est la contraction de *atis, etis, itis,* qui ont persisté dans *vous faites, vous êtes, vous dites,* etc. Enfin, la terminaison *nt* à la troisième personne du pluriel est la terminaison même du latin, et cette terminaison modifiait sans doute le son de l'*e,* puisque les poètes du XIIIᵉ siècle faisaient rimer *ils s'écrient* avec *il convient,* alors qu'on rimait pour l'oreille et nullement pour les yeux.

16. Si de l'étude des personnes, dont l'analyse a été poussée aussi loin que possible par l'ingénieuse critique d'Ampère, on passe aux temps et aux modes des verbes, voici les remarques les plus importantes à faire : le passé de l'indicatif a cinq formes en français au lieu de trois; le parfait latin est remplacé par un passé défini, un passé indéfini, un passé antérieur. A la formation de quatre de ces temps concourt l'auxiliaire *avoir,* transformation de *habere,* dont la première traduction française a été *aveir.*

17. L'emploi le plus curieux de cet auxiliaire, c'est de servir à former le futur ; ce temps n'est pas tiré du futur latin ; c'est une contraction de l'auxiliaire joint à l'infinitif du verbe à conjuguer. Déjà les latins disaient : *habeo pollicendum,* puis *habeo polliceri ;* de là s'est formée la locution *j'ai à promettre,* et par une inversion très-familière aux temps anciens, *je promettr-ai ;* de même, *j'ai à dire, je dirai,* etc. Ce mode de formation, quelque détourné qu'il paraisse, est d'autant moins discutable qu'il ne semble qu'une répétition de ce que les latins avaient fait eux-mêmes en créant leur futur *ama-bo* de *amare habeo; mone-bo* de *monere habeo.* Enfin, comme dernier argument, notons que dans toutes les langues romanes, les désinences du futur sont identiques à celles de l'indicatif présent du verbe qui représente *avoir.*

18. Le conditionnel est un mode nouveau qui a pour fonction de décharger l'imparfait du subjonctif du double emploi qu'il avait en latin. C'est un mode qui exprime une nuance délicate de la pensée ; il désigne un fait qui se trouve à venir, au double point de vue du moment présent et d'une action passée qui forme la condition : *je parlerais, si je savais.* La constitution étymologique du mot français répond donc aux exigences les plus sévères de la logique : il est formé d'un infinitif *parler* qui représente le futur, et d'une finale d'imparfait *ais* qui indique le passé.

Les modes secondaires de l'infinitif latin, le gérondif et le supin, disparaissent et sont remplacés par l'infinitif ou le participe présent, précédés d'une préposition.

19. La suppression de la voix passive est une simplification considérable : l'emploi de l'auxiliaire *être*, qui représente un état avec le principe passé, qui joue le rôle d'adjectif, est une création ingénieuse qui donne satisfaction aux tendances de l'esprit nouveau vers l'analyse. L'auxiliaire *être* est la traduction du verbe *sum*, dont il reflète toutes les irrégularités, y ajoutant même encore par des emprunts au verbe *stare* ; ce sont *estant, esté* pour les participes.

20. Par cette suppression du passif s'explique le fréquent emploi des verbes français sous la forme pronominale. On disait : *se dîner, se déjeûner, se dormir*, etc. De là encore la tendance persévérante de la langue française à employer indifféremment, dans un grand nombre de cas, la forme passive ou la forme réfléchie.

Ces deux formes persistant dans le français moderne, lui donnent presque la richesse du grec et rendent plus facile qu'en latin l'expression de bien des nuances délicates de la pensée et du sentiment. Par exemple, elles ont permis à Bossuet de trouver l'éloquente exclamation : « Madame se meurt ! Madame est morte ! »

21. Tous les infinitifs latins se terminant en *re*, la distinction des conjugaisons ne se fit que bien tard et par un travail des grammairiens qui n'a pas été toujours heureux. La plupart des verbes ont, dans le vieux français, la terminaison *er* à l'infinitif ; et même dans le français moderne, M. Jullien a calculé que, sur

six mille verbes environ, il s'en trouve quatre mille
sept cents de la première conjugaison, c'est-à-dire plus
des huit dixièmes. Au moyen âge, un grand nombre des
verbes ont une double forme : *faner* et *fanir*, *quérir*
et *querre*, *finer* et *finir*, *courir* et *courre*, *mourir* et
mourre, etc.; comme nous avons tiré d'un même primitif latin : *calmer* et *calmir*, *gémir* et *geindre*, etc.

C'est peu à peu, par l'action simultanée de la loi de la
syncope et de la loi de l'euphonie, que sont sorties les
finales : *aimer*, *finir*, *mouvoir*, *vendre*, qui ont provoqué
la distinction entre nos quatre conjugaisons.

22. Dans le renouvellement des mots invariables, le
fait le plus digne de remarque c'est la création des
adverbes en *ment*. Les Français du moyen âge conservent l'usage latin de faire jouer le rôle d'adverbes
aux adjectifs : *bref, fort, tard, lourd*, etc. ; ils y étaient
encouragés par l'exemple des idiomes germaniques, où
cet usage est constant. Mais ces adverbes ont l'inconvénient de se confondre avec les adjectifs; il fallut donc
trouver une forme plus significative ; alors, joignant le
mot *mens* à l'adjectif, on dit : *cara mente, vera mente*,
expressions qui, par l'agglutination, ont produit, en
italien, en espagnol, en français, des adverbes nouveaux.

Quand donc on écrivait *vraiement, chèrement*, le
féminin était très-correct, puisque *mens* est un substantif féminin. C'est aussi avec une parfaite correction
qu'on écrivait *loyalment, fortment, grantment*, ces adjectifs n'ayant qu'une forme pour le masculin et pour le
féminin.

23. La valeur négative des adverbes latins *non*, *ne*, tendait à s'affaiblir ; les Romains eux-mêmes avaient cherché à la raviver par l'addition d'autres adverbes, comme *quidem*, *certe*, etc.; nos ancêtres y ajoutaient pour la renforcer, des noms tels que *pas*, *point*, *rien*, *mie*, *brin*, *goutte*, *ombre*, etc. Par une ingénieuse métaphore, ces mots, qui désignent les plus petits objets possibles, n'avaient plus alors qu'une valeur logique [1].

24. Quant aux prépositions et aux conjonctions, elles ne sont pour la plupart que des traductions du latin : *ad*, *à*; *per*, *par*; *quare*, *car*; *cum*, *comme*, etc.

Il faut seulement remarquer que, après la suppression des cas, le besoin de clarté a conduit à l'emploi plus fréquent des prépositions. Dès longtemps, l'empereur Auguste, pour assurer à ses paroles la plus grande précision, marquait par des prépositions le régime indirect des verbes; il disait : *Dare ad aliquem*, etc. La simplification de la déclinaison en français contribua tout naturellement à généraliser cet usage.

C'est au même désir naturel de clarté, joint au besoin de l'énergie dans l'expression, qu'il faut rapporter certaines accumulations : *ad pressum*, qui nous a donné *après*; *ab ante*, *avant*; *de sub*, *dessous*; *de retro*, *derrière*, etc.

25. On peut résumer ces observations élémentaires sur notre ancienne grammaire et les ramener aux quelques points suivants, qui sont bien loin d'épuiser cette riche matière :

1. Voir à l'APPENDICE plusieurs exemples

La grammaire du vieux français répète et continue la grammaire latine pour la classification des mots et pour la syntaxe.

La déclinaison persiste; mais le genre neutre est supprimé, et il ne reste plus que deux cas; par une extrême simplification la lettre *s* est un signe du sujet au singulier et du régime au pluriel; cette règle ne souffre d'exception que pour quelques substantifs et adjectifs dérivés de substantifs latins de la troisième déclinaison.

Certains adjectifs fidèles à leurs modèles n'ont qu'une même forme pour le masculin et pour le féminin. Quelques comparatifs et superlatifs sont copiés sur le latin.

Un article est formé du pronom démonstratif.

Les pronoms sont calqués sur les pronoms latins.

Dans les verbes, les figuratives des personnes sont les figuratives latines à peine altérées; le temps passé est enrichi de trois formes nouvelles avec emploi de l'auxiliaire *avoir*; le conditionnel est une création très-utile et très-logique; la complication d'une voix passive est remplacée par l'emploi de l'auxiliaire *être*.

Les adverbes en *ment* sont créés par une agglutination très-ingénieuse; les négations sont fortifiées; enfin, les prépositions et les conjonctions ne sont guère que des traductions du latin.

CHAPITRE XIII

Modifications grammaticales. — Syntaxe et construction.

1. De la syntaxe et de la construction. — 2. Caractère synthétique de la syntaxe latine. — 3. Causes de modification de cette syntaxe. — 4. La plupart des règles latines persistent. — 5. Règle d'accord entre les mots variables. — 6. Règle d'accord du verbe.— 7. Emploi de *vous* pour le singulier.— 8. Usage du pronom personnel. — 9. Innovations accessoires dans la syntaxe de régime. — 10. Règle de position pour les substantifs. — 11. Emploi des prépositions. — 12. Régime des comparatifs et des superlatifs. — 13. Régime des verbes actifs et des verbes neutres. — 14. Régime des verbes passifs. — 15. Régime des verbes réfléchis. — 16. Règle de subordination des propositions. — 17. Facilité des inversions. — 18. Résumé.

1. Si l'homme n'avait besoin d'exprimer que des idées ou des émotions simples, les cris et les mots suffiraient, même prononcés isolément et sans liaison entre eux ; mais il conçoit des pensées, c'est-à-dire des idées complexes, il éprouve des sentiments composés : il a donc besoin, pour exprimer ces faits moraux, d'unir et de grouper les mots de la langue.

Cette union des mots est soumise à deux sortes de règles : 1° des règles grammaticales, qui résultent du génie même de la langue et des conditions dans lesquelles cette langue se développe ; l'ensemble de ces règles forme la syntaxe ; 2° des règles logiques procédant à la fois des exigences de la grammaire et des inspirations de l'intelligence ; ces règles, beaucoup moins rigoureuses et plus mobiles, sont les règles de construction.

Par exemple, Bossuet commence son admirable portrait de Cromwell par ces mots : *Un homme s'est rencontré*. Faites l'analyse de ces quelques mots, et voici ce qu'elle donne : c'est en vertu d'une règle de syntaxe que *un* et *rencontré*, qui se rapportent au substantif *homme*, sont au masculin singulier ; c'est en vertu d'une règle de construction que le sujet *un homme* est le premier mot de la proposition. L'ordre grammatical de notre construction se trouve ici dans un parfait accord avec le sentiment de l'orateur : Bossuet, en jetant, au début de sa période, ce mot si simple, *un homme*, veut éveiller une curiosité plus vive qu'il n'aurait fait en disant : *Il s'est rencontré un homme*.

Toute langue a donc sa syntaxe et sa construction qui sont dans un rapport étroit avec la constitution de son vocabulaire et avec les modifications que les mots peuvent subir.

2. Le procédé essentiel de la syntaxe latine consistait à faire servir les diverses terminaisons des mots variables pour indiquer les rapports entre ces mots. Ainsi, l'emploi d'un même cas pour deux substantifs indiquait l'apposition : *Urbem Romam* ; pour un adjectif et un substantif c'était le signe du rapport de la qualité à l'être : *Deus sanctus; virgo sancta* ; le géni-

tif avait pour fonction d'indiquer le rapport de possession ou de dépendance entre deux objets : *Liber Petri* ;
le datif marquait le rapport de régime entre un verbe
neutre et un nom : *Studeo grammaticæ* ; l'accusatif, le
rapport de régime entre un verbe actif et un substantif :
Amo Deum, etc.

3. En renonçant à la plus grande partie de ces
flexions, le français se condamnait à chercher des procédés nouveaux pour l'accord et pour le régime, c'est-
à-dire pour la syntaxe des mots. Telle est la première
cause des changements opérés dans ce passage de la
syntaxe latine à la syntaxe française.

Il faut cependant signaler avant tout deux faits historiques importants : d'abord l'altération constante et
naturelle de la syntaxe latine par le peuple romain,
dont les comiques latins nous ont transmis bon nombre
de solécismes très-anciens ; puis la corruption intro-
duite par les barbares, à partir du vᵉ siècle. La plupart
des solécismes commis par irréflexion ou ignorance
étaient, après tout, des procédés de simplification, ils ont
été les germes des règles de la syntaxe française. Ainsi
les irrégularités : *Mulieres de nostro seculo,* — *Corona
de spinis* nous ont donné les expressions françaises :
Les femmes de notre siècle, — *Une couronne d'épines.*

4. D'ailleurs, ces altérations toutes secondaires n'ont
jamais eu tant d'importance qu'on ne doive poser en
principe que la syntaxe du vieux français est latine
comme son vocabulaire dans son esprit et ses règles

essentielles. C'est ce qu'établit clairement l'examen rapide et sommaire des faits.

Les règles de la syntaxe se rapportent toutes, ou bien
à l'accord qu'il faut établir entre les mots pour marquer
l'accord entre les idées, ou bien à la manière d'indiquer
la subordination entre les idées par les relations entre
les mots. De là suit la distinction entre les règles de syntaxe d'accord et les règles de syntaxe de régime.

5. RÈGLES DE LA SYNTAXE D'ACCORD. — Le substantif,
l'article, le pronom, l'adjectif et le participe s'accordent
avec le substantif auquel ils se rapportent, en genre, en
nombre et en cas. — SUBSTANTIF : *Il est al siège à
Cordres là citet.* — C'est ici l'application de la règle d'apposition connue des écoliers par l'exemple *Urbs Roma.*
ARTICLE : *Li crieur ne crient pas* le *jour que le roi ou
la roine ou leur enfant meurent.* — ADJECTIF et PAR-
TICIPE : *Tutes voz anmes ait Deus li glorius. — En pa-
reis les mets en seintes fleurs.* — Ma *âme magnefie le
Seignor. — J'ai ci m'amie conneüe. — Par un de ses
barons i enveia s'espée. — Un soir, à la mie nuit. —
Lascent les renes a lor cevals curanz.*

Cependant certains adjectifs très-courts, qui se placent
d'ordinaire devant les substantifs, forment des noms composés : *nu-tête, mi-jambe, demi-heure, feu-tante,* etc.

6. Le verbe, comme en latin, s'accorde avec son sujet
en nombre et en personne. Si le substantif est collectif,
le verbe se met au pluriel ; c'est là une règle de la syntaxe latine et de la syntaxe grecque, à laquelle le fran-

çais s'est conformé jusqu'à la fin du XVIe siècle : *Grant partie de sa maison murrunt quant à âge vendrunt.* — Le roi Henri IV écrivait encore en 1582, qu'il voudrait voir « *le peuple* soulagé de la misère qu'*ils souffrent.* » Peut-être même faut-il rapporter à la persistance de cet ancien usage jusqu'en 1691 la célèbre syllepse de Racine dans *Athalie* :

Entre *le pauvre* et vous vous prendrez Dieu pour juge,
Vous souvenant, mon fils, que caché sous ce lin
Comme *eux* vous fûtes pauvre et comme *eux*, orphelin.

7. L'emploi du pluriel au lieu du singulier, à la seconde personne, en témoignage de politesse, s'est généralisé de très-bonne heure. Cet usage a son origine dans les formules des courtisans romains qui, pour flatter la vanité de l'empereur, lui adressaient les mêmes paroles qu'à un nombreux auditoire. Ainsi Julius Capitolin rapprochant de Marc-Aurèle l'empereur Dioclétien lui dit : « *Sœpe dicitis vos tales esse cupere qualis fuit.* » Plus tard, Grégoire de Tours mêle les deux formes : *Nolui sine consilio vestro ; tu autem dixisti...* On disait de même au XIIe siècle : Vos estes *ses oncles e il* tes *nies,* — « *Vous* êtes son oncle et il est *ton* neveu. »

8. A mesure que les désinences personnelles des verbes s'effaçaient, on sentit le besoin d'indiquer la personne en joignant au verbe un pronom personnel dont le français s'abstenait d'abord, à l'exemple du latin. Dans le *Livre des Rois*, qui est du XIIe siècle, David racontant sa vie passée, dit : — *Pasturel* ai *esté* ; — puis à propos de sa victoire sur les lions : — *Par là joue les* pris e retinc

e ocis. — Et même dans le Serment de Louis le Germanique, qui est bien plus ancien, nous lisons : — *Salvarei eo* [1], — Je sauverai. Cette construction primitive est l'origine de notre tournure interrogative *viendrez-vous?*

Enfin, la troisième personne du singulier étant prise souvent dans un sens impersonnel : *pluit*, il pleut, le pronom *il* était tantôt exprimé, tantôt sous-entendu. — Il convient *que li seignor aient poer en lor sers ; mès as seignors* appartient *qu'il ne lor facent cruauté.*

9. RÈGLES DE LA SYNTAXE DE RÉGIME. — Pour indiquer les rapports de dépendance et de subordination entre les mots, les latins employaient les cas obliques avec ou sans préposition. La nouvelle langue se privant de la ressource des cas, il lui restait pour y suppléer ou la position réciproque des mots, ou l'usage plus fréquent des prépositions déjà fort employées en latin ; ces deux moyens furent également mis en œuvre. La disparition presque complète des cas obliques eut pour résultat de forcer la langue française à s'écarter beaucoup de la langue latine dans la syntaxe de régime.

Voici quelques points importants à noter à ce sujet :

10. Le rapport de possession fut, au début, indiqué par la simple juxtaposition, le nom du possesseur précédant le nom de l'objet possédé ; et de même que les Latins disaient : *Dei amor*, on lit dans le Serment de 842 [1] : *Pro Deo amur.* — *Sancti Dionysii monasterium* devint *li sainct Denis monstiers.* — Il nous reste comme

1. Voir à l'APPENDICE. Texte et Commentaire.

souvenir de cette construction les mots composés : *chien-dent*, *chèvre-feuille*, *Dieu-merci*, *Dieu-donné*, etc. De là aussi les noms de la semaine : *Lundi*, *Lunæ dies*, etc.

Plus tard, cet ordre inversif, qui s'est conservé en anglais, fut abandonné, et par une construction plus conforme à l'esprit des langues analytiques, le détermi-nant fut placé après le déterminé; l'on dit alors : *l'amour Dieu, le moustier Sainct-Denis*. Le français moderne a conservé la trace de cette distinction dans les noms com-posés : *fête-Dieu, hôtel-Dieu*; et dans certains noms propres : *Cours-la-Reine, Bois-le-Comte, Château-Thier-ry*, qui signifient *Cours* (promenade, *cursus*) *de la Reine, Bois du Comte, Château de Thierry*. C'est par suite du même usage que nous disons *rue Richelieu, place Louvois*, pour *rue de Richelieu, place de Louvois*. Enfin, un reste encore assez curieux du passé, c'est la locution *malgré vous*, qui est une abréviation de l'ex-pression : *au malgré de vous*.

11. Le même rapport de propriété s'est aussi marqué très-souvent par la préposition *à* : — *L'empereris qui feme estoit au père et marastre au fil*, dit Villehardoin. La trace de cet ancien usage se retrouve dans un grand nombre de locutions populaires tout à fait analogues.

Mais les Latins remplaçant parfois le génitif par *de* avec l'ablatif, l'usage de la préposition *de* en français se répandit et se généralisa ; ainsi, dès le Xe siècle, on rencontre les expressions *figure de Colomb*, — *puple de Engleterre*[1]. C'est de la même façon que les adjectifs qui

1. Voir à l'APPENDICE. Texte des Lois de Guillaume.

9.

gouvernaient en latin le génitif prennent en français le complément avec la préposition *de*.

Les adjectifs qui gouvernaient le datif se construisaient parfois aussi avec la préposition *ad*; cette confusion s'accrut par la corruption; aussi les dérivés français de ces adjectifs ont-ils employé la préposition *à*.

12. Le rapport entre le comparatif et son régime est marqué par la préposition *de*, qui représente ici l'ablatif latin. Roland dit à ses héroïques compagnons : *Meillors vassals de vos unkes ne vi.* Outre cette traduction de l'ablatif latin que le vieux français a faite comme l'italien et l'espagnol, notre langue du moyen âge accepte aussi pour le comparatif l'autre tournure latine; la seule qui soit restée dans le français moderne : — *Salomun plus fud saige* que *huem ki vesquit.*

Le superlatif latin pouvait donner trois formes à son complément ; c'est la plus usitée, la forme du génitif, qui prévalut : — *De ses serjans lo meillor.*

13. Le verbe actif, qui gouvernait l'accusatif en latin, gouverne le cas régime en français : — *Cil ki prendra larun*, — *Salomon cumencha le temple.* Ce même cas sert également de régime à certains verbes neutres : — *Li borgois le présentèrent le roi*, — *Li emperere ne respunt son nevuld.* — C'est par suite de cette confusion que beaucoup de verbes neutres en latin sont actifs en français, comme *servir, étudier, favoriser, épargner,* etc.

14. Les verbes latins qui gouvernaient l'accusatif avec *ad* donnèrent naissance aux verbes qui veulent leur ré-

gime avec la préposition à : *venire ad*, venir à ; *tendere
ad*, tendre à. La même préposition *à* dérivée de *ab*
marque parfois le régime du verbe passif : — *Se fuisse
pris à paiens* ; mais de très-bonne heure les verbes
passifs furent assimilés aux verbes exprimant un mouvement d'un lieu vers un autre et le régime qui désigne
la cause de l'action fut marqué comme le régime désignant le point de départ, c'est-à-dire par la préposition
dé. On lit dans les lois de Guillaume le Conquérant [1] :
— *Et fuist atteint de la justice*. — Enfin, la préposition
per en latin remplaçant souvent la préposition *ab* : *Per
me ista trahantur* (CICÉRON) ; le régime du verbe passif
fut indiqué à l'aide de la préposition *par* :

> *Par moi ne serez remuée*,

dit le Coq à la Perle dans la fable de Marie de France.

15. Le retour de l'action vers le sujet, soit qu'il la su-
bisse, soit qu'il se possède pour agir, était exprimé chez
les Grecs par la voix moyenne, il est rendu dans le
vieux français par l'ingénieuse conjugaison des verbes
pronominaux, qui étaient beaucoup plus nombreux au
moyen-âge que de nos jours : — *se penser, se partir, se
dormir, se combattre, se mourir*, etc. Nous en avons conservé : *s'en aller, s'endormir, se battre, je me meurs*, etc.
Le verbe pronominal porte avec lui son pronom régime,
dont il est toujours précédé ; de plus, il est souvent ac-
compagné d'un régime indirect : — *Se combat al lepart,
— Samuel se dormit el temple*.

Les mots invariables ne peuvent donner matière à

1. Voir à l'APPENDICE, Texte et Commentaire.

aucune règle d'accord ni de régime, sauf pour les prépositions dont le rôle a été indiqué à propos des rapports
qui unissent les substantifs aux verbes et aux adjectifs.

16: Les rapports de subordination 'peuvent s'étendre
des mots aux propositions ; c'est l'enchaînement des propositions qui produit les phrases et les périodes.

Tant qu'il n'y a que juxtaposition ou succession des
propositions, la grammaire ne peut donner aucune
règle à cet égard ; exemple ces lignes de Villehardoin :
— *Li quens Looys de Blois et de Chartain s'en issi pre-
mierement a tout sa bataille et commenca les commains
a porsivre et manda a l'empereour...*

Quant à la subordination des propositions, elle se
marquait en latin par des moyens qui ont presque tous
passé en français :

1° Le pronom conjonctif, suivi de l'indicatif quand le
fait n'est pas douteux : — *Tout le peuple* qui *avoit à faire
pardevant li.* — Le pronom suivi du subjonctif pour indiquer une dépendance moins directe, un fait plus douteux :
— *A yl ici nullui* (y a-t-il ici quelqu'un) qui *ait partie ?*

2° Le participe, qui dans la première partie du passage
suivant se trouve employé de façon à former la tournure
elliptique appelée participe absolu. Joinville dit de son
maître : — *Il venoit au jardin de Paris, une cote de
chamelot* vestue... *moult bien pigne et sanz coife.*

3° L'infinitif : — *Il envoia corre devant lor ost.* — Mais
faute des gérondifs latins, l'infinitif est traité comme un
substantif qui peut être régi par des prépositions : — *Si
se commencierent* à effreer et à desconfire. — *Au*

passer que le soudan fist pour aler *vers le flum*, etc.

4° La conjonction, qui marque la subordination d'une proposition à l'égard d'une autre, même avec le mode indicatif : — *Maintes fois avint* que *en este il aloit seoir au boiz de Vinciennes* ; avec le subjonctif : — *Et lors dit que si feroit il ; mes* que *ils s'asseurassent.*

· **17.** Quant à la construction, les usages du vieux français sont si divers et si contradictoires, qu'il est difficile de faire mieux que d'en esquisser les traits principaux.

L'avantage d'avoir conservé un reste de la déclinaison et d'être demeuré fidèle aux conjugaisons latines, ce fut que les écrivains français des premiers temps jouirent d'une assez grande liberté dans la construction. Ainsi le sujet et le régime des verbes purent être indifféremment placés avant ou après le verbe. On lit dans le Serment de 842[1] : — *Qui... cist meon fradre in damno sit ;* — et dans la Cantilène de sainte Eulalie : *Voldrent la faire diaule servir.* — Ainsi, une heureuse liberté de construction est le caractère général de notre langue primitive, et cette liberté s'explique par le caractère synthétique dont le vieux français reste encore revêtu.

Cependant, pour plus de clarté et faute d'une grande variété de cas, on rapproche du verbe son régime ; mais pendant longtemps on le place indifféremment soit avant, soit après le verbe. Ainsi, au IXe siècle, Louis le Germanique dit comme un Romain : — *Per dreit son fradre salvar dift;* — mais il ajoute, employant la construction moderne : *Salvarai eo cist meon fradre Karlo.*

1. Voir à l'APPENDICE. Texte et Commentaire.

La fidélité à la construction latine persista longtemps, et l'on trouve des phrases où le verbe est précédé de son régime et suivi de son sujet : *Mil oueilles offrid li reis sur l'autel.* C'est de même que nous disons encore aujourd'hui : *La charité que pratique une âme chrétienne.*

18. En résumé, la syntaxe du vieux français reproduit celle du latin. La syntaxe latine s'était modifiée en Gaule, d'abord par la loi naturelle de la décomposition que le latin devait subir, puis par suite de la suppression d'une partie des cas. Sauf des altérations sans importance, la syntaxe d'accord suit les mêmes règles. La syntaxe de régime est moins fidèle aux habitudes latines ; elle indique la dépendance par la position même des mots, puis par l'emploi des prépositions *à* et *de*. Cette dernière préposition marque le régime des comparatifs et des superlatifs. Le cas régime sert également pour tous les régimes des verbes actifs et des verbes neutres ; le régime des verbes passifs est précédé des prépositions *de* ou *par*. La subordination des propositions entre elles se marque par le pronom relatif, le participe, l'infinitif, ou par l'emploi des conjonctions. Dans la construction, l'inversion est rendue facile par un reste de déclinaison et par la persistance de la conjugaison.

En un mot, la syntaxe du vieux français participe au caractère même de la langue ; elle est mixte, et réunit avec bonheur les avantages oratoires et poétiques d'une langue synthétique comme le latin à la clarté logique dont jouissent surtout les langues analytiques et qui fait un des mérites du français moderne.

CHAPITRE XIV

Modifications littéraires. — De la métrique. — Qualités et défauts du vieux français.

1. Examiner quelles modifications littéraires ont été la conséquence de la révolution qu'a subie la langue de nos pères en cessant d'être le latin pour devenir le français du moyen âge, c'est apprécier la valeur littéraire de cette langue nouvelle; c'est en faire l'analyse critique.

Avant tout, il est bon de remarquer que les modifications grammaticales relatives à la syntaxe et à la construction sont déjà des modifications littéraires, tant
elles ont d'importance pour l'expression de la pensée.

2. Sur la limite entre les règles de la grammaire et
les principes du goût, la littérature offre à l'étude une
question intermédiaire qui n'est pas sans intérêt, c'est la
question de la métrique ou de la mesure des vers. Sur
ce point, le vieux français a fait des innovations qui
valent la peine d'être signalées. Les trouvères du
XIIIᵉ siècle ont suivi une métrique régulière et simple ;
aussi quand Boileau a écrit les deux vers trop célèbres :

> Villon sut le premier, dans ces siècles grossiers,
> Débrouiller l'art confus de nos vieux romanciers,

Boileau a commis deux erreurs très-graves : faute d'y
regarder, il n'a pas vu que la prosodie du moyen âge,
loin d'être un *art confus*, est d'abord une transformation très-ingénieuse de la métrique latine, puis le germe
et le principe de cette métrique du XVIIᵉ siècle, dont
sans doute Boileau était très-fier.

3. Les Romains avaient apporté en Gaule une poésie
dont le rhythme était fondé sur la quantité prosodique,
c'est-à-dire sur la succession régulière d'un nombre déterminé de longues et de brèves. Mais ce rhythme, auquel les Romains eux-mêmes devenaient chaque jour
moins sensibles, était trop délicat pour ne pas échapper
à des oreilles barbares. Ce fut donc sur de nouveaux

effets qu'il fallut fonder la mélodie et le charme de l'expression poétique. Alors l'accent, qui jouait déjà un si grand rôle dans la prose, vint offrir un premier moyen de cadence : il marquait les temps forts. La succession régulière des temps forts et des temps faibles remplaça donc l'harmonie des longues et des brèves. De plus, pour obtenir un effet de symétrie, un nombre fixe de syllabes admises entre deux temps forts se substitua au nombre des pieds. En un mot, un double principe : retour périodique des accents, nombre déterminé des syllabes du vers, telle est l'âme de notre métrique au moyen âge, comme c'est le fond de notre métrique moderne.

4. La forme de vers la plus répandue, parce qu'elle était la plus simple et la plus naturelle, ce fut le vers de dix syllabes, dont la mesure est marquée par deux césures, l'une à la quatrième ou plus rarement à la sixième syllabe, l'autre à la dixième :

> Rois de France   — porte coronne d'or,
> Ainsi porte la tête — en haut levée.

Telle est l'heureuse harmonie de cette coupe que les langues romanes l'adoptèrent, que les langues modernes l'ont conservée, et qu'aujourd'hui même l'Italie n'éprouve pas le besoin de marquer l'accent final de ce vers par une rime ; elle use toujours du vers blanc de dix pieds, dont la cadence suffit à son oreille délicate.

5. Cependant, de très-bonne heure, l'accent final fut distingué de l'accent du milieu du vers par une sorte d'assonance qui servit à mieux marquer le temps fort

de la mesure poétique. Rien de plus libre d'abord, rien de plus arbitraire que cette assonance, qui satisfait l'oreille sans se préoccuper de satisfaire les yeux. Mais la rime vint s'imposer avec une rigueur telle qu'à partir du XIIᵉ siècle, pour mettre au goût des lecteurs les vieux romans français, on dut en remanier la versification.

Il est à remarquer que jusqu'au XIVᵉ siècle le vers de dix pieds a été le vers du récit et du dialogue ; il est si bien notre vers national, que c'est encore le vers où excelle le plus national des écrivains du XVIIIᵉ siècle, c'est le triomphe de Voltaire.

6. A côté de ce vers sont venues se ranger toutes les autres formes, depuis l'alexandrin, qui a détrôné le vers héroïque du moyen âge, jusqu'au vers de deux syllabes. Les arrangements eux-mêmes sont si variés que les tentatives les plus audacieuses des novateurs du XIXᵉ siècle n'ont guère fait que renouveler ce qu'avaient imaginé les trouvères du XIIᵉ et du XIIIᵉ siècle, chez lesquels l'art de la versification est porté à ses dernières limites. La prosodie moderne n'a rien inventé ; les poëtes du moyen âge avaient tout découvert.

7. La règle du croisement des rimes, celle de l'hiatus, celle de l'élision obligatoire de l'e muet final sont autant d'entraves que nos ancêtres n'ont pas connues ; on ne doit jamais l'oublier, quand on lit et qu'on veut scander les vers d'autrefois. Enfin, il faut songer que l'oreille, le goût, les traditions vagues étaient alors les seuls régulateurs de la prosodie. La situation de nos trouvères rappelle, à bien des égards, celle des aèdes de la Grèce

aux temps héroïques ; ils ont usé avec la même liberté d'une langue où tout se trouvait encore indécis et flottant ; aussi les fautes de quantité abondent dans les poèmes secondaires du moyen âge. Elles sont fort rares chez les bons écrivains ; et, de plus, il faut prendre en considération que leurs vers nous ont été conservés par des copistes qui leur sont postérieurs de plus d'un siècle, et dont l'ignorance ou les habitudes expliquent la plupart des fautes.

8. Pour apprécier avec quelque exactitude la valeur du vieux français, pour se rendre compte du bien et du mal qu'a produit cette révolution dans le monde littéraire, il n'est pas sans intérêt de rapprocher le vieux français et du latin qu'il a remplacé, et du français moderne auquel il a cédé la place.

Sans nul doute, le vieux français avait perdu en grande partie la sonorité méridionale du latin par l'assourdissement de la plupart des voyelles. Il n'a plus la diversité agréable des terminaisons propres au mot variables en latin. Enfin, le grand nombre des syllabes affaiblies par l'emploi de l'*e* muet ajoute encore à l'infériorité musicale et poétique du vieux français. C'est là, d'ailleurs, une dégradation qui semble avoir été inévitable, parce qu'elle est la conséquence d'une loi physique : le climat exerce sur les organes de la voix une influence considérable, et c'est un fait expérimental que le froid, enlevant aux muscles l'élasticité nécessaire à la prononciation ouverte des voyelles les plus sonores, dispose à étouffer tous les sons.

9. Mais s'il y a déchéance sur ce point, quel progrès pour la rapidité de l'expression, grâce à la brièveté des mots auxquels est enlevé le commencement, la fin ou plus souvent le milieu ! La simplification et la clarté résultent encore de la suppression du neutre, embarras et difficulté stériles, puisque les Romains avaient depuis longtemps perdu le sens de cette distinction. Les mêmes avantages sont aussi produits par la réduction des déclinaisons pour les noms et les adjectifs ; car on a calculé que les cinq déclinaisons latines présentaient une somme de cent quatre-vingts désinences différentes, entre lesquelles l'usage commettait d'étranges confusions.

10. En même temps qu'il supprime le neutre, le vieux français semble tendre à faire de l'*e* muet la terminaison caractéristique du féminin dans les noms et dans les adjectifs : *hom, fame* ; *bon, bone,* etc. Par la simple distinction d'un cas sujet et d'un cas régime, lequel peut être employé seul ou avec préposition, le français conserve les avantages d'une langue synthétique et se trouve en état d'indiquer les rapports des mots et des idées.

Il abrége et simplifie encore, lorsqu'il fait, avec une extrême facilité, passer les mots du rôle d'adjectif à celui de substantif, obéissant ainsi à la loi de l'analogie, puisque la plupart des substantifs ne sont à l'origine que l'indication de la qualité essentielle des choses ou des êtres. Ainsi de *porcus singularis* le vieux français fait *sanglier*, de *scutum buccularium, bouclier.*

Cependant, il accuse bien sou caractère analytique

par la formation de composés qui ne sont en réalité que des mots juxtaposés : *orfèvre, verjus, minuit, portefaix.*

La création de l'article permet d'employer les mots avec plus de précision et de délicatesse que ne pouvaient le faire les Latins : toutes les nuances de la détermination des substantifs sont représentées par les deux formes de l'article, indéfini dans *un homme,* défini dans *l'homme.* Grâce à ces articles, le français se trouve aussi riche, aussi expressif que le grec lui-même.

11. Pour les verbes, la supériorité de la langue nouvelle sur le latin n'est pas moins sensible : la diversité des conjugaisons est moins grande ; la conjugaison du passif est simplifiée par l'emploi de l'auxiliaire *être.* Le français se débarrasse des verbes déponents et des verbes semi-déponents, qui créaient dans la conjugaison latine une difficulté stérile.

12. C'est encore un progrès que cette création d'un grand nombre de verbes réfléchis qui assurent au français le moyen d'exprimer la nuance de la pensée et du sentiment que la langue grecque rendait par la voix moyenne ; le français a même la supériorité, parce qu'en grec les formes du moyen se confondaient trop aisément avec les formes du passif.

Le seul inconvénient que présente le caractère analytique de la langue, c'est l'abus des auxiliaires dans les différents modes du temps passé : ici la richesse va jusqu'à l'encombrement. Par suite, la répétition des pronoms, comme celle des articles, nuit à la concision du langage; elle le rend impropre à l'expression laconique de la pensée, à ce style d'une brièveté saisissante qui fait le mérite et le charme des inscriptions grecques et latines. Mais cet avantage de la vivacité, le français le reconquiert par ses nouvelles formes interrogatives.

13. A cet effet, l'inversion du pronom, admise comme signe d'interrogation, remplace avec grand profit les adverbes latins *an, ne, num,* etc., qui, servant au double usage de conjonction et d'interrogation, donnent lieu à bien des obscurités, à bien des équivoques.

14. La création du conditionnel fournit un nouveau moyen d'expression qui se substitue à l'imparfait du subjonctif, chargé en latin de remplir deux fonctions.

Enfin les adverbes en *ment* sont, dans la formation du vocabulaire, un dernier progrès très-précieux, les désinences latines offrant des occasions d'amphibologie.

15. Quant à la construction et à l'arrangement des mots dans la proposition et dans la phrase, grâce à sa déclinaison, la langue du moyen-âge conserve toute la liberté des constructions inversives. Mais, en même temps, par besoin de précision, les conjonctions sont moins employées et les propositions incidentes sont évitées le plus souvent. Ces suppressions sont même poussées à un point tel que les propositions coupées et sans lien logique entre elles laissent parfois trop à deviner à l'intelligence du lecteur : ici la précision nuit à la clarté.

16. Un caractère assez remarquable du français primitif, c'est une préoccupation de l'euphonie qui fuit certains hiatus et semble en rechercher d'autres. On a cru même y voir comme l'application d'une règle générale qui réclamerait au milieu des mots l'hiatus comme un moyen de détacher les voyelles, de les isoler, pour donner plus de netteté à la prononciation. Quoi qu'il en soit, et en tolérant certains hiatus, et en prenant soin d'ajouter certaines consonnes intercalaires, nos poëtes du moyen-âge semblent avoir appliqué d'instinct la seule règle d'euphonie que puissent donner et l'oreille et le goût :

Fuyez des mauvais sons le concours odieux.

Ils n'ont pas porté dans l'exclusion des hiatus cet esprit étroit de sévérité mal raisonnée qui enchaîne encore la poésie française et contre laquelle Génin a justement épuisé tous les traits de sa verve satirique, toutes ses colères de littérateur et de musicien.

17. A bien d'autres titres encore, et quoi qu'en dise notre vanité, la comparaison du vieux français avec le français moderne assure à la langue du moyen-âge une supériorité dont voici quelques témoignages :

L'orthographe, d'ordinaire plus voisine de l'orthographe latine, rappelait mieux l'étymologie du mot : — *souspir* de *suspirium*, *advenir* d'*advenire*; *dolcement* de *dulci mente*; *altre* d'*alter*; *amer* d'*amare*; *glorie* de *gloria*, etc. L'infidélité étymologique de notre orthographe moderne a des conséquences plus graves qu'on ne croit, elle rend certaines expressions presque inintelligibles : — *De par le roi* se comprend à peine ; *de part le roi* (*de parte regis*) se comprend tout seul. De même, tirer de *fertilis*, *fertil*, comme de *vilis*, *vil*, c'était rester plus fidèle à la logique que nous ne le sommes aujourd'hui quand nous écrivons *fertile* et *vil*. La même observation peut s'appliquer à l'orthographe des adverbes : *vraiement* était plus correct que *vraiment*, puisque *mens* est du féminin ; et quand nous écrivons *loyalement*, tout en ayant l'air de rappeler la règle ancienne, nous violons encore la grammaire du moyen-âge, car, l'adjectif *loyal* n'ayant pas alors de forme particulière pour le féminin, l'on écrivait fort bien *loyalment* ou *loyaument*. Cette correction, sans nous rapprocher de l'ancienne orthographe, trouble l'analogie de nos propres usages, puisqu'il y a encore des adjectifs que dans cet adverbe composé nous mettons au masculin.

18. Même remarque pour certaines habitudes de prononciation. Par une contradiction que rien n'explique, nous prononçons l'*r* d'*amer* et non celui d'*aimer*; celui de *fier* adjectif, et non celui de *fier* verbe. Cet *r* final, étouffé à l'infinitif de la première conjugaison, se prononce aujourd'hui dans les autres : *finir, recevoir*; mais dans le vieux français, il est probable que cette consonne finale restait muette, sauf devant une voyelle.

19. La déclinaison des substantifs et des adjectifs avait l'avantage d'une plus grande richesse de formes et d'une grande liberté d'allure et de construction. Ce qui nous reste aujourd'hui de cette variété de formes

nous sert encore à éviter certains hiatus ; tel est le privilége des formes doubles : *beau* et *bel*, *mou* et *mol*, *fou* et *fol*, *cou* et *col*, etc.

Certains substantifs rappelaient mieux leur primitif latin : *l'ierre* de *hedera*, *l'endemain* de *mane*, *l'uette* de *uvetta*, etc. Plus tard, unissant d'un lien indissoluble l'article au substantif, les Français du XVe siècle, ignorants de l'étymologie, ont fait : *le lierre*, *le lendemain*, *la luette*, etc.

Enfin, la faculté à peu près illimitée d'employer substantivement l'infinitif est une ressource dont notre langue s'est privée. « Je ne prends pas déplaisir mais plaisir en votre *dancer* et en votre *chanter*. » La Fontaine en sentait tout le prix, lui qui écrivait, en dépit de la cour et de l'Académie :

> N'eussent pas au marché fait vendre le *dormir*,
> Comme le *manger* et le *boire*...

Un Grec n'aurait pu mieux dire.

20. Il faut signaler encore l'heureuse et féconde variété des comparatifs et des superlatifs formés ou par le changement de désinence, ou par l'adjonction d'un adverbe : *grand* fait à la fois *greignor* et *plus grand*, *grandime* et *très-grand*. Villehardoin écrit dans une même phrase : *Une des plus grand merveilles et des greignor aventures que vos onques vissiez*. Et à propos des comparatifs, quelle heureuse richesse que les deux formes de régime : l'une par *de*, correspondant à l'ablatif latin ; l'autre par l'adverbe *que*, traduisant le *quam* des Romains.

10

21. L'accord des adjectifs pronominaux avec le substantif se faisait d'une façon logique : de même que *l'espée*, *l'amie*, on disait *m'espée*, *s'amie*, etc.; tandis que nous disons d'une façon bizarre : *mon épée*, *son amie*, etc.

22. La distinction des cas dans les pronoms nous est heureusement restée, mais l'emploi en était fait au XIIIe siècle avec plus de scrupule qu'au XIXe. On disait pour le sujet *il même*, et non *lui-même*, qui était le cas régime : de cette rigueur première nous n'avons conservé que la formule : *je soussigné*; partout ailleurs nous mettons *moi*, *toi*, *lui*, même pour le sujet.

Dans l'orthographe des verbes, admirons cette régularité avec laquelle *s* demeure la figurative de la deuxième personne du singulier : *Je prend, je reçoi, j'aimoi*, etc.; tandis qu'aujourd'hui, par une extension qui brouille tout, nous écrivons : *je prends, je reçois, j'aimais*, etc.

23. Pour les adverbes, à l'observation déjà faite sur les adverbes en *ment* peuvent s'ajouter plusieurs remarques intéressantes ; par exemple, à propos de deux mots très-usités : 1° *aujourd'hui* est un mot moderne ; c'est un pléonasme que le peuple répète et aggrave encore par la locution *au jour d'aujourd'hui*; nos ancêtres, plus raisonnables, avaient fait de *hodie*, *hui*; 2° l'adverbe *très*, formé de *trans*, et indiquant l'excès s'appliquait aux actions comme aux qualités; on le joignait aux verbes aussi bien qu'aux adjectifs ; on disait :

tressouïr, tresprendre, tressuer, etc.; nous n'avons conservé que *trépasser* et *tressaillir*.

Que de regrets le poëte et l'orateur, aussi bien que l'érudit, doivent donner à mille expressions heureuses par leur concision, comme *pièça* (pièce a): *Il y a un bout de temps*, dirions-nous aujourd'hui dans le style familier. — *Il fit que sage* était bien plus vif que : *il fit ce qu'aurait fait un sage. Non est conseils contre Dieu* valait mieux que : *Il n'y a pas de conseil contre Dieu.*

> Qui qu'es rappelt, ja n'en retourneront,

dit Théroude à propos des vaincus de Roncevaux ; un poëte du XIX⁰ siècle ne saurait rendre la même idée avec cette concision expressive, notre grammaire l'obligeant à dire : *qui que ce soit qui les rappelle, ils ne reviendront plus.* Que devient la prosodie ?

24. En résumé, quand nous comparons le français du moyen-âge avec le latin, d'où il est sorti, loin de déplorer l'altération de la langue de Rome comme une corruption, il faut proclamer un progrès très-sensible à beaucoup d'égards : nul des principes de transformation des mots dans le vieux français qui n'ait son origine dans les habitudes essentielles du latin, et qui ne réponde à une loi logique de son évolution naturelle.

La comparaison du français du moyen-âge avec le français qui atteint sa perfection au XVII⁰ siècle tourne peut-être encore plus à l'honneur de notre idiome du XIII⁰ siècle : simplicité, énergie, logique grammaticale et littéraire, tels sont les mérites de la langue du moyen-âge. Ils font regretter que les efforts de l'esprit français au XVᵉ siècle ne se soient pas appliqués à cette langue du XIIIᵉ siècle, à cet instrument déjà si heureux, au lieu de porter sur une langue bien dégénérée, la langue du XIVᵉ siècle.

Si l'on condamne ces regrets d'un fait accompli comme vains et stériles, au moins ne peut-on manquer de reconnaître qu'il est digne d'une vive et durable sympathie, ce génie populaire de la vieille France qui, sans nulle culture et par son épanouissement spontané, sut créer un idiome admiré, envié de toute l'Europe, dont les œuvres poétiques servirent de modèles à toutes les littératures modernes et peuvent même, sans trop d'infériorité, soutenir le parallèle avec les créations immortelles de la Grèce héroïque.

TROISIÈME PARTIE

ESQUISSE D'UNE HISTOIRE DU FRANÇAIS MODERNE

CHAPITRE XV

Formation du français moderne. — XVᵉ siècle (Renaissance française).

1. Triomphe de la bourgeoisie au xvᵉ siècle. — 2. Le goût de l'é-rudition se répand. — 3. La transition marquée par Charles d'Orléans. — 4. Caractère national des poésies de Villon. — 5. Supériorité de la prose de Comines. — 6. Avantages et inconvénients des nombreuses traductions. — 7. Formation des mots sans tenir compte de l'accent. — 8. Substitution des voyelles. — 9. La suppression de la déclinaison entraîne une révolution dans la syntaxe. — 10. Exceptions nombreuses. — 11. Préférence accordée au cas régime. — 12. Modifications des adjectifs et des adverbes. — 13. Simplification de l'or-thographe. — 14. Résumé des caractères de la langue nouvelle. — 15. Supériorité de la prose sur la poésie. — 16. Conclusion générale.

1. Comme en politique, le xvᵉ siècle est en littérature un âge de rénovation ; c'est l'aurore d'un jour qui commence, de même que le xivᵉ siècle était le crépuscule d'un jour finissant. L'expulsion des Anglais, enfin chassés de la France, était le résultat d'un élan religieux

10.

et patriotique dont le peuple avait donné l'exemple. Jeanne d'Arc, la bergère de Domremy, avait conquis au pauvre peuple ses titres de noblesse par le sang, par le triomphe et par le martyre. Fier de son œuvre, l'esprit national affirme sa victoire sur l'esprit féodal ; le bourgeois détrône le seigneur. Après avoir contraint le roi Charles VI à se coiffer du chaperon populaire, le vilain se couronne lui-même dans la personne de Louis XI, et ainsi la nation et la royauté se reprennent à vivre ensemble et l'une par l'autre.

En même temps les droits de l'esprit sont revendiqués ; sa supériorité sur le corps et sur la force éclate dans ce fait qu'une politique raisonnée l'emporte sur la violence et la brutalité des passions guerrières ; car Louis XI, malgré la juste horreur que provoquent son hypocrisie et ses crimes, Louis XI est le représentant de l'intelligence aussi bien que celui de la bourgeoisie.

Ses succès et sa popularité ont un sens plus grave encore, mais plus triste ; ils prouvent une fois de plus le goût marqué de l'esprit français pour la discipline. Avec Louis XI, les principes d'ordre et de gouvernement qui conduisent au despotisme prennent l'avantage sur les instincts de mouvement et de liberté qui venaient d'aboutir à l'anarchie : c'est un nouveau triomphe du Gallo-Romain sur le Germain et le Franc.

Le caractère tout pratique de cette révolution populaire explique très-bien la stérilité relative du XVᵉ siècle dans les œuvres de l'esprit : l'idéal chevaleresque et féodal a perdu tout son prestige. Sans doute, un nouveau type national est offert en littérature par le génie original de

Villon ; mais l'esprit français n'a pas la force de le comprendre et de l'accepter. Soit modestie, soit impuissance réelle, il croit avoir toujours besoin de modèles et de guides, il attend les leçons du dehors, l'érudition est son premier maître. Pour se former un idéal nouveau, il réclame, outre le concours de l'antiquité, celui de l'Italie et de l'Espagne ; il emploie le travail assidu de plus d'un siècle pour se façonner et se polir un joug.

2. Déjà vers la fin de la période précédente, Pétrarque, le dernier des troubadours et le premier des érudits modernes, avait réveillé le goût de l'antiquité pure ; il avait exhumé les anciens auteurs, les admirant pour eux-mêmes et non plus comme des interprètes ou des instruments de la scolastique.

Mettant à profit un intervalle de calme et d'indépendance, le roi Charles V, à la fin du XIVᵉ siècle, avait fondé et ouvert au public la bibliothèque du Louvre, dont il est facile d'estimer le prix par le rapprochement qui suit : la *librairie* de Charles V contenait 910 volumes et le duc d'Orléans paya deux volumes 335 livres et dix soulz tournois alors qu'un bœuf ne valait pas 10 livres et un cheval n'en coûtait pas plus de 15. Enfin, l'invention de l'imprimerie au milieu du XVᵉ siècle eut comme effet immédiat la reproduction plus facile et plus prompte des œuvres des anciens. Dès lors, leur diffusion au sein de la population française éveille et entretient la curiosité des choses de l'esprit ; elle sert à combler la distance entre les clercs et les laïques, ce qui signifiait jusqu'alors les doctes et les ignorants.

C'est encore vers le milieu du xve siècle que tous les
colléges de Paris, à l'exemple du collége de Navarre,
ouvrent généreusement leurs portes à tous les écoliers ;
l'Université n'en comptait pas moins de vingt-cinq mille
et cinq mille gradués. Ainsi toutes les barrières opposées
au progrès s'abaissent et tombent, et c'est à bon droit
que l'œuvre de Gutenberg, le nouveau moyen de propager les idées, est salué comme un don du ciel, un
bienfait de la Providence.

3. Sur la limite entre les deux époques se place
Charles d'Orléans, le dernier représentant du passé.
Ouvrier habile et ingénieux, il emploie avec quelque
esprit et quelque bonheur un instrument défectueux,
une langue devenue mauvaise. Mais il a lui-même trop
peu de caractère ; son inspiration est trop légère et trop
superficielle, ses sentiments sont trop peu sincères et
sérieux pour réagir contre un mauvais goût auquel il
n'échappe pas ; il se plaît à la poésie, il n'a pas cette
passion généreuse et puissante qui pourrait entraîner
l'esprit et la langue dans une voie nouvelle. Charles
d'Orléans est un gracieux trouvère de l'âge d'or égaré
dans ce siècle de fer.

4. Le vrai représentant de l'esprit français au
xve siècle, celui qui annonce et marque l'aurore d'une
renaissance nationale, c'est Villon : ses défauts comme
ses qualités sont bien le reflet et le symbole de cette
époque agitée, tumultueuse, où se mêlent le bien et le
mal, mais avec un penchant marqué vers le mieux,
tandis que le xive siècle inclinait au pire.

Rien n'est plus propre que la poésie de Villon à peindre cette époque troublée, mais pleine d'espérances et de promesses : grossièreté et délicatesse, rudesse et sensibilité, bestialité et aspiration vers l'infini, matérialisme cynique et mélancolie presque religieuse ; voilà les sentiments qui se heurtent dans l'âme singulière du poëte. Ils se reflètent tous dans son langage ; mâle, vigoureux, parfois sublime, toujours simple et naturel, Villon peut s'élever jusqu'à la plus haute majesté sans emphase et sans déclamation.

Avec la naïveté d'un poëte primitif et dont l'inspiration est sincère et profonde, Villon se fait lui-même sa langue, il la tire du cœur même de l'idiome populaire. Il est, par tous les caractères du talent et du style, l'image de cette bourgeoisie française qui va se faire une langue nouvelle en rapport avec ses besoins et son esprit, langue moins savante et plus facile que la langue néo-latine du moyen-âge.

Ce qui manque à Villon, ce qui manque à ses contemporains, c'est une fermeté de principes moraux capable d'assurer plus de constance et de fixité à la pensée, à la doctrine, à l'aspiration vers l'infini, capable de développer l'habitude de ces élans nobles et religieux qui alors ne sont qu'un accident. L'esclave, dégradé par la misère et l'ignorance, a besoin d'un long apprentissage du bien ; avant de parvenir à l'intelligence constante des grands objets, il lui faut encore beaucoup de temps, la pratique des affaires importantes, le bien-être et la richesse qui, donnant le loisir, assurent le calme et la dignité morale.

5. Déjà quelques-uns de ces précieux avantages ont été donnés par la fortune au prosateur éminent de l'époque, Philippe de Comines. Aussi est-il plus élevé, sans cesser d'être simple et vrai ; il dit de lui-même qu'il « parle naturellement, comme homme qui n'a aucune littérature, mais quelque peu d'expérience. »

La langue de Comines ne porte presque plus aucune trace des habitudes et des traditions de l'école ; elle échappe aux obscurités et au désordre de la langue usitée au siècle précédent ; elle est simple, flexible, affranchie dans ses constructions du joug de la basse latinité, moule commun des écrivains du XIVᵉ siècle. C'est déjà presque la langue du règne de Henri IV, tant l'élévation des conceptions générales de l'historien s'est heureusement reflétée dans son style.

6. Mais le style des grands écrivains n'est pas la langue d'une époque, ce n'est pas même la langue littéraire, c'est l'expression la plus haute et la plus avancée de l'esprit du temps. Au-dessous du génie, l'érudition qui s'éveille au XVᵉ siècle mêle son influence à l'action spontanée de l'esprit national ; les traductions des textes sacrés en langue vulgaire se multiplient. Ces travaux, très-profitables au développement et à la propagation de la doctrine chrétienne, ont souvent nui à la langue et suscité d'étranges occasions de barbarismes et de solécismes français.

7. En effet, par scrupule de conscience, par crainte des accusations d'hérésie, les traducteurs s'arrêtent par-

fois devant des mots dont l'équivalent français leur
semble une audace dangereuse. Alors, pour mettre à
l'abri leur responsabilité, ils se contentent de franciser
le mot du texte ; mais, comme à cette époque le latin
n'est plus qu'une langue savante, comme on le lit sans
plus jamais le parler, le sentiment de l'accent latin est
tout à fait perdu, et par suite, les mots de nouvelle
création ne sont souvent qu'une seconde traduction d'un
primitif déjà représenté dans la langue. Ils font double
emploi et viennent prendre place auprès des mots anciennement formés : *monastère* à côté de *moustier*,
scandale auprès d'*esclandre* ; *rigidus*, qui avait formé
raide, donne *rigide* ; *fragilis*, *frêle*, devient *fragile* ;
sapidus, *sade*, produit *sapide*, etc. Ainsi vient se pla-
quer sur la vieille langue vive et sonore, une langue
nouvelle dont les mots sont plus longs et plus sourds ;
c'est un calque grossier du mot latin qui parle aux
yeux, ne satisfait plus l'oreille et encombre la langue.

8. A la même époque, et par l'application du même
principe de fidélité étroite, la voyelle *i*, qui naguère se
changeait en *e*, persiste dans la plupart des mots :
in, *inter*, *si*, *ingenium*, avaient formé dans le vieux
français *en*, *entre*, *se*, *engin* ; ils donnent naissance à
des mots tels que *inventer*, *introduire*, *si*, *ingénieux*,
etc. C'est au XVᵉ siècle qu'on doit rapporter un grand
nombre de mots nouveaux créés d'après le même principe de fidélité matérielle.

9. La déclinaison du substantif et de l'adjectif a

presque disparu, ne laissant guères subsister que le
cas régime. Par suite, les rapports de dépendance
et de subordination entre les mots sont indiqués par
des moyens nouveaux : d'abord par la place que les
mots occupent et gardent d'une façon rigoureuse, puis
surtout par un emploi plus fréquent des prépositions.
On disait au XIIIᵉ siècle *s'entremetire d'autrui service*,
Comines dit *s'entremettre au service d'autrui*. On dit :
c'est le *greigneur trompeux*, au lieu de *greindre trom-
peres* au sujet ; *le serf du roi*, au lieu de *li sers le roi*.

Par l'extension du même procédé analytique, au
XVᵉ siècle, sont créées les locutions qui décomposent la
pensée, comme *mettre à la voile*, remplaçant *sigler*.

10. Il va sans dire que si l'on veut multiplier les
exemples de ces modifications, l'on peut opposer beaucoup d'exemples, tirés des mêmes auteurs, où les règles
de la déclinaison sont encore observées, ainsi que les
règles de constructions qui en découlaient. Mais cet
ancien usage, qui ne peut être aboli d'un seul coup,
s'efface de plus en plus, et ne se conserve guère que
dans des locutions toutes faites, dans les formules traditionnelles et proverbiales; tel est le mot de Villon :
Autant en emporte li vens.

11. Chaque mot déclinable présentant deux formes,
l'une pour le sujet, l'autre pour le régime, c'est en
général le cas régime qui persiste comme étant le
plus connu, parce qu'il est le plus employé. On a
calculé, en effet, que sur cent substantifs ou adjec-

tifs pris au hasard dans un texte ancien, il se rencontre à peine vingt-trois mots au sujet contre
soixante-dix-sept au cas régime. Les deux formes persistent quelquefois comme il est arrivé pour *sire* et *seignor,* qui restent tous deux dans le français moderne [1],
mais avec une acception distincte et un emploi différent.

12. Par une autre simplification, les adjectifs de la
deuxième classe sont assimilés à ceux de la première :
ainsi, *tel* fait *telle* au féminin, *loyal* fait *loyale* ; *grand,
grande,* etc.

Quant à l'ingénieuse création des adverbes en *ment,*
une singulière anomalie se produit au xvᵉ siècle et prépare l'orthographe moderne. Tout en continuant à écrire
vraiement, hardiement, les poëtes ne font plus de ces
mots que deux syllabes ; ce sera pour mettre l'orthographe d'accord avec la prosodie qu'on écrira plus tard
vraiment, hardiment, qui ne gardent aucune trace de
l'origine étymologique des mots.

13. L'orthographe tend partout à se simplifier et la
clarté résulte de la plupart de ces simplifications. Parmi
les érudits, qui commencent à se multiplier, quelques-
uns ne dédaignent pas d'appliquer leurs soins et leurs
études à la langue vulgaire ; ils prennent le latin et son
orthographe pour base de l'orthographe nouvelle, toutefois en abrégeant dans l'écriture et dans la prononciation. Ainsi, même en gardant l'orthographe ancienne,

1. Voir à l'APPENDICE l'explication de ce fait.

11

les mots *aage* et *reançon* s'acheminent vers notre orthographe en se contractant pour ne plus former que deux syllabes.

Un autre progrès, auquel les imprimeurs ne doivent pas être étrangers, c'est l'emploi de deux signes distincts pour l'*i* et pour le *j*, pour l'*u* et pour le *v*, jusqu'alors figurés comme en latin par les lettres I et V, qui donnaient lieu à beaucoup d'amphibologies. On lit déjà dans Froissart : *Iehan les vist et les salua* [1].

14. En résumé, le xve siècle est remarquable par la naissance d'une langue nouvelle, plus simple, plus analytique et moins latine. Cette langue se distingue, pour l'étymologie, par l'emploi des mots latins dépouillés seulement de leur finale ; pour la lexicographie, par la disparition à peu près complète de la déclinaison ; pour la syntaxe, par l'indication des rapports de dépendance et de subordination entre les mots à l'aide des prépositions et d'une construction régulière et logique de la phrase.

15. Par suite de ces circonstances et sous l'influence des événements qui appellent à participer aux affaires publiques même de simples bourgeois, la prose se forme et se fixe avant la langue poétique. Villon, le seul poète éminent de cette époque, Villon est un enfant perdu de la bourgeoisie parisienne ; son insouciance folle, sa vie aventureuse le préserve du joug de l'éru-

---

1. Voir à l'APPENDICE un fragment de *Froissart*.

dition. Son inspiration est naïve, personnelle, sans
étude ; aussi son œuvre est individuelle, elle naît et
meurt avec lui ; comme il ne relève de personne, il n'a
personne non plus à sa suite, il ne fait pas école ; sa
poésie est l'écho naturel de l'esprit populaire au XVᵉ
siècle ; elle est capricieuse et fugitive comme l'instinct,
comme la passion.

La prose, au contraire, a déjà pris une physionomie ;
elle a des caractères littéraires et garde l'empreinte des
différences morales qui séparent les quatre grands
historiens du moyen âge. En effet, malgré la distance
qui les sépare, malgré les dissemblances de leur vocabulaire, Villehardoin, Joinville, Froissart et Comines se
continuent et se complètent. Villehardoin avait com-
muniqué à la prose du XIIIᵉ siècle l'austère grandeur du soldat et du chevalier ; Joinville offrait le
modèle du style noblement familier d'un honnête
homme dévoué à un grand roi ; Froissart est un artiste
dont le langage comme l'imagination est brillant de
couleur et pétillant de vivacité ; Comines a toute la gravité d'un politique et d'un penseur, il transporte dans
son langage les qualités sérieuses de son esprit et donne
à la prose française la dignité simple de l'histoire et de
la philosophie.

16. Ainsi, des cendres de la langue qui s'éteint et
semble mourir, le XVᵉ siècle fait sortir un idiome nouveau, mieux en rapport avec les besoins du temps et les
tendances naturelles de l'esprit français. Déjà l'ordre
succède au chaos du XIVᵉ siècle ; une renaissance

indépendante de toute influence étrangère est l'œuvre
propre du XVe siècle, c'est vraiment une Renaissance
française.

A cette heure propice, avec un peu plus de résolution et de confiance en soi, le génie français pouvait
conquérir et assurer son indépendance, il pouvait se
faire une place dans le monde littéraire, en se frayant
une voie originale; Villon lui donnait l'exemple et lui
ouvrait la route. Le courage et la force lui manquent
dès le premier pas ; il incline vers l'érudition, il se
cherche des modèles ; et la marche indépendante et
nationale de la littérature française est bientôt ralentie,
entravée par une renaissance classique dont l'influence
imprime à la langue et à la littérature une direction
regrettable à certains égards, bien qu'elle soit conforme
à quelques-unes des tendances modernes : instinct de
vérité, de simplicité, de clarté, d'analyse.

Non, la gloire même qui vint au XVIIe siècle couronner
notre langue et notre littérature modernes, la gloire ne
doit pas nous consoler de l'esprit d'indépendance perdu ;
Dieu a mis au dessus de toute rançon ce bien suprême,
la liberté.

CHAPITRE XVI

Formation et révolutions du français moderne. XVIᵉ siècle (Renaissance gréco-latine).

1. Importance morale du xviᵉ siècle. — 2. Services rendus par François Iᵉʳ. — 3. Dangers de l'enthousiasme classique. — 4. Division de l'histoire de la langue en deux périodes. — 5. Période de révolution : Influence italienne. Modifications du sens et de l'orthographe. — 6. Introduction de mots nouveaux. — 7. Des diminutifs. — 8. Circonstances qui ont secondé l'influence italienne. — 9. Influence classique. — 10. Ses inconvénients pour l'esprit français. — 11. Action fâcheuse des érudits sur la langue. — 12. Mauvaise méthode des grammairiens du xviᵉ siècle. — 13. Principales révolutions accomplies par les grammairiens. — 14. Influence de l'étude du grec : Ronsard et Du Bartas. — 15. Dans cette première période, le xviᵉ siècle est inférieur au xvᵉ. — 16. Période de réaction. Tentatives de Rabelais et d'Henri Estienne continuées par Montaigne, Amyot et Desportes. — 17. Rôle important d'Henri Estienne. — 18. Supériorité de la prose sur la poésie : Montluc. — 19. Amyot et Montaigne. — 20. Influence de la réforme et de Calvin — 21. Ordonnance de François Iᵉʳ. — 22. Caractères généraux du français moderne : Oubli complet de l'accent latin. — 23. Abolition des déclinaisons. — 24. Singulières combinaisons de l'article et du substantif. — 25. Des adjectifs et des pronoms. — 26. Orthographe irrégulière des verbes. — 27. Règle des participes. — 28. Des mots invariables. — 29. Orthographe très-compliquée. — 30. Prononciation italianisée. — 31. Horreur de l'hiatus — 32. Confusion et caractère tout personnel de la langue et de l'orthographe. — 33. Résumé et conclusion.

1. L'époque connue sous le nom de Renaissance marque un moment décisif dans l'histoire de l'esprit humain en Europe et surtout en France. Malgré l'éclat

des faits militaires et politiques qui l'ont signalée et auxquels demeurent attachés les noms de Charles VIII, de Louis XII et de François Ier, les faits intellectuels et moraux offrent une bien autre importance et pour le présent et pour l'avenir de la civilisation européenne. Parmi ces faits d'ordre supérieur, les deux principaux sont la Renaissance classique et la Réforme.

2. Quant à la langue française, ainsi que notre nationalité, elle est toujours liée aux destinées de la monarchie : c'est le même roi qui met la royauté *hors de page*, et qui assure l'universalité de la langue française.

La dispersion en Europe des artistes, des savants et des érudits expulsés de Constantinople par la conquête musulmane entretient, développe, anime d'une impulsion nouvelle la curiosité littéraire éveillée déjà au XVe siècle. Grâce aux exemples, aux leçons et au concours de l'Italie, cette curiosité se porte vers les écrivains classiques et devient un culte ardent de l'antiquité grecque et latine.

Cette passion littéraire fut favorisée par deux créations nationales de François Ier : le Collége de France, destiné à étendre le cercle de l'érudition et de la science, en dépit des routines de la Sorbonne ; l'Imprimerie du roi, multipliant les reproductions des classiques anciens.

3. Cependant, il faut le reconnaître, cet ardent enthousiasme pour les chefs-d'œuvre de l'antiquité devint un engouement qui, absorbant tous les esprits, les détourna d'une œuvre présente et nationale, la formation et le

progrès du français moderne; par là, sa marche fut entravée et son avenir faillit être compromis. En effet, tandis que des architectes tels que Philibert Delorme et Pierre Lescot, des statuaires comme Germain Pilon et Jean Goujon substituaient au gothique maniéré de la décadence un art qui alliait avec bonheur l'imitation de la réalité à la grâce idéale des anciens, les érudits, par fanatisme pour l'antiquité classique, les courtisans par mode et par admiration de l'esprit et de la langue italienne, menèrent à mal la langue et la littérature françaises. Ils les firent dévier de la saine direction où semblaient les engager les travaux originaux de deux esprits tout français, Villon et Comines; ce sont à la fois les courtisans et les érudits qui entraînent le français aux tentatives dangereuses de la Pléiade. Sans doute, la défaite de ces deux sortes de pédants assure la victoire à la langue de Comines et de Villon, qui sort de cette épreuve perfectionnée; mais, dans la lutte, notre idiome a reçu quelques blessures; il a souffert quelques pertes que le temps n'a pu encore réparer.

4. L'histoire de la langue française au XVIᵉ siècle se divise en deux parties : 1º Une période d'essais, de remaniements, de révolution, de chaos où la langue subit les attaques de trois ennemis qui se succèdent : l'influence italienne, l'influence latine et l'influence grecque. Un contemporain caractérise ainsi les novateurs en matière de langage, ces pédants qu'il poursuit d'une raillerie qui n'est pas exempte non plus de pédantisme : « Grécaniseurs, latiniseurs ou italianiseurs en fran-

çois, lesquels à bon droict on a appelés pérégrineurs. »

2° Une époque de constitution de la langue française : la langue est modifiée dans quelques-uns de ses détails ; mais elle se rattache toujours par son vocabulaire, sa syntaxe, sa construction, à l'idiome qui date du siècle précédent.

5. L'influence italienne est subie d'abord, puis imposée à la nation par les courtisans qui ont pris part aux grandes guerres du XVe et du XVIe siècle ; leur empressement à se modeler sur les étrangers est un des fâcheux résultats de leur souplesse d'esprit. François Ier donna le mauvais exemple, sous prétexte d'assurer à la prononciation française plus de grâce et plus de sonorité, à l'aide de sons composés qu'il transporta même dans l'écriture. Voici, par exemple, un passage d'une lettre du roi : « Le cerf nous a menés jusqu'au *tartre*..... *J'avons* espérance qu'y fera beau temps..... Perot s'en est *feuy* qui ne s'est *ousé* trouver devant moi. » Ainsi, même le roi, qui servait de modèle à toute sa cour, le roi laisse gâter son style par toutes les innovations que plus tard Henri Estienne a reprochées aux italianisants lorsqu'il les apostrophe : Vous,

> Qui lourdement barbarisants
> Toujours *j'allions, je venions* dites ;
>
> . . . .
>
> N'estes vous pas de bien grans fous
> De dire *chouse* au lieu de *chose*,
> De dire *j'ouse* au lieu de *j'ose* !
> En la fin vous direz la *guarre*,
> Place *Maubart* et frère *Piarre*

Cette altération de notre langue, cette mode ridicule du XVIᵉ siècle, il est assez piquant d'en suivre et d'en retrouver la trace dans les patois des paysans de diverses provinces et, par suite, dans le jargon que les auteurs comiques font parler aux paysans sur le théâtre : « Je *sommes* pour être mariés ensemble », dit Pierrot à Charlotte dans le Don Juan de Molière.

C'est encore dans la même intention d'adoucir la prononciation française que l'*R* est remplacé par un *Z* dans le langage des Parisiens, se nommant eux-mêmes *Paziziens* et disant *Mazie* pour *Marie*, *Chayze* pour *Chaire*, de *cathedra*. Ces deux derniers mots nous sont restés pour désigner deux sortes de siéges différentes : une chaise et une chaire.

6. En outre, le beau monde avait introduit dans son langage bon nombre de mots italiens qui depuis ont été rejetés. Il en est cependant resté quelques-uns comme *accorte, attaquer, cavalier, casanier, fantassin, infanterie, embuscade,* etc. Ces derniers emprunts justifient la piquante boutade d'Henri Estienne, ce « vray françois natif du cœur de la France. » Jaloux de l'honneur militaire de son pays, il écrit avec indignation : « D'ici a peu d'ans qui sera celuy qui ne pensera que la France ait appris l'art de la guerre en l'escole de l'Italie, quand il verra qu'elle n'usera que de tèrmes italiens ? »

7. Une autre mode italienne patronnée par Ronsard et par mademoiselle de Gournay, fille adoptive de Montaigne, c'est la manie des diminutifs : *hommelet, mon-*

11.

tagnette, *blondelet*, *tendrelet*, etc. Par bonheur la langue n'a point adopté ces expressions qui l'auraient affadie ; elle a mieux aimé garder sa délicatesse pour les nuances de tour et de sentiment, au lieu de la placer dans les finales des mots. C'est bien assez qu'il nous reste encore plus de trois cents substantifs ou adjectifs avec cette terminaison diminutive.

8. Du reste, rien d'étonnant que cette action de la langue et de la littérature italienne ait été persistante en France et ait laissé des traces durables ; elle a été servie et favorisée par les circonstances politiques, depuis les expéditions militaires au début du XVIᵉ siècle jusqu'à la régence trop longue de Catherine de Médicis, qui fournit à Henri Estienne l'occasion d'accuser d'italianisme les courtisans de Henri III. L'œuvre est continuée par la régence italienne de Marie de Médicis, qui en appelant en France le chevalier Marini renouvelle au début du XVIIᵉ siècle une autorité que le crédit de Mazarin doit prolonger jusqu'au milieu d'une autre mode étrangère, la mode de l'imitation espagnole. Ainsi, les événements venant favoriser la séduction naturelle et puissante de la langue et de la nation italiennes, le goût comme la politique de l'Italie règne presque sans interruption sur la France pendant un siècle tout entier.

9. L'influence des langues classiques a été plus sérieuse et plus profonde ; aussi offre-t-elle le spectacle de faits plus intéressants pour l'histoire de la langue. Comme c'est par les érudits que cette action s'est exercée,

le rôle de l'érudition et des grammairiens au xviᵉ siècle
doit être l'objet d'une étude particulière.

10. Le culte passionné de l'antiquité fut embrassé en
France avec un esprit très-prompt à la pratique. Il eut
pour conséquence cette opinion que le grec et le latin
étant la perfection même du langage, c'est à l'un ou à
l'autre de ces modèles, et mieux encore à tous deux,
qu'il convient de ramener la langue française. Aussi
l'érudition conduisit d'abord à reprendre comme ornements littéraires les formules, les images de la mythologie grecque, les allégories traditionnelles du poly-
théisme de l'Olympe. Par suite, on vit se déflorer la
naïveté, la simplicité, le naturel qui sont la vie des
langues et des littératures. Enfin l'admiration exclusive,
aveugle, pour les chefs-d'œuvre du passé substitua bien
vite l'imitation et la traduction des classiques au mouvement spontané et créateur de l'esprit français.

11. Les érudits qui jusqu'alors avaient dédaigné la
langue vulgaire voulurent bien s'en occuper pour l'ennoblir en la rapprochant des langues anciennes. C'était
par un progrès naturel et spontané que Villon, Comines,
et leur disciple Marot, avaient dégagé une langue plus
simple du chaos du xivᵉ siècle ; au xviᵉ siècle, les principes de critique transportés du latin et du grec à la
langue française font concevoir aux érudits un idéal de
perfection copié sur l'antique. Alors, s'emparant de la
langue moderne, ils prétendent la renfermer dans le
moule de cet idéal ancien. C'est donc au xviᵉ siècle
qu'il faut faire remonter le commencement du travail

des grammairiens sur notre langue, et ce travail lui a
causé deux torts graves : 1° le tort de multiplier les difficultés avec les distinctions; 2° celui de mettre partout des
règles, des explications logiques et arbitraires à la place
des explications historiques qu'auraient pu fournir les
faits.

Ainsi les érudits, pleins d'enthousiasme pour l'antiquité, traitaient avec dédain cet idiome vulgaire qu'un
savant de l'époque appelait, par une métaphore aussi
incohérente que grossière, « la franchise commune des
ânes », et par suite ces grammairiens se croyaient en
droit de régenter et de redresser un tel langage. Au nom
de l'autorité du latin et du grec, ils critiquent à tort et
à travers l'usage commun, ils brisent la chaîne des traditions et appellent cela perfectionner la langue ;
exemple funeste que les grammairiens du XVII° et du
XVIII° siècle n'ont que trop suivi, prenant aussi pour
prétexte le droit imaginaire d'une logique abstraite et
d'un raisonnement tout personnel.

12. Il ne s'agit pas pour ces doctes grammairiens de
suivre et d'expliquer les modifications accomplies par
le temps et les événements, qui de la langue latine ont
fait la langue française ; non, il s'agit de faire rentrer
sous le joug une esclave rebelle. Pour eux, le français
est une sorte de patois néo-latin qui ne peut s'épurer
qu'en remontant à sa source, en revenant à son point
de départ. Il n'y a pas lieu d'interpréter ou d'enseigner ;
il faut, avec un grand étalage d'érudition et des efforts
inouïs de subtilité, latiniser la langue nouvelle.

Les grammairiens entrent donc en lutte avec les écrivains de l'époque, ils appliquent la grammaire et la syntaxe latines à l'idiome parlé autour d'eux, ou même à défaut d'autre autorité, imposent leurs explications et leurs raisons comme des lois de l'usage et la raison humaine. Cette façon peu intelligente de comprendre le travail de la linguistique a laissé une trace naïve et curieuse dans le titre même d'une des premières grammaires publiées en France : *Tractatus Latino-Gallicus*, c'est-à-dire essai de concordance entre le latin et le français ; celui-ci doit, bon gré mal gré, rentrer dans le moule même du latin.

13. Tout cependant ne fut pas absurde dans l'œuvre des grammairiens. Une de leurs tentatives les plus raisonnables fut de ramener au genre masculin les noms en *eur* et en *our*, que l'usage avait fait du féminin ; cette réforme a réussi pour quelques mots, tels que *labeur*, *honneur*, *amour* ; ce dernier mot a conservé de l'ancien usage le féminin au pluriel.

Le fondateur érudit d'une sorte d'Académie française, premier essai d'une société libre d'amis des lettres, Baïf, propose un alphabet nouveau, multiplie les néologismes grecs et latins ; et son goût pour les comparatifs et les superlatifs à forme latine lui vaut, de la part d'un contemporain, Joachim du Bellay, les titres de : « Docte, doctieur et doctisme Baïf. »

Du reste, il ne fait guère que sanctionner les habitudes reçues par la cour, qui, trouvant bizarre l'emploi de *très* pour marquer le superlatif, affectait de dire *sanctissime*, *prudentissime*, etc.

14. La langue grecque fut l'objet d'un culte non moins fanatique et tout aussi dangereux. Érasme écrivait « qu'adonné de toute son âme à l'étude du grec, dès qu'il aurait quelque argent, il achèterait des livres grecs d'abord, et ensuite des vêtements. » Passion touchante, sans doute ; mais ce n'est point une raison pour mettre du grec partout et quand même. Cet engouement classique se trouve avoir eu plus de retentissement à cause du rôle important qu'ont joué en littérature les hommes qui en furent possédés. Les grandes qualités poétiques de Ronsard, la noblesse de ses sentiments, la dignité grave et sérieuse de son style, étendirent leur crédit à ses tentatives pour la réforme de la langue, et même jusqu'aux extravagances de ses disciples. C'est à l'abri de cette autorité que Du Bartas proposa cette nouvelle langue, servilement calquée sur le grec et qui invoquait dans ses élans lyriques.

> .....Apollon donne-honneurs,
> Donne-âme, porte-jour !...
> ..... Herme guide-navire,
> Mercure, eschelle-ciel, invent' art, ayme-lire !

Et qu'on n'aille pas prendre cet essai pour un accident individuel, une exception burlesque ; le succès européen du poëme de Du Bartas, qui eut en moins de six ans trente éditions, est une preuve que le mal était fort répandu. Il faut cependant rendre justice à Ronsard, trop maltraité par l'ignorance et l'ingratitude du XVIIe siècle : sa première préoccupation était celle d'une harmonie parfaite entre la parole et la pensée; aussi recom-

mandait-il, par dessus tout, au poëte de choisir et de
s'approprier tous les mots qui lui conviennent, « gas-
cons, poitevins, normands, manceaux, lionois ou d'autres
pays, pourveu qu'ils soyent bons. »

15. En résumé, le milieu du XVIᵉ siècle, envahi par
une érudition intempérante ou par l'admiration aveugle
de l'Italie, marque un temps d'arrêt dans le progrès de
la langue nouvelle. Frappé de ce fait singulier, La
Bruyère l'a signalé à l'attention ; il remarquait que le
français de la fin du XVᵉ siècle était plus près du français du XVIIᵉ siècle : « Marot, par son tour et par son
style, semble avoir écrit depuis Ronsard ; il n'y a guère
entre le premier et nous que la différence de quelques
mots. » La Bruyère s'étonnait qu'après cette corruption
pédantesque, la langue se fût si aisément réparée ; l'histoire, dont La Bruyère ignorait alors les détails, permet
aujourd'hui d'expliquer tous les faits de cette révolution, le bien comme le mal.

Déjà, pendant le cours du siècle, quelques bons esprits avaient fait une guerre acharnée à ces excès. Henri
Estienne demandait « qui nous meut à dire *baster* et
bastance, plutôt que *suffire* et *suffisance?* Pourquoi
trouvons-nous plus beau *à l'improviste* qu'*au dépourvu*,
la première volte que *la première fois*, *grosse intrade*
que *gros revenu*, etc. ? » Cette critique d'un érudit
même devait avoir sur les érudits plus de prise que les
plaisanteries de Rabelais, dont la verve railleuse s'était
vivement exercée contre les pédants qui latinisaient et
grécisaient. A un écolier de Bourges, qui lui avait dit

dans son jargon pédantesque : « L'origine primève de mes aves et ataves feut indigène des régions lémovicques, où requiesce le corps de l'agiolate sainct Martial. — J'entends bien, dist Pantagruel, tu es Limozin pour tout potaige, et tu veulx icy contrefaire le Parizien. »

Ces vives attaques avaient au moins un premier avantage : elles mettaient la bourgeoisie des villes et des .campagnes en garde contre son penchant à imiter la cour et Paris; elles forçaient le peuple à rire des manies dont il se serait entiché si on n'avait pris soin de les lui faire tourner en ridicule.

16. C'est tout à la fin du XVIᵉ siècle que se déclare et s'accuse un mouvement de réaction nationale contre les influences étrangères. D'excellents esprits prirent la défense de la langue renaissante contre les envahissements du dehors, et, en dépit du respect pour l'antiquité, tentèrent de ramener la France dans sa voie naturelle et légitime. Par dessus les écoles des érudits, ils renouèrent la chaîne des traditions naïves de Villon, de Comines et de Marot.

Ces honorables champions de notre idiome national sont les auteurs d'un retour à la Renaissance française, en hostilité avec les excès et les abus de la Renaissance gréco-latine. Ils se sont proposé une œuvre de conciliation : « approprier le goût et les traditions de l'antiquité aux instincts de l'esprit français, réclamer en faveur de notre génie original contre le despotisme du génie étranger. Ainsi se reprenait l'œuvre com-

mencée au xvᵉ siècle et suspendue par l'enivrement
passager de l'érudition. Il faut faire honneur de cette
heureuse résistance d'abord aux Estienne, puis à
quelques écrivains de mérite très-divers, comme Montaigne, Amyot et Desportes.

17. A ce titre, le nom d'Henri Estienne, déjà cher à
l'érudition pour ses travaux sur la littérature grecque,
doit être rangé parmi les noms des bienfaiteurs de notre
pays; H. Estienne a été le premier défenseur de la langue
populaire. Ses études sur la conformité de la langue
française avec la langue grecque le conduisent à cette
conclusion que la langue française approchant « plus
près de celle qui a acquis la perfection, doibt être
estimée excellente par dessus les autres. » Ainsi H. Estienne essayait d'inspirer à notre idiome plus de confiance en lui-même; ainsi ses éloges préparaient
l'émancipation de la langue et faisaient prévoir son avènement à l'empire universel.

Dix ans après, comme il avait sonné la charge, il
sonne la victoire et vient proclamer la *Précellence du
langage françois* « pur et simple, n'ayant rien de fard
ni d'affectation ; lequel Monsieur le courtisan n'a point
encore changé à sa guise et qui ne tient rien d'emprunt
des langues modernes.. Pourquoi, dit-il encore, pourquoi
ne pas feuilleter nos romans et desrouiller force beaux
mots tant simples que composés, qui ont pris la rouille
pour avoir esté si longtemps hors d'usage? » « Ce que
j'en dis, ajoute-t-il avec un patriotisme touchant, est en
qualité de vray françois, natif du cœur de la France et

d'autant plus jaloux de l'honneur de sa patrie. » Puis, joignant l'exemple au précepte, pour prouver la richesse de notre idiome et la variété de formes dont il dispose, il tourne une même pensée de vingt-sept manières différentes. Ainsi, par cette leçon mieux encore que par un conseil, il contribue à donner à la langue cette souplesse qui se prête à toutes les nuances, à toutes les finesses du sentiment et de la pensée. L'histoire de la langue française doit donc un souvenir reconnaissant à cet éminent érudit, qui se représente lui-même « ayant une grande table chargée de vieux livres francés, romans, et autres, dont la plus grande partie estet escrit à la main. »

II. Estienne associait lui-même à cette œuvre de rénovation Desportes, ingénieux poète, auteur d'un sonnet sur Icare dont le dernier tiercet a le mérite d'une correction et d'une noblesse qui déjà en 1575 font pressentir les meilleurs vers de Malherbe et de Corneille :

> Il mourut poursuivant une haute aventure :
> Le ciel fut son désir ; la mer, sa sépulture ;
> Est il plus beau dessein ou plus riche tombeau !

18. Mais en général la poésie de cette époque semble manquer d'une inspiration naïve et qui vienne de l'âme ; elle est le plus souvent un délassement d'érudit, un exercice agréable du goût. L'esprit, l'âme, la passion sincère sont du côté des prosateurs, interprètes des sentiments et des émotions du temps. Aussi c'est dans ce camp qu'il faut chercher les défenseurs ou les restaurateurs nationaux de la langue.

Au premier rang dans l'ordre des temps, on doit citer
Montluc, soldat sans nulle érudition, qui, libre de tout
préjugé, de tout calcul, de toute convention, de toute
imitation ou tradition, écrit comme il parle, d'un style
rude, écho naïf de la passion militaire, tout ardent du
feu de l'action. Son bréviaire du soldat, c'est ainsi
qu'Henri IV appelait les Mémoires de Montluc, a donné à
la langue française certaines preuves toutes nouvelles
des ressources qu'elle renferme. Quelle noble rudesse
dans ces quelques lignes de conclusion ! « Cecy n'est
pas pour les courtisans ou gens qui ont les mains polies,
ni pour ceux qui ayment le repos ; c'est pour ceux qui,
par le chemin de la vertu, aux despens de leur vie,
veulent éterniser leur nom, comme, en despit de l'envie,
j'espère que j'auray fait celuy de Montluc. »

19. Amyot a fourni une longue et studieuse carrière ;
sa naïve traduction de Plutarque est venue fournir au
goût français d'excellents exemples de style tempéré et
soutenu, noble sans emphase, familier sans bassesse et
sans trivialité, deux excès auxquels les Français ne sont
que trop naturellement enclins. Et qu'on ne dise pas
qu'Amyot agissait ainsi par instinct, sans se rendre
compte de ce qu'il faisait. Il le dit lui-même avec une
charmante bonne grâce, son langage était « élu », formé
des mots « les plus doux, les plus propres, qui sonne-
ront le mieux à l'oreille, plus coutumièrement en la
bouche des bien parlants », des mots, dit-il, « bons françois et non étrangers. » Montaigne a rendu pleine justice à son maître en l'art d'écrire, quand il a dit:

« Nous autres ignorants étions perdus, si ce livre ne nous eût relevés du bourbier ; sa merci, nous osons à cette heure et parler et écrire ; les dames en régentent les maîtres d'école. »

De même que Montluc par sa vie d'aventures, de même qu'Amyot par la pureté modeste de ses goûts, Montaigne, par sa vie retirée, loin de la cour et des coteries, a échappé à l'influence de la mode et de l'imitation étrangère. La finesse pénétrante de ses observations morales, son aimable épicuréisme exempt de sécheresse, son érudition libre et capricieuse donnent au style de Montaigne une vivacité d'images et d'allures tout à fait originale. Son indépendance de caractère et d'esprit introduit dans la langue qui se forme un incroyable luxe d'expressions neuves, de tournures inattendues, d'alliances de mots qui peuvent être encore aujourd'hui une mine riche et précieuse pour rajeunir notre langue appauvrie par la logique inexpérimentée des grammairiens et des philosophes.

20. Mais pour ne négliger aucune des influences exercées sur la constitution de la prose française, il faut signaler l'action de Calvin et de ses adhérents. En 1535, par haine contre la langue traditionnelle de Rome, par désir de répandre et de populariser ses doctrines, Calvin traduit son livre du latin en français et ainsi applique pour la première fois le langage du peuple à l'exposition des croyances religieuses. Il dédie son *Institution de la religion chrétienne* au roi François Ier, lui faisant la leçon avec une hauteur presque menaçante : « C'est

votre office, Sire, de ne détourner vos oreilles ni votre
courage d'une si juste défense, principalement quand il
est question d'une si grande chose, c'est à savoir comment la gloire de Dieu sera maintenue sur la terre,
comment sa vérité retiendra son honneur et dignité,
comment le règne de Christ demeurera en son entier. »
Voilà par quels exemples Calvin donne à l'idiome populaire une fermeté de style philosophique, une exactitude de construction qui sont loin d'être un garant
assuré de la sincérité et de la constance dans les doctrines. Calvin montre que notre langue peut allier la
force à la pureté, la souplesse et l'aisance à la dignité
des périodes. Aussi le président de Thou admire son
éloquence ; Estienne Pasquier dit de lui : « Il estoit
homme bien écrivant ; » Bossuet enfin lui a rendu ce
témoignage « d'avoir excellé dans sa langue maternelle,
et aussi bien écrit qu'homme de son siècle. » En effet,
Calvin ajoutait à l'idiome naissant le nerf et la force,
comme Montaigne lui assurait la grâce et la vivacité.

Après Calvin les champions de la langue nationale
sont presque tous atteints ou soupçonnés de protestan-
tisme : Marot, qui traduit les Psaumes en français, Marguerite de Navarre, qui les fait chanter à sa cour,
Théodore de Bèze, Étienne Dolet, qui publie en 1543 un
« *Brief discours de la république françoise désirant la
lecture de la sainte Escriture lui estre loysible en sa
langue vulgaire, etc.* » Cette préférence toute naturelle
des protestants pour la langue française fut favorable à
la diffusion de l'idiome populaire ; les prêches et les
pamphlets provoquèrent des réponses et par suite des

luttes et des controverses qui contribuèrent à donner à la langue plus de vigueur et de souplesse, à lui communiquer cette netteté, cette logique, cette flexibilité qui conviennent à la discussion et se plient aux exigences du raisonnement et de l'argumentation ; ils servirent aussi à répandre et à propager le français dans l'ouest de la France par La Rochelle, dans le midi par Lyon, Nîmes et Genève, dont Calvin voulait faire la Rome de son triste christianisme.

Avec toute l'ardeur d'un faux zèle, un autre protestant, Henri VIII, proclama le français la langue de sa cour et en imposa l'étude à tout Anglais aspirant aux emplois publics ; c'est sous son inspiration que fut imprimée la première grammaire française : elle fut publiée à Londres en 1532, par l'Anglais Palsgrave, sous le titre d'*Éclaircissement de la langue françoise*, et dédiée au roi Henri VIII, son protecteur.

Mais cet emploi de l'idiome populaire ne dut servir qu'à en dégoûter le clergé et les érudits, qui presque tous appartenaient à l'Église ; ils pouvaient considérer comme profanée, par l'emploi qu'en avaient fait les hérétiques, une langue qu'ils étaient déjà disposés à mépriser comme vulgaire.

21. Au XVIᵉ siècle, un autre patronage releva la langue française, patronage tout-puissant dans nos mœurs et dans nos traditions, ce fut celui du roi, qui tout à la fois assurait à la langue un crédit singulier et lui faisait une loi de la précision, de l'exactitude et de la rigueur.

Par trois ordonnances particulières datées de 1522,
de 1529 et de 1539, le roi François I⁰ʳ prescrivit l'usage
exclusif du français dans tous les actes publics et pri-
vés. Ces ordonnances sont en quelque sorte des lettres
de noblesse octroyées par le souverain à la langue des
bourgeois, qui devient par ce fait même la langue de la
cour, des parlements, des hommes d'affaires, c'est-à-dire
de tout le monde, hormis les savants et le clergé.

C'est donc cette langue consacrée par les chefs-d'œuvre
d'Amyot, de Rabelais et de Montaigne qu'il convient
d'étudier, dont il faut maintenant recueillir les traits
essentiels et principaux, en l'opposant à ce chaos érudit
qui fait la transition du xv⁰ au xvi⁰ siècle.

22. Les principes d'après lesquels se forment les mots
nouveaux dans cette renaissance du français sont tout
différents de ceux qui ont guidé les créateurs de l'ancienne langue du moyen âge. Dans les temps modernes,
le latin, source commune du vieux français et du français nouveau, le latin n'est plus qu'une langue morte.
Ce n'est plus l'expression vivante des sentiments et des
pensées d'un peuple ; c'est un idiome savant qu'on lit
et qu'on ne parle plus. Personne n'en connaît plus l'accent ; on lit le latin à la façon dont se prononce le français, c'est-à-dire en accentuant la dernière syllabe. Par
suite, les mots ne se forment plus en conservant de
préférence la syllabe accentuée par les Romains et en
effaçant les autres ; le mot latin est reproduit tout entier,
sauf la syllabe finale, qui le plus souvent est inutile,
puisqu'il n'y a plus de cas.

Pour adoucir la prononciation de deux consonnes consécutives, les anciens avaient dit : *esponge, espée, esprit,
escripture, espèce,* etc. ; les modernes, moins délicats à
cet égard, copient sur le latin : *spongieux, spadassin,
spirituel, scribe, spécial,* etc.

Ainsi se marque nettement la différence entre les
deux âges de notre langue, ou plutôt entre nos deux
langues. Le français du moyen âge avait été élaboré par
le peuple : il parlait à l'oreille, il a été l'œuvre de six
siècles d'un travail lent et original. Le français moderne
est une improvisation des érudits qui, la plume à la
main, fabriquent en quelques années de réflexion, de
comparaison, d'imitation, sous l'empire des caprices de
la mode ou d'après l'inspiration de leur pédantisme, une
langue qui parle aux yeux.

23. La déclinaison romane a complétement disparu
dans la langue du XVIᵉ siècle. La valeur grammaticale
de l'*s* finale est tout à fait oubliée ; un grammairien du
temps raille et accuse d'ignorance et de barbarie ceux qui
écrivent encore *homs* pour *homme, Dex* pour *Dieu,*
« comme on lit, ajoute-t-il, en les vieux livres écrits à
la main. » L'emploi de la lettre *s* comme figurative du
pluriel se généralise et devient l'objet d'une règle adoptée
par les grammairiens. Cette règle s'explique sans peine
par le fréquent emploi des substantifs au cas régime ; or,
ce cas n'avait pas d'*s* au singulier, et se distinguait par
une *s* au pluriel ; c'est donc lui qui a fait loi de préférence au cas sujet. Sur ce point l'orthographe est déjà
toute fixée.

24. Malgré l'autorité dominante des grammairiens, le crédit de l'usage vulgaire se trahit encore dans l'écriture par l'agglutination en un seul mot de mots ordinairement unis par la prononciation : de *hedera* le vieux français avait fait *hierre,* Ronsard écrit encore l'*hierre*; mais c'est à la fin du XVIᵉ siècle que, fondant l'article avec le substantif, on écrit *lierre,* le *lierre* ; de même d'*uveta, uette, l'uette,* se forme le mot moderne *la luette*; ainsi de *Brutium,* l'*Abruzze.* Une agglutination semblable explique l'addition euphonique de l'*n* et du *t* dans les transformations suivantes : *umbilicus,* d'abord *ombril,* puis *nombril* ; *amita, ante,* puis *tante.* Par une confusion analogue dans son principe et toute différente dans ses résultats, la voyelle *a,* détachée du substantif, se rattache à l'article qui précède : l'*Anatolie* devient *la Natolie,* l'*Apulie* se transforme en *la Pouille.*

25. Les substantifs employés uniquement au pluriel sont encore très-nombreux. Certains d'entre eux ont une raison d'être très-logique, c'est qu'ils désignent des objets à la fois uns et multiples, ce qui justifie l'emploi habituel du pluriel *uns, unes* ; ainsi l'on dit : *unes lunettes, unes balances, uns ciseaux,* etc.

L'oubli de toute distinction entre le sujet et le régime s'étend du substantif et de l'adjectif aux pronoms ; par suite *je* et *moi* sont indifféremment employés comme sujets. Cette confusion a passé dans le français moderne, qui n'a gardé des usages du vieux français que la formule : *Je soussigné.*

26. Dans la conjugaison des verbes l'ancienne régularité logique est abandonnée ; l's reste encore à la deuxième personne du singulier, mais il n'est plus caractéristique parce qu'on l'étend à la première personne, et l'on écrit : *je finis, je reçois, je rends*, etc. Le *t* figuratif de la troisième personne du singulier est effacé de la première conjugaison ; l'on écrit : *il done, il parle*, et dans le cas où l'inversion devient nécessaire, l'orthographe est *donne-il, parle-il* ; c'est plus tard seulement que le *t* reparaît dans l'expression inversive, mais à titre de lettre euphonique, ainsi que l'admet encore l'orthographe actuelle : *donne-t-il, parle-t-il.*

La deuxième personne du pluriel, employée d'abord par la servilité des courtisans à la place de la deuxième personne du singulier, devient l'occasion d'un emploi analogue de la première personne du pluriel : les rois et les parlements, pour donner plus d'autorité à leurs actes et à leur langage, imaginèrent les formules : *savoir faisons, ordonnons*, etc. La vanité humaine s'appropriant ces tournures, les grands seigneurs ne tardèrent pas à dire : *j'avons, je faisons*, locutions bizarres qui, par un étrange retour des choses d'ici-bas, sont passées aujourd'hui dans le jargon des paysans.

27. Dans la syntaxe d'accord, tandis que les adjectifs de la deuxième classe sont ramenés à la règle générale qui marque le féminin par l'addition d'un *e* muet, *grand, grande*, les participes présents restent encore fidèles à l'ancienne règle qui ne leur permet qu'une forme pour le masculin et pour le féminin ; ainsi se prépare cette anomalie embarrassante de l'orthographe moderne qui réclame une distinction subtile entre le participe présent et l'adjectif verbal.

Quant au participe passé c'est un adjectif soumis à a règle ordinaire, sauf l'accord avec son régime direct, dont la règle commence à s'établir à l'encontre de bien des objections, comme en témoignent ces vers de Marot :

> Enfants, oyez une leçon :
> Notre langue a cette façon
> Que le terme qui va devant
> Volontiers régit le suivant.
>
> Et ne fault point dire en effaict :
> Dieu en ce monde les a *faict*,
> Ne nous a *faict* pareillement;
> Mais nous ha *faicts* tout rondement.

Nos écoliers, dépités par les caprices de notre grammaire, ne trouvent pas que la chose aille aussi rondement que le prétend Marot.

Le nombre des verbes réfléchis est toujours considérable: *s'apparaître, se descendre, se combattre*, etc.

28. Quant aux mots invariables, ils sont les mêmes qu'aux siècles précédents, toutefois on tend à les simplifier par des syncopes et des agglutinations ; ainsi, *dores en avant, des ore mais, par mi*, etc.[1] commencent à s'écrire en un seul mot : *dorénavant, désormais, parmi*, etc., et l'adverbe *très* fait corps avec le substantif, l'adjectif, le verbe ou l'adverbe devant lequel il est placé: *très-tous, très-jouir*, etc.

1. Voir l'APPENDICE.

29. L'orthographe des écrivains du XVIe siècle offre ce caractère curieux qu'elle est beaucoup plus compliquée que celle du siècle précédent. La loi habituelle de la simplification des procédés par le développement et le progrès de l'esprit, cette loi est contredite ici par les faits, et l'observation de cette loi est suspendue par des circonstances faciles à constater, par des influences faciles à expliquer. L'érudition avec ses recherches, sa critique, ses hypothèses, ses préjugés, disons le mot, avec son pédantisme, a laissé sa trace dans l'orthographe de la Renaissance. L'esprit d'hellénisme fait multiplier hors de propos l'emploi de l'*y* ; on écrit sans raison à l'imparfait de l'indicatif : *j'estoys, j'aimoys* ; sans raison aussi l'on imprime *roy, royne, loy, foy*, etc. La curiosité et la prétention à la délicatesse multiplient les consonnes, tantôt pour indiquer l'étymologie, comme dans *aultre*, où la consonne rappelle *alter* ; tantôt par un luxe que rien n'explique et qui égarerait dans les interprétations étymologiques : *escholle* de *schola, bousche* de *bucca, esperit* de *spiritus, il peult, il sceust*, etc. Cet abus de lettres parasites a laissé sa trace dans notre orthographe moderne, qui a conservé *honneur*, d'*honor*, tout en faisant la correction *honorable ; homme*, d'*homo*, en rétablissant *bonhomie*. Cette corruption singulière de l'orthographe au XVIe siècle est très-sensible pour qui compare un texte de Froissart, par exemple, avec une page de Rabelais ou d'Amyot. C'est au XVIe siècle que les curieux rapportent aussi le premier emploi dans les livres imprimés des accents à titre de signes orthographiques et d'indices de la prononciation.

30. Quant à la prononciation, le fait le plus intéressant et le plus caractéristique, c'est la mode que Henri Estienne a raillée sous le nom d'*italianisme*. L'altération la plus considérable est celle qui substitue le son *è* au son *oi*; les gens à la mode, renouvelant à leur insu une incorrection des Normands du XIe siècle, prononcent comme si l'on écrivait *francès, dret, rêdir, parêtre, harnès,* etc. Cette altération des sons a survécu à la mode, et, soutenue, consacrée par la réforme de l'orthographe au XVIIIe siècle, l'innovation des italianisants nous a donné *français, raidir, paraître, harnais,* etc. Par un caprice inexplicable, nous avons conservé l'ancienne prononciation et l'ancienne orthographe des mots *droit, étroit, endroit,* etc. Ces incohérences de l'usage vulgaire sont plus choquantes encore lorsqu'elles se trouvent rapprochées, comme il arrive pour les deux mots *gaulois* et *français,* qui, au XVIe et au XVIIe siècle, étaient écrits *gaulois* et *françois* et se prononçaient néanmoins comme nous faisons aujourd'hui. L'articulation plus nette des mots étant une condition de clarté, les doubles consonnes se multiplient, surtout dans les mots de création nouvelle.

31. La crainte de l'hiatus, ou une singulière délicatesse d'oreille qui fait trouver dures les élisions *m'estable, m'estime, m'âme, m'espée,* etc., généralise ces expressions illogiques, *mon âme, mon épée,* dont la première apparition est de la fin du XIVe siècle, et qui forment encore aujourd'hui l'une des plus étranges anomalies du français moderne à côté de *l'âme, l'épée,*

12.

formes plus logiques qui sont des restes de l'usage
ancien.

32. L'impression commune et générale que laissent
tant d'observations, si incomplètes qu'elles soient, tant de
formes diverses et contradictoires, c'est que le XVIᵉ siècle
est encore pour la langue française une époque de formation et de travail confus. Insister sur quelques remarques particulières et les transformer en règles pré-
cises et générales, ce serait prêter une autorité usurpée
à des faits tout individuels.

Au XVIᵉ siècle ne règne encore aucune de ces puis-
sances auxquelles il est donné de fixer une langue. Ni
l'usage commun, ni l'exemple des grands écrivains, ni
la puissance reconnue d'une assemblée souveraine n'imposent à l'idiome son unité. Ainsi, sans trop d'exagération, l'on peut attribuer à chaque grand écrivain un
langage presque personnel; chacun a son français.
L'épicuréisme de Rabelais ne parle pas la même
langue que le scepticisme de Montaigne; la grâce légère,
l'aimable familiarité de Marot, n'emploie pas du tout le
même idiome que le lyrisme emphatique de Ronsard.
Spectacle plein de vie et d'intérêt pour l'artiste et l'historien de la littérature; grand embarras pour le critique
et le grammairien !

CHAPITRE XVII

Apogée de la langue et de la littérature modernes
XVIIᵉ siècle (siècle de Louis XIV).

1. L'histoire de la langue se confond avec celle de la littérature. — 2. Unité monarchique et nationale de la France. — 3. C'est l'œuvre de Henri IV, de Richelieu et de Louis XIV. — 4. Influence du goût espagnol. — 5. Le français gagne en dignité. — 6. Influence de l'esprit d'autorité propre au clergé. — 7. Rivalité entre les jésuites et Port-Royal. — 8. Action exercée par le patriotisme de Henri IV. — 9. Rôle de Malherbe, tyran des mots et des syllabes. — 10. Influence de l'hôtel de Rambouillet. — 11. Ses réformes en orthographe. — 12. Balzac donne le premier modèle du style savant et noble. — 13. Travaux des grammairiens : Cotgrave et Vaugelas. — 14. Rôle de l'Académie française. — 15. Classification des grammairiens en idéalistes et en empiriques : Vaugelas. — 16. Dictionnaire de Richelet (1680). Dictionnaire de Furetière (1690). — 17. Dictionnaire de l'Académie (1694). — 18. Influence générale des grands écrivains. — 19. Influence particulière de Molière, de Boileau, de Racine et de La Fontaine. — 20. Du vocabulaire et de la grammaire. — 21. Distinction entre I et J, entre U et V. — 22. Syntaxe : règles du participe présent et du participe passé. — 23. Versification : règle de l'hiatus ; la rime pour les yeux. — 24. Dans la prononciation, articulation des consonnes. — 25. Simplification de l'orthographe. — 26. Rapport de la langue avec l'esprit du siècle. — 27. Ses qualités : clarté, précision. — 28. Ses défauts : constructions embarrassées. — 29. Appauvrissement du vocabulaire. — 30. Résumé.

1. Le XVIIᵉ siècle est à tous les points de vue une grande époque dans notre histoire. La France occupe alors le rang le plus élevé dans la guerre, dans la poli-

tique, dans les lettres et dans les beaux-arts. La France
reçoit le prix glorieux des services qu'elle a rendus à
l'Europe et à la civilisation ; en effet, par les armes et
la diplomatie elle a soutenu les efforts de la liberté
contre le despotisme impérial; le siècle de Louis XIV est
donc la récompense de la bataille de Rocroy, comme le
siècle de Périclès avait été pour Athènes le prix de la
bataille de Marathon. Aussi, c'est l'heure où, favorisé
par des circonstances uniques, l'esprit français développe avec le plus d'éclat toutes ses qualités, et dissi-
mule, étouffe ou compense ses défauts par l'art le plus
heureux et le plus séduisant.

La langue de cette époque a profité de nos succès et
de notre gloire, parce qu'elle y a contribué à sa manière.
Le français est accepté par toute l'Europe comme la
langue commune des peuples civilisés, en même temps
qu'il s'immortalise par des chefs-d'œuvre en presque
tous les genres. Aussi, l'histoire de la langue française
se confondant de plus en plus avec l'histoire même de
la littérature, ce serait dans une analyse des compositions de Pascal et de Bossuet, de Corneille et de La Fontaine, qu'il faudrait aller chercher les traits et les nuances
d'un tableau complet. A la place de cette étude achevée,
qui réclamerait tout un livre, ce chapitre ne peut offrir
qu'une esquisse très-légère des principaux événements
qui sont comme le fond de l'histoire de la langue au
XVIIe siècle.

2. Si l'on considère dans leur ensemble les événements
politiques depuis la mort de Henri IV jusqu'à la mort

de Louis XIV, la constitution de l'unité nationale et
monarchique de la France par la politique et la force
sous Richelieu, par l'ascendant du caractère, le prestige
du nom et de la gloire des armes sous Louis XIV, voilà
le fait dominant de notre histoire. Jamais, à nulle autre
époque de nos annales, l'accord de toutes les volontés et
de tous les sentiments ne s'est produit plus unanime
que sous le règne de celui que la France entière saluait,
l'histoire dit presque adorait, comme le représentant de
Dieu, de l'honneur et de la patrie. En Louis XIV se
résumaient avec éclat toutes les tendances de ce qui
formait alors la nation : l'esprit chevaleresque et
guerrier de la noblesse, que le roi groupait autour de
lui pour des guerres auxquelles elle courait comme à de
brillants tournois ; l'esprit d'autorité, la dignité pompeuse que le clergé tenait de ses rapports avec l'Italie et
de sa subordination au pontife romain; le bon sens lu-
cide et pénétrant du tiers-état, qui pardonnait trop volontiers au roi de gouverner sans lui parce que le roi
gouvernait aussi sans la noblesse et sans le clergé, et
qu'après tout, le ministre le plus important du monarque
était un bourgeois éclairé du génie pratique de sa caste,
Colbert, dont le père vendait du drap.

3. Mais si le règne de Louis XIV, ou plus exactement,
si les quarante premières années de ce règne offrent
bien l'unité d'esprit et de sentiment qui assure la grandeur et la puissance d'un homme et même d'une nation, ce n'est pas par une éclosion soudaine, ce n'est pas
sans bien des transitions que cet état de choses s'est pro-

duit. Au début du siècle, les guerres de religion enfin
terminées, l'autorité royale mise au-dessus de tout débat
groupait autour de Henri IV une noblesse frémissante,
mais dévouée, dont l'ardeur guerrière ou la fière indépendance se donna carrière contre les ministres, sans
jamais oser porter ses attaques jusqu'au souverain. L'intelligence reprenait ses droits, et les beaux esprits ré-
clamaient, pour une société qui aspirait à la perfection
du goût et de la politesse, une langue digne de ces hautes
ambitions. Cependant, tout se réglait et se disciplinait en
France sous le niveau de la monarchie, tout, même l'in-
solence des grands seigneurs, même l'esprit indépendant
du clergé. Il fallait donc aussi à la langue de la régularité, de la correction, une discipline ; mais une discipline qui se fît comprendre et se fît aimer, comme le
joug royal était compris et aimé des courtisans. La seule
autorité reconnue dans le monde de la pensée, de la littérature et des arts, c'est le génie, et cette autorité ne
manqua pas à la fortune de la France.

Le génie littéraire vint compléter et couronner les
efforts successifs et concordants par lesquels Henri IV,
Richelieu et Louis XIV ont fait du pays le plus divisé
un pays homogène et compacte. Aussi, de ces règnes
glorieux date l'unité de la langue comme de la patrie
française, et c'est grâce à ces trois hommes éminents
que ce peuple, composé de Provençaux et de Bourguignons, de Normands et de Picards, de Bretons et d'Alsa-
ciens, n'a plus aujourd'hui qu'un même nom, une même
langue, un même cœur.

4. Ce qui gâtait la langue du xvi° siècle et lui donnait parfois avec une nuance de pédantisme, l'apparence d'une caducité prématurée, c'est l'imitation étroite de l'italien et du latin. Mais, bien que pendant l'époque nouvelle l'imitation joue encore le premier rôle dans le travail de notre langue, un esprit différent préside à ce travail : le xvi° siècle prétendait que le français se transformât en latin ou en grec, le xvii° siècle veut transformer le grec et le latin en français: ce seul fait est tout une révolution.

L'amour du changement et l'esprit d'assimilation qui distinguent le peuple français débutent volontiers par railler et par tourner en caricature ce que nous viendrons bientôt copier avec engouement. Cette loi se vérifia une fois de plus dans le nouveau changement que subirent notre langue et et notre littérature ; il ne faut pas trop gourmander notre légèreté, car cette fois la France lui a dû le Cid. Mais avant le xvii° siècle, la Satire Ménippée reproche déjà aux écrivains du temps d'*espagnoliser*.

Toute différente de l'italianisme, cette mode s'applique moins à la langue, déjà plus fixée, qu'à la littérature même à laquelle l'Espagne fournit ses héros, ses caractères et ses modèles. La mode italienne avait subtilisé l'esprit sans adoucir les mœurs, sans polir ni les manières, ni le langage ; la mode espagnole enrichit à l'excès la langue de formules de politesse et la pousse à l'exagération dans l'expression des sentiments. Regnier se moque des locutions affectées des courtisans : *En ma conscience, — Il en faudrait mourir.* A la même époque et à la même influence doivent être rapportés quelques mots nouveaux tels que : *barbon, bizarre, hacquenée, guenille, passionné, sarabande*, etc.

L'amour de l'indépendance, qui prend volontiers en France la forme de l'opposition contre le gouvernement, encouragea, répandit, fit durer, en dépit du goût national, cet engouement pour l'espagnol; c'était une manière de résister à Richelieu ou d'inquiéter Mazarin, conspiration moins dangereuse que celles qui devaient coûter la vie à Cinq-Mars et l'honneur au grand Condé. Ajoutons que l'influence espagnole subit même plus d'une fois cet échec que les mots empruntés furent pris en France dans un sens défavorable ; ainsi de l'espagnol *hablador* (parleur) les Français font le mot *hableur*, prenant leur revanche des Espagnols qui du français *parler* formaient *parlador*, pris dans un sens injurieux.

5. Le meilleur fruit de l'influence espagnole, son œuvre sérieuse et durable, ce fut de concourir à doter la langue de ce qui manque trop à l'esprit et au caractère français : l'élévation, la noblesse, la dignité.

Avant tout, ces mérites nouveaux et précieux furent dus au commerce intelligent avec les Grecs et les Romains; le culte et l'étude assidus des chefs-d'œuvre de l'antiquité classique eurent pour premier effet et tout naturel d'assurer le goût, d'élever le langage et le style. Pour être tout à fait exact, l'historien doit même reconnaître que la grandeur un peu lourde et laborieuse des formes romaines frappa et entraîna de préférence le gros de la nation ; la dignité sans apprêt, la majesté naturelle des

Grecs ne fut goûtée que des plus délicats. Balzac et le grand Corneille n'allaient pas au delà des Romains et encore en les *espagnolisant*; pour s'élever jusqu'à l'atticisme, il fallait la finesse d'un La Fontaine ou la délicatesse exquise d'un Fénélon et d'un Racine. Ce fut donc une des merveilles du siècle que la facilité d'assimilation avec laquelle la cour et la ville donnèrent à leur costume, à leur ton, à leurs manières, à leur langage une dignité qui permit aux écrivains d'aborder et de faire goûter les sujets de la plus haute littérature.

6. Ils trouvèrent un secours efficace et puissant dans l'esprit de l'Église, dont les principes d'autorité indiscutable s'accordaient avec la monarchie absolue de Louis XIV. Le clergé remplit une fois de plus ce rôle de modérateur qui a été sa gloire la plus pure et la plus nationale aux grandes époques de notre histoire. Il sut se montrer vraiment français, agissant à la fois et comme auxiliaire et comme frein. Sans crainte puérile et sans esprit mesquin de rivalité, le clergé français associait l'inspiration religieuse à l'inspiration classique, et unissait comme éléments d'une grandeur nouvelle les Pères de l'Église avec les écrivains de Rome et d'Athènes, l'antiquité chrétienne avec l'antiquité polythéiste. Animée de cet esprit heureux et fécond, l'Église de France arrêta la littérature et la langue sur la pente dangereuse où les avait engagées le XVIe siècle, et qui conduisait par une imitation passionnée des modèles antiques au pédantisme, à la servilité, à la perte de toute originalité, de toute vie propre et nationale.

13

7. Mais pour tenir compte au moins des grands courants qu'on peut distinguer dans ce mouvement général, il faut reconnaître dans le clergé du XVIIe siècle deux écoles de goût en littérature comme en morale. Une école est mondaine, élégante, persuasive ; de l'antiquité religieuse ou artistique elle ne retient que la forme et les grâces accommodées aux mœurs brillantes et faciles de la cour ; c'est l'école qui domine pendant presque tout le règne du grand roi et dont les concessions habiles aux faiblesses du monde ont fait et perpétué le succès. A cette brillante armée s'opposait avec plus de conscience que de bonheur un groupe d'esprits honnêtes, mais impérieux comme la logique et la raison. Ils rompent brusquement avec les vanités de la forme et les séductions de l'image ; la vérité est leur passion unique, le succès est la dernière de leurs ambitions ; il s'agit pour eux non de triompher, mais de bien faire.

Les solitaires de Port-Royal, immortalisés par la persécution, transportaient dans la dignité d'un catholicisme pur les traditions austères de l'école protestante ; leurs qualités non moins que leurs défauts ont été causes de leurs échecs et de leur ruine. Ce sont les jansénistes qui ont encouragé la langue française dans la voie de la précision et de la force logiques, tandis que leurs heureux adversaires ornaient l'enseignement moral d'attraits et de couleurs qui en faisaient aimer tout, jusqu'aux austérités. La défaite des jansénistes de Port-Royal a produit dans le monde de la pensée presque les mêmes résultats qu'en 1685 la révocation de

l'édit de Nantes ; elle a tué par l'exil le goût et le culte
des études fortes et sérieuses. Dans ces grands jours de
lutte morale, en dépit d'Arnauld et de ses amis, il a été
décidé que la France serait avant tout une nation de
gens d'esprit plus agréables que réfléchis, plus brillants
que solides et profonds.

8. Après les influences générales dont l'action sur la
langue et la littérature de notre pays est apparente et
incontestable, il faut admettre quelques influences considérables dont l'action peut être suivie avec intérêt à
travers les événements politiques de cette époque.

Malgré le peu de loisir que lui laissèrent et la guerre
et la politique, bien qu'il ne pût tourner vers les choses
de l'esprit son activité généreuse, le roi Henri IV a marqué son empreinte dans l'histoire littéraire de la France ;
il a manifesté hautement ses goûts et il n'a pas tenu à
lui que son sentiment ne prévalût sur la mode et les
prétentions de l'époque. Le premier des Bourbons vint
mettre un terme à l'autorité morale comme au pouvoir
politique des Valois ; trop grand pour craindre de s'abais-
ser par la familiarité, trop spirituel pour donner dans
le pédantisme, trop éclairé pour n'être pas naturel,
Henri IV aurait voulu bannir de sa cour l'affectation
des manières et du langage commune à ses prédéces-
seurs. Français par le cœur et par l'esprit, ce sont les
qualités françaises de l'intelligence et du langage qu'il
fait régner au Louvre, assez longtemps pour en inspirer
l'amour à quelques bons esprits, trop peu pour prévenir l'influence énervante de la mode italienne restaurée

par Marie de Médicis, Concini et leur professeur en belles manières, le cavalier Marini, dont l'installation à la cour fit le désespoir des gens de goût.

9. Au premier rang parmi ces ennemis de l'influence étrangère il faut citer Malherbe, qui, mûri par la réflexion, osa maudire tous les faux ornements qu'avait adorés sa jeunesse. Il déteste le mauvais goût de toute l'ardeur d'un prosélyte désabusé. C'est sur ses croyances personnelles qu'il exerce ses premières rigueurs et à force de sévérité contre lui-même il acquiert le droit d'être sévère contre les autres. Élevé par un père huguenot, c'est-à-dire à une école austère, longtemps mêlé aux rudes soldats qui entouraient son roi, Malherbe a le jugement droit et rigoureux ; son horreur contre le jargon des courtisans va jusqu'à donner pour la bonne langue celle des portefaix de la place Saint-Jean. C'est surtout un génie négatif, qui n'a guère d'enthousiasme que contre les méchants vers; aussi ne s'aperçoit-il pas qu'à force d'élaguer, il ne laisse à la poésie qu'une langue bien maigre, bien sèche et bien appauvrie.

10. Cependant Malherbe vivant au milieu même du camp ennemi ; admis dans le salon de madame de Rambouillet, qui était italienne et de naissance et de goût, il fonde avec Vaugelas, Racan et Balzac ce tribunal de beaux esprits qui se donne pour mission de régler le goût et d'épurer la langue, singulier aréopage qui pendant plus d'un demi-siècle soumit à son autorité privée tous les gens de lettres, depuis Corneille jusqu'à Scarron,

depuis Voiture, jusqu'à Bossuet. Une des preuves les plus éloquentes de la toute-puissance exercée par les Précieuses de l'hôtel de Rambouillet, ce sont les précautions, les ménagements infinis dont Molière se crut obligé d'envelopper ses critiques. Peut-être même faut-il croire que Molière a été de bonne foi quand il distingue les vraies et les fausses Précieuses ; peut-être ses deux comédies ne sont-elles point une critique de l'hôtel de Rambouillet. Dans ce cas la déférence silencieuse du poëte, ennemi déclaré du pédantisme et de la grimace, serait une preuve tout à fait irréfutable du crédit dont jouissait cette compagnie. Il faut reconnaître, d'ailleurs, qu'en dépit des ridicules qui ont discrédité le titre de Précieuses, l'influence de cette société fut heureuse et féconde à plusieurs égards. Sans doute elle patronna bien des écrivains médiocres ; mais elle salua aussi les génies les plus éminents de la France : Corneille et Bossuet ; elle admira et fit admirer après elle le chef-d'œuvre de Descartes, ce *Discours sur la Méthode*, notre premier modèle de prose philosophique, qui associe à la rigueur logique de la science la finesse et le piquant du langage du monde, écrit d'un style achevé dont le poli est à peine altéré par un reste de rouille scolastique et latine [1].

Le français avait gardé de sa première origine popu-

---

1. Voir *Précis d'un cours complet de philosophie élémentaire*, par Pellissier. T. I. Analyse du Discours sur la Méthode T. II. Textes classiques. T. III. Grands monuments de la philosophie.

laire plus d'une trace regrettable ; la préférence pour les termes bas, pour les locutions brutales, grossières. La pruderie des Précieuses fit sentir l'odieux de cette licence, et, en jetant le français du XVIIᵉ siècle dans l'excès opposé, elle prépara le règne d'un juste milieu qui ne fût ni le jargon des ruelles ni l'argot des halles et des portefaix. Cette délicatesse parfois outrée eut pour résultat définitif d'indiquer par un exemple l'œuvre qui convenait au siècle nouveau, à savoir fixer les règles mêmes de la langue, faire un triage entre les mots d'origine diverse, substituer un usage commun au caprice individuel. Ainsi le style tout à la fois s'épura et s'enrichit de mots et de locutions destinés à exprimer toutes les nuances du sentiment et de la pensée. Saint Évremont, avec sa gracieuse raillerie a dit de la réunion des Précieuses :

> Là se font distinguer les fiertés des rigueurs,
> Les dédains des mépris, les tourments des langueurs ;
> On y sait démêler la crainte et les alarmes,
> Discerner les attraits, les appas et les charmes,

En commentant le curieux dictionnaire des Précieuses, M. Livet a fait reconnaître qu'un assez bon nombre de métaphores heureuses de notre langue actuelle sont nées à l'hôtel de Rambouillet.

11. L'orthographe eut à se féliciter autant que la langue de l'intérêt passionné qu'on portait alors aux choses de l'esprit. Le XVᵉ et le XVIᵉ siècle avaient comme à plaisir multiplié les consonnes parasites ; l'hôtel de Rambouillet simplifia beaucoup l'orthographe,

généralisa l'emploi des accents comme moyens de clarté,
de simplification et d'unité dans la prononciation des
mots; enfin donna le conseil et l'exemple d'une révolution que sanctionna en partie la deuxième édition du
Dictionnaire de l'Académie. Mais là encore, le mal est à
côté du bien; par horreur des consonnes, les Précieuses
supprimèrent même celles qui, restant signes étymologiques, devaient être respectées.

12. Le plus bel ouvrage de l'hôtel de Rambouillet
dans la ferveur de ses débuts, c'est la langue de Balzac,
langue tout à fait nouvelle et qui réunit, sauf le naturel,
toutes les qualités les plus hautes du style oratoire.
Balzac est un élève de Malherbe, et il le proclame avec
orgueil : « Il m'avait fait jurer sur ses dogmes et ses
maximes ; vous entendez bien par là notre M. de Malherbe, et savez bien qu'en qualité de premier grammairien de France, il prétend que tout ce qui parle soit sous
sa juridiction, comme il est cause en effet qu'on parle
plus régulièrement qu'on ne faisait et moins au hasard
et à l'aventure. »

Raffiné dans le choix et la nuance de ses expressions
comme une Précieuse ; prenant, il en convient lui-
même, autant de peine à écrire une lettre « que les
sculpteurs grecs à faire leurs Dieux » ; souple, varié,
riche dans ses tours comme un Italien ; élégant et digne,
plein de style, de nombre et d'harmonie comme un Romain du siècle d'Auguste, Balzac reste français par la rec-
titude du sens et du jugement. Si son style était moins
savant, moins compassé, moins périodique ; surtout si

son éloquence était animée d'une passion réelle, et non des émotions factices de l'école, au lieu de laisser quelques belles amplifications de rhétorique, Balzac aurait été le premier prosateur français.

Il lui reste la gloire d'avoir vengé notre langue de l'injure que lui faisaient ses emprunts à l'étranger, de l'avoir débarrassée de la fausse richesse qui encombrait le vocabulaire, de cet entassement de mots, de cet enchevêtrement de propositions qui traînait la pensée à travers mille sinuosités où le sens se perdait comme à plaisir ; enfin d'avoir prouvé que le français est capable, comme l'italien, comme l'espagnol, de noblesse et de majesté, de pompe et d'harmonie.

En un mot, la prose est disciplinée par Balzac, comme la poésie l'avait été par Malherbe ; après eux le vocabulaire de la langue noble est complet ; les règles de la construction sont déjà fixées ; l'instrument est tout préparé pour les génies poétiques ou oratoires que l'avenir tient en réserve. Malherbe avait travaillé pour Corneille et pour Racine, Balzac est le précepteur de Pascal, de La Bruyère et de Bossuet ; ses réformes ont le privilège d'être consacrées par le génie ; grâce à ses efforts, la prose française est constituée.

13. Le moment semble donc venu pour les ouvriers de la deuxième heure, pour les grammairiens et les critiques. C'est à eux de fixer la langue par une législation rigoureuse et d'établir, dans ces règlements officiels que réclame le goût français, le catalogue des mots et les principes de la syntaxe. Les travaux des grammairiens

commencent à prendre au XVIIᵉ siècle leur développe-
loppement et leur importance. A l'Anglais Cotgrave,
qui en 1632 avait publié un savant vocabulaire anglo-
français, succède Vaugelas ; après l'hôtel de Rambouillet, vient l'Académie française.

14. Le but assigné aux travaux de l'Académie était en
parfaite harmonie avec le caractère et la politique de Richelieu ; il aimait trop la règle, l'esprit de suite, pour ne
pas l'imposer même à l'imagination ; il avait trop l'instinct du gouvernement pour ne pas régenter la langue et
la littérature. D'ailleurs, enlever aux marquis italiens
de l'hôtel de Rambouillet la direction souveraine du
goût, c'était encore une victoire sur la noblesse indépendante et un triomphe sur l'étranger. A ce point de
vue, l'œuvre imposée à l'Académie est une œuvre vraiment nationale, elle couronne le travail de réaction
française inauguré au XVIᵉ siècle par Henri Estienne.
D'une part elle met la nation en possession de sa langue
propre, d'une part elle fixe les règles du goût et inaugure avec autorité la critique littéraire.

Les lettres patentes qui établissent la docte compagnie
font foi de l'esprit de discipline qui inspirait son fondateur ; elles assignent la mission à l'Académie de nettoyer
la langue des ordures qu'elle avait contractées ou dans la
bouche du peuple, ou dans la chicane du palais, ou par les
mauvais usages des courtisans ignorants, ou par l'abus
de ceux qui la corrompent en écrivant, ou par les mauvais prédicateurs ; son œuvre propre doit être d'établir
des règles certaines qui rendront la langue française la

13.

la plus parfaite des langues modernes. Les premiers
académiciens s'appelaient eux mêmes « des ouvriers en
paroles, travaillant à l'exaltation de la France. » Enfin,
dans ses arrêts, le Parlement est encore l'interprête des
intentions du grand ministre et des espérances du goût
public quand il établit, en 1637, que, « ceux de la dite
Académie ne connoîtront que de l'ornement, embel-
lissement et augmentation de la langue françoise. » Cela
suffirait pour justifier l'opinion de Bossuet, qui voyait
dans l'Académie « un Conseil souverain et perpétuel
dont le crédit, établi sur l'approbation publique, peut
réprimer les bizarreries de l'usage et tempérer les déré-
glements de cet empire trop populaire. » Ainsi s'affirmait
une fois de plus cet esprit d'ordre, de réglementation et de
gouvernement que nous a légué la domination romaine ;
la discipline prévalait une fois de plus sur la liberté.

De nos jours encore, la durée de cette institution nationale, sa persistance à travers mille bouleversements
politiques et sociaux, atteste peut-être par une preuve
éloquente l'impuissance radicale de l'esprit français
pour le régime de la liberté, même dans la république
des lettres.

15. Le rôle philologique de l'Académie encourage et
relève les travaux des grammairiens, qui se partage dès
lors en deux écoles : les idéalistes, partant de principes
a priori, veulent soumettre la langue à des règles abstraites et ramener les faits à des explications philosophiques ; les empiriques prennent pour seul guide l'u-
sage, et s'appliquent à enregistrer les faits et les arrêts

du public plutôt qu'à les expliquer ou à les critiquer au nom d'une théorie préconçue.

Le chef de cette dernière école est Vaugelas, un des oracles de l'hôtel de Rambouillet et le rédacteur principal du Dictionnaire de l'Académie française. Animé d'un goût sévère et d'un respect scrupuleux pour l'usage, Vaugelas se considère lui-même comme un simple témoin du sentiment commun et de la censure générale; il écrit sous la dictée du public. Arbitre consciencieux et impartial, il essaye une conciliation entre les néologismes des Précieuses et les habitudes du langage vulgaire. Comme il observe et note pour le consacrer le bon usage de la ville et de la cour, il constate que le vocabulaire français et complet, que les règles essentielles sont fixées est que la discussion ne peut plus porter désormais que sur les détails. Sa modestie et son désintéressement personnels autorisent Vaugelas à dire de lui-même et de son œuvre : « Je pose des principes qui n'auront pas moins de durée que notre langue et notre empire. »

A Vaugelas, à ses annotateurs et correcteurs, parmi lesquels se place Thomas Corneille, puis Mézeray, Bouhours, d'Ollivet, etc., revient le mérite d'avoir assuré au français ses qualités logiques, l'exactitude, la rigueur, l'horreur de l'équivoque, de l'obscurité, des à-peu-près. Mais nul d'entre eux ne songe à étudier le passé de notre idiome pour en éclairer le présent : tous traitent la langue comme si elle était née d'hier ; pour eux, le français est comme une formation spontanée dont il n'y a lieu ni de rechercher les origines, ni de suivre les révolutions en vue d'expliquer l'état auquel la langue est parvenue.

16. On ne peut pas étudier l'histoire de notre langue au
XVIIᵉ siècle sans donner au moins un souvenir à deux
dictionnaires dont la publication a précédé l'apparition
de l'œuvre de l'Académie. En 1680, Richelet publie son
Dictionnaire, le premier qui, au lieu d'être une simple
liste alphabétique, ait été composé sur un plan raisonné.
Ce dictionnaire, suivant les termes mêmes de l'auteur,
contient les mots et les choses, indique la valeur propre
et figurée des expressions, et justifie ses remarques par
l'usage et l'exemple des bons auteurs. Il continue l'œuvre
orthographique commencée par les Précieuses, et, supprimant les consonnes étymologiques, il propose et fait
adopter *apôtre, avocat, dédain, jeûner, tempête,* etc.
Moins heureux dans une tentative plus sage et plus logique, Richelet essaye vainement de supprimer certaines
consonnes parasites et d'écrire : *ataquer, home, honeur,*
etc.

Dix ans après parut, malgré l'opposition de l'Académie, le Dictionnaire universel de Furetière, « contenant
les mots français tant vieux que modernes. » L'auteur,
qui était mort à la peine, en avait fait une sorte d'encyclopédie dont l'utilité principale fut de fixer et de répandre à l'étranger la langue française.

17. Enfin fut livré au public, en 1694, le Dictionnaire
de l'Académie française. C'est une liste alphabétique des
mots consacrés par l'usage des écrivains dans les compositions d'imagination. Un goût sévère a présidé au

choix de ces mots, le but de l'ouvrage étant, suivant un contemporain, de « fixer les écrivains, lorsqu'ils ne savent pas bien si un mot est du bel usage, s'il est assez noble dans une telle circonstance, ou si une certaine expression n'a rien de défectueux. »

Le défaut capital de ce vocabulaire est le défaut même du temps : dans l'explication du sens des mots ou dans la critique des locutions, l'Académie ne tient aucun compte des faits anciens ; elle traite la langue comme si vraiment elle n'avait pas d'histoire, pas de passé et par suite pas d'avenir ; on dirait une chose morte et inerte, incapable désormais d'aucun changement. D'une manière absolue et avec une étrange prétention, l'Académie condamne d'avance tout néologisme, tout changement, soit par retour vers le passé, soit par création nouvelle ; sous l'empire d'une monarchie absolue que personne alors ne songeait à discuter, l'apparition du Dictionnaire de l'Académie est comme la promulgation d'un code de la langue littéraire. La seule œuvre que l'Académie prétende laisser aux grammairiens, c'est de commenter et de répandre dans le public les principes votés et décrétés par l'assemblée souveraine.

18. Cependant cette assemblée subit elle-même, bon gré mal gré, une pression toute-puissante, c'est l'autorité des écrivains de génie qui ont illustré la langue du XVIIᵉ siècle, et dont les œuvres achevées ont consacré cette langue comme un des éléments de leur gloire et de leur immortalité. Pleins d'une admiration légitime pour ces grands écrivains, les Français du XVIIᵉ siècle se sont

fait, à cet égard, une illusion bien excusable. Comment
ne pas croire que la langue de Pascal et de Corneille, de
Bossuet et de Racine, de Fénelon et de La Fontaine eût
en propre toutes les qualités qui brillent dans les écrits
de ces grands hommes ? Ce serait donc l'objet d'une
étude très-délicate et pleine d'intérêt, que de chercher
quels caractères particuliers le génie individuel de
chaque écrivain a communiqués à notre idiome. Tous
ont parlé la même langue, mais en l'appropriant aux
inspirations et au tempérament de leur esprit. Toutefois cette analyse ressort plutôt de l'histoire de la littérature que de l'histoire même de la langue.

19. Sur le fond brillant de la scène littéraire, deux
écrivains se détachent et attirent les yeux de l'érudit :
Molière et Boileau ont exercé sur la vie de la langue
française une influence directe et avouée qui mérite
d'être exposée en quelques mots. Tous deux se sont
proposé d'épurer et de discipliner la langue des Précieuses. En même temps que leur vive satire élaguait les
expressions trop maniérées ou d'origine étrangère, leur
jugement donnait droit de cité à toutes les locutions qui
leur paraissaient plus conformes à la logique et au génie
français.

Ce mérite appartient surtout à Boileau, que son sens
critique, son goût instinctif pour ce qui est clair et raisonnable, a presque toujours préservé de tout gālima-
tias. Despréaux avait eu la bonne fortune de n'être point
goûté des Précieuses, quand il s'était fait entendre à
l'hôtel de Rambouillet ; les rancunes du poëte concor-

daient donc avec le jugement du critique en faveur du bon français.

Molière avait une imagination plus vive et plus mobile, par suite moins d'étude des détails, moins de préoccupation des mots ; aussi a-t-il subi, presque à son insu, toutes les modes dont le ridicule le blessait sans doute, mais dont la nouveauté le séduisait en même temps. Avec la sensibilité facile, avec l'irritabilité féconde d'un vrai poëte, Molière a été l'écho vif et piquant de toutes les préférences, de toutes les passions de l'esprit public. C'est ainsi qu'accusant par un relief plus saillant tous les ridicules qu'il traduisait sur la scène, il a tantôt fait justice d'une sottise, tantôt frappé ce que l'usage et le goût public devaient respecter et conserver. Il est bien rare que les contemporains jugent sainement d'un tableau trop rapproché de leurs yeux pour être à son point de vue ; d'ailleurs, l'opinion et l'usage ont leurs caprices ; aussi, quand Molière se moquait du *fauteuil qui vous tend les bras*, il avait bien le droit de ne pas deviner qu'une métaphore répétée d'abord à titre de plaisanterie finirait par passer dans le langage de la conversation comme une locution banale jusqu'à la vulgarité.

De tous les autres grands esprits qui ont honoré cette époque, il en est deux encore dont l'influence sur les progrès de la langue elle-même ne saurait être méconnue sans ingratitude.

Incomparable artiste, et qui n'a d'égaux que Sophocle et Virgile, Racine a enrichi la langue littéraire d'une foule de locutions et d'alliances de mots que l'admiration de ses lecteurs a consacrés.

Avec un mérite unique de naturel, La Fontaine a
rendu le même service à notre langage familier, et frappé
pour la postérité une merveilleuse monnaie courante de
mots et de tours vifs, spirituels, expressifs.

20. Quand il s'agit de caractériser le vocabulaire et la
grammaire du XVII⁰ siècle, ils offrent si peu de différence
par comparaison avec notre propre usage, qu'à peine
peut-on faire mieux dans une esquisse tout élémentaire
que de renvoyer aux règles de la pratique et de la grammaire du XIX⁰ siècle ; les distinctions plus délicates sont
œuvre d'érudition. Cette persistance des principes ac-
ceptés au XVII⁰ siècle est la suite naturelle et le juste
salaire de la perfection même de cette langue. A bon
titre, elle est restée classique, c'est-à-dire, elle est estimée digne d'être proposée comme modèle et comme
règle au respect et au culte de la jeunesse française.

21. Il se rencontre pourtant quelques faits particuliers
qui peuvent et doivent être signalés comme marquant
le caractère de la langue propre à cette époque mémo-
rable. Ce n'est qu'au XVII⁰ siècle que l'on commence à
distinguer communément par deux signes I et J, U et
V. Cette réforme n'avait pas encore bien pénétré en Sa-
voie à la fin du siècle dernier, puisque, pour décrire la
position en V qu'il prenait, les talons sur le marbre de
la cheminée, afin de préparer un lit à sa petite chienne,
Xavier de Maistre disait dans le *Voyage autour de ma
chambre* : « Viens, ma Rosine, viens: *V consonne* et
séjour. » Cette addition prouve qu'on était encore exposé
à prendre la lettre V pour une voyelle.

22. Dans la syntaxe, un des faits les plus curieux est celui-ci : les grammairiens essayant d'assimiler le participe présent aux adjectifs ordinaires ; l'usage résiste et veut maintenir la distinction entre le mot qui exprime une manière d'être et le mot qui représente une manière d'agir ; enfin l'Académie française, usant de son autorité souveraine, décide en 1679 que le participe présent restera invariable.

Les règles compliquées relatives à l'accord du participe passé avec son régime remontent aussi à cette époque, où la règle très-simple et très-logique du vieux français est méconnue et abandonnée faute d'être comprise.

23. C'est encore au XVIIᵉ siècle et c'est surtout à l'influence rigoureuse de Malherbe qu'il faut rapporter cette règle de l'hiatus justement attaquée par les bons et par les mauvais poëtes, qui tous restent ce qu'ils sont, avec ou sans hiatus. Par une sévérité peu intelligente, et sans tenir compte des effets différents produits sur l'oreille, toute rencontre de deux voyelles est bannie et proscrite de la poésie française. Avec aussi peu de réflexion, toutes les règles de notre versification semblent plutôt faites pour la satisfaction des yeux que pour le plaisir de l'oreille. Le temps a rectifié le principe qui faisait rimer *je reçois* avec le peuple *français*, l'adjectif *amer* avec le verbe *aimer* ; il n'a pas encore permis au poéte de choisir à ses risques et périls les hiatus qui lui sembleraient harmonieux ; car on peut rencontrer des hiatus mille fois plus doux à l'oreille que le vers très-correct des *Plaideurs* :

Sur votre prisonnier, huissier, ayez les yeux.

24. La prononciation est l'objet d'une révolution qui a
changé la physionomie de notre langue et lui a fait
perdre beaucoup de sa douceur et de sa mélodie. C'est au
XVIIe siècle que prédomine de plus en plus la tendance à
faire sentir en les articulant toutes les consonnes finales.
Molière fixe en quelque sorte la date et l'origine de cette
mode dangereuse par ce passage de l'*Impromptu de Ver-
sailles* : « Vous faites le poëte, vous, et vous devez vous
remplir de ce personnage, marquer cet air pédant qui se
conserve parmi le commerce du beau monde, ce ton de
voix sententieux et *cette exactitude de prononciation
qui appuie sur toutes les syllabes et ne laisse échapper
aucune lettre de la plus sévère orthographe.* » Cette prononciation, qui s'est répandue et popularisée surtout à
Paris et dans le nord de la France, introduit dans les
mots une foule d'*e* muets qui assourdissent encore notre
langue en détruisant et la rime et le rhithme de nos vers.
Que devient la rime entre *obtenus* et *Vénus*, entre *prix*
et *Páris* ? Où sont pour l'oreille les douze syllabes de
l'Alexandrin qu'on prononce ainsi :

Nous suivions malegré nous les vainqueures de Lessebosse.

Ce vers, d'après Molière et les bonnes traditions de la
Comédie française, aurait été prononcé :

Nous suivions mâgré nous les vainqueu de Lébô,

Sans doute, cette manière de dire nous parait singulière et ridicule ; mais c'est grâce à notre bonne habitude
de trouver absurde tout ce qui sort de nos usages ; en

réalité, elle est plus mélodieuse et mieux rhythmée que notre prononciation moderne.

25. L'orthographe est au XVIIᵉ siècle à peu près la même qu'au XVIᵉ. Cependant, depuis les Précieuses, un travail lent de simplification se continue ; les lettres étymologiques s'effacent pour ne plus guère laisser que les lettres qui se prononcent, et déjà se prépare de loin la réforme qu'on a mise sous le nom de Voltaire et dont il a été l'heureux promoteur.

L'usage du XVIIᵉ siècle mêle les concessions et les rigueurs, accorde parfois trop à l'oreille et à l'innovation ; mais parfois il se montre trop fidèle à la tradition et au passé, que son ancienneté seule ne suffit pas pour rendre respectable.

26. Tels sont donc les caractères les plus frappants qui distinguent la langue du XVIIᵉ siècle. Par un privilége unique, elle est la perfection même du français, parce qu'elle est l'expression la plus parfaite des qualités générales du génie français, en même temps que le reflet des caractères de la nation à cette époque. Dans les belles productions du XVIIᵉ siècle, la partie vivace et durable l'emporte de beaucoup sur la partie accidentelle et passagère ; le fonds de la langue est solidement arrêté, son caractère marqué en traits ineffaçables.

La gloire pure, incontestable, immortelle du XVIIᵉ siècle, c'est que l'activité puissante de la nation s'y est développée largement ; elle a rencontré tous les aliments qui lui conviennent le mieux et qui servent les deux aspirations les plus nobles de l'humanité : l'amour de la gloire a été comblé par les victoires de Rocroy, de Nerwinde et de Denain ; le goût des travaux de l'esprit a trouvé pleine satisfaction dans les œuvres achevées de Pascal, de Corneille, de Bossuet, de Racine, de Molière et de La Fontaine.

27. La clarté, la limpidité, l'exactitude et la précision logique, telles sont les qualités que la langue d'alors met au service d'un peuple dont l'intelligence a surtout l'instinct de la clarté, l'amour de la lumière, parce qu'elle est pratique et non spéculative, plus capable d'emprunter à l'expérience des notions générales que de s'élever par un élan spontané aux conceptions absolues et universelles. Le caractère essentiel du français de Louis XIV, c'est un désir sincère et constant de s'entendre soi-même et de se faire entendre. Il se rapproche par là de cet idéal d'une langue algébrique rêvé par certains philosophes pour relier entre elles toutes les intelligences cultivées de tous les pays ; ce fut dès lors l'opinion unanime de l'Europe, qui adopta et cultiva notre idiome.

28. Sous la discipline sévère et sensée de Louis XIV cette langue, comme l'esprit public qu'elle représente, est correcte, digne, oratoire, pleine de force et de gravité. Sa précision grammaticale et logique va jusqu'à la rigueur ; elle se pique d'une noblesse presque compassée et géométrique, qui ne laisse guère de champ libre aux caprices de l'imagination et de la poésie. Sans doute, le génie de nos grands écrivains s'est accommodé de ces entraves ; mais qui oserait dire que la France n'eût rien

gagné à ce que ces grands hommes fussent affranchis
d'un tel joug ? Que celui-là relise La Fontaine et La
Bruyère, Molière et Fénelon ; il les verra contraints de
recourir à la langue du XVIe et du XVe siècle, pour en
exhumer l'expression dont ils ont besoin, et que la discipline rigoureuse de Malherbe et de Vaugelas leur
refuse. Par bonheur, leur génie nous a conservé dans
des écrits immortels ces mots « de leur connaissance »
qui ont repris une vie et une verdeur nouvelles.

29. De l'aveu même de nos premiers écrivains, les
grammairiens qui se sont érigés en arbitres du goût pour
fixer le vocabulaire et la syntaxe ont poussé le scrupule
à l'excès. La langue s'est appauvrie par des retranchements que les grands maîtres ont regrettés et déplorés.
Chapelle va jusqu'à dire que les grammairiens « ont tant
décharné la langue qu'ils en ont fait une momie. » Sans
pousser jusqu'à cette hyperbole, la critique moderne
s'associe aux réclamations de Fénelon, aux regrets de
La Bruyère ou tout au moins aux aveux de Racine, qui,
au lieu de traduire, rapporte les paroles mêmes d'Amyot :
« Car, dit-il, elles ont une grâce dans le vieux style de
ce traducteur que je ne crois point pouvoir égaler dans
notre langue. » Ainsi, par la noblesse qu'il conquiert, le
langage aliène sa liberté, il perd cette franchise qui per-
mettait de tout aborder et de tout dire ; le français de
Louis XIV est, comme le grand roi de Boileau, enchaîné
par sa grandeur, et comme lui, il a bien le droit de s'en
plaindre un peu.

Tout compte fait, la langue du XVIIe siècle a été ce qu'était l'esprit du temps, parole expressive qui convenait à la fois à la chaire et au théâtre, aux entretiens d'une société polie comme aux savantes méditations du penseur. Elle a été à la hauteur de ses destinées ; et toutes les récriminations ou légitimes ou paradoxales ne prévaudront pas contre ce jugement, que l'expérience et la comparaison viennent confirmer tous les jours : le XVIIe siècle est à tous égards le plus beau, le plus complet de l'histoire littéraire de la France.

30. En résumé, tel est l'éclat littéraire dont rayonne l'esprit français sous Louis XIV que l'histoire de la langue se confond alors avec l'histoire de la littérature. Les efforts successifs de trois hommes éminents : Henri IV, Richelieu, Louis le Grand, avaient assuré l'unité monarchique et nationale de la France; cette forte discipline s'étendit jusqu'à la langue et fut consolidée par l'autorité souveraine du génie.

Cependant l'amour de la nouveauté et l'esprit d'imitation substituant à l'influence italienne l'influence espagnole, celle-ci s'exerce surtout sur le caractère et sur le goût ; elle inspire au français une préférence pour la dignité du ton, la noblesse des images, de sorte que les leçons de la mode espagnole se trouvent d'accord avec les enseignements de la littérature grecque et de la littérature latine. A ce même but concourt l'esprit d'autorité et de discipline répandu dans le clergé ; mais le clergé même comprend deux écoles opposées de sentiments et de méthode : l'école mondaine et conciliante des Jésuites, l'école austère et rigoureuse de Port-Royal.

Quelques influences individuelles d'un grand poids méritent une mention particulière : au premier rang se place Henri IV, dont l'esprit et le cœur tout français mettent fin à l'ère des Valois et cherchent à faire prévaloir dans la langue les qualités françaises. Il trouve un précieux auxiliaire dans Malherbe, ennemi de toute affectation et fier du titre de tyran des mots et des syllabes.

Le besoin de réforme et de régularité littéraire était si fort dans l'esprit du temps qu'une société se fonde et se continue pendant soixante ans à l'hôtel de Rambouillet, se donnant pour mission d'épurer, d'ennoblir la langue et de simplifier l'orthographe. Des modèles du style nombreux, élevé sans obscurité et sans emphase sont fournis par Balzac, auquel il n'a manqué pour être un grand écrivain qu'un sujet à traiter, à la hauteur de son imagination et de son style.

Par la fixation naturelle de la langue sont provoqués les travaux logiques des grammairiens ; en 1632, Cotgrave publie un vocabulaire anglo-français ; en 1635, le cardinal de Richelieu fonde l'Académie française avec la mission de fixer le lexique, la grammaire, et de juger les œuvres de l'esprit que le grand ministre veut soustraire aux caprices de la mode et aux engouements pour les usages de l'étranger.

Le plus scrupuleux observateur de ce programme est Vaugelas : c'est un partisan de l'expérience qui conciliant le néologisme avec la tradition, prouve par le fait même que l'idiome est déjà fixé dans son vocabulaire et dans sa syntaxe, mais par malheur ne prend nul souci du passé.

Du travail libre et actif des autres grammairiens sortent en 1680 le dictionnaire de Richelet et en 1690 le dictionnaire de Furetière, suivi, en 1694, du dictionnaire de l'Académie, nomenclature exacte de la langue littéraire sévèrement épurée, où, sans nul souci du caractère organique des langues, le français est considéré comme fixé d'une manière immuable, et la part de l'avenir n'est pas plus faite que la part du passé.

Cette illusion s'explique d'ailleurs par l'excellence des œuvres en prose et en vers qui ont immortalisé la langue du XVIIᵉ siècle. L'étude de l'influence exercée par chacun des grands écrivains se rattache à l'histoire même de la littérature ; il faut seulement signaler Molière et Boileau, à cause de l'action toute directe qu'ils ont exercée par leur vive critique de la langue des Précieuses.

Puisque nous rencontrons un vocabulaire complet et une grammaire détaillée qui se retrouvent à peu près dans le vocabulaire et dans la grammaire du XIXᵉ siècle, il suffit de signaler quelques faits comme l'emploi orthographique dans l'alphabet de deux signes distincts pour i et j, pour u et v ; la fixation des règles du participe présent et de celles du participe passé, telles à peu près que nous les avons conservées, avec leurs anomalies inexplicables. En versification la règle de l'hiatus est établie avec une rigueur extrême par Malherbe, qui en cela comme pour la rime cherche à satisfaire plutôt les yeux que l'oreille. L'usage commence à se répandre de faire sentir toutes les consonnes et de les articuler aux dépens de l'harmonie du langage et du rhythme des vers. Enfin l'orthographe tend à se simplifier.

La langue du XVII° siècle est la parfaite image des caractères mêmes de l'esprit français à cette époque. Elle a pour qualités saillantes la clarté, l'exactitude, la précision, la noblesse; ces tendances vont parfois jusqu'aux défauts vers lesquels elles inclinent : la sécheresse, la froideur et l'emphase. Aussi les grands écrivains ont-ils déploré l'œuvre des grammairiens qui ont appauvri la langue de Villon et de Marot, diminué les ressources du vocabulaire, « trop ébranché le vieux chêne gaulois. »

Même avec ces imperfections, la langue du XVII° siècle, immortalisée par tant de chefs-d'œuvre, est restée notre plus beau titre de gloire nationale et le moins contesté. Cette langue, harmonieux mélange de force et de justesse, est comme un type idéal dont l'esprit français doit toujours craindre de s'écarter dans ses innovations. N'a-t-elle pas suffi à la peinture de tous les sentiments humains; n'a-t-elle pas été l'instrument de Bossuet comme de Molière, de La Fontaine aussi bien que de Pascal ?

14

CHAPITRE XVIII

Apogée de la langue et de la littérature modernes. XVIIIᵉ siècle (siècle de la révolution).

1. Le principe de l'indépendance et de la souveraineté de la raison humaine avait été, au XVIᵉ siècle, l'âme d'une révolte contre l'Église catholique, dont l'Allemagne subit encore aujourd'hui la sanglante expiation. Au XVIIᵉ siècle, avec une mesure qui fait le plus grand honneur à l'esprit français, Descartes avait revendiqué les droits de la raison dans la recherche scientifique de la vérité. Ainsi, la raison humaine étendait ses conquêtes et son domaine dans le monde de la pensée ; mais

l'autorité de la tradition, de l'usage et des mœurs était
restée souveraine dans le monde social et politique, où
la protégeaient de leur puissance et de leur éclat le
génie de Richelieu et la gloire de Louis XIV.

2. Cependant, même sous l'empire de la discipline
majestueuse propre au grand siècle, déjà vers la fin du
règne du grand roi, fermentait un amour d'indépendance, un besoin de la liberté dont la France ne s'est
jamais tout à fait désintéressée. Des deux esprits qui se
sont toujours disputé le gouvernement des choses
humaines, l'esprit de conservation dominait depuis
longtemps; il semblait avoir enivré et assoupi la société.
L'heure du réveil avait sonné, l'esprit de progrès allait
être dorénavant l'âme de la France; ce fut un élan
général vers un but plus élevé, une aspiration universelle vers le mieux. Cet instinct nouveau agitait à la fois
et les cœurs généreux qui espèrent bien de l'humanité,
et les esprits malades qui trouvent commode de rejeter
sur la société le mal moral dont ils souffrent et dont la
cause est en eux. Enfin, comme il arrive toujours dans
ces rébellions contre le passé, ce n'était pas seulement la
raison de l'homme, c'était aussi l'appétit de la brute qui
voulait secouer le joug; ainsi toute inondation répand
autant de limon malsain que d'eau fécondante. A côté
de la cour du duc de Bourgogne, où se propageaient et
s'élevaient par la discussion les théories généreuses de
Fénelon, florissait la cour de Ninon de Lenclos, tout
entière à l'épicuréisme raffiné de La Fare et de Chaulieu.
Par malheur, ce fut la bannière de l'épicuréisme que

l'esprit nouveau arbora, et le nom de libertins donné à ses défenseurs déconsidéra la liberté, au début même du XVIIIe siècle.

3. Avec Louis XIV prenait fin la société noble, régulière, disciplinée ; avec le Régent commença le caprice, le désordre ; la vie fut livrée aux passions honteuses, l'esprit courbé sous le joug des sens, et les plus vives qualités de l'imagination servirent à jeter un vernis séduisant sur les plus grossières brutalités.

La débauche est partout dans les esprits comme dans les mœurs ; ce qu'on cherche ce n'est plus le grand et le vrai ; c'est le brillant, le neuf, l'imprévu. Des idées, le désordre passe jusqu'aux mots et au langage : le début du XVIIIe siècle a aussi ses Précieuses, et Lamotte est le Voiture de la duchesse du Maine ; les périphrases du château de Sceaux valent bien celles de Rambouillet : une haie se nomme *le suisse du jardin* ; étudier la géographie c'est entreprendre un *voyage sédentaire*, etc.

Toutes ces fadeurs et toutes ces platitudes furent vite emportées dans le grand courant de l'esprit et de la langue, et les bureaux d'esprit se virent bientôt balayés sans laisser de traces. Cependant le danger de la contagion était réel et sérieux, parce que ces niaiseries étaient liées à une heureuse vivacité dans le tour de la phrase et à des nouveautés durables.

4. Sans doute, la réaction sensualiste de la Régence a toute l'ardeur d'une revanche prise par les plus tristes penchants de notre nature ; cependant, au dessus de ses excès déplorables, il faut voir l'esprit qui anime le

travail de transition ; il doit être l'esprit du siècle tout
entier. Un appel est adressé à la raison humaine, elle
règne par l'opinion, elle est l'autorité suprême qui
détrône toute autre autorité. L'homme, qui se croit apte
à se gouverner lui-même, ne veut plus subir aucun
joug, il proclame son indépendance et ne reconnaît que
la raison pour juge des limites qui doivent être assignées
à son pouvoir et à son activité. Aussi, dès le début du
XVIIIᵉ siècle, le culte de l'intelligence sous toutes ses
formes est poussé jusqu'à l'idolâtrie ; les sociétés littéraires se multiplient, les salons ouvrent leurs portes aux
gens de lettres sur la réputation seule de leur instruction et de leur intelligence ; l'opinion leur sait gré de
n'avoir ni fortune ni naissance, parce qu'ils lui fournissent ainsi l'occasion de marquer sa déférence nouvelle
pour l'aristocratie de la pensée et de la parole, seul
avantage qu'elle honore en eux. Comme le courage
et la force guerrière au moyen âge, comme la faveur du
monarque au XVIIᵉ siècle, c'est l'esprit qui fait la puissance ; la supériorité intellectuelle assure les autres
supériorités.

5. La connaissance et l'imitation des mœurs et des
idées anglaises contribua d'une manière très-efficace à
cette révolution dans notre pays. Car, au début du
XVIIIᵉ siècle, lord Chesterfield avait remarqué qu'un
Français de son temps n'entendait point le mot de patrie,
mais qu'on obtenait tout de lui au seul nom de son
prince. Peu d'années après, quelle différence ! La
distinction entre le prince et la patrie est comprise de

14.

tous, et l'écolier instruit par Montesquieu et par
Voltaire, les deux propagateurs des doctrines anglaises,
l'écolier a bientôt égalé et dépassé son maître.

Ainsi la révolution qui doit immortaliser ce siècle, avant
de se produire dans les faits, éclate dans les idées par le
soulèvement de l'opinion contre les traditions reçues ; la
France se sent enfin lasse de porter un joug et elle le dit.

6. Au moment même où la Raison proclame son
autorité, elle se trouve en présence d'un ordre de choses
qui la révolte si fort que sa première œuvre est une
œuvre négative et de destruction. Les procédés d'examen et de libre discussion sont appliqués à toute chose
et à toute institution ; le contrôle du sens commun est
partout réclamé, imposé comme l'épreuve suprême et
décisive. Mais au début de ce règne nouveau, le choc de
mille opinions individuelles, la licence des attaques,
l'énergie des ripostes, le spectacle des mille contradictions insolubles, tout entraîne les âmes vers le scepticisme. Ce scepticisme commence par être discret et
mesuré, il s'impose des limites, il admet des réserves
dans la philosophie de Montesquieu et de Voltaire.

Ces penseurs empruntent à l'Angleterre, avec sa foi
dans la valeur native de la raison individuelle, les
principes de son gouvernement, sa méthode expérimentale, son culte de la réalité, de la vie, du mouvement. Cependant la critique, la négation, la ruine
de toute autorité, telle est au fond l'âme de Voltaire,
et de cette première période du XVIIIe siècle dont
Voltaire est le représentant et le guide.

7. L'irréligion se produit bien vite comme une conséquence spontanée de cette passion d'indépendance, la
cause de la religion se trouvant confondue avec celle
du clergé, et la cause du clergé confondue avec celle de
noblesse. En effet, la discipline traditionnelle de l'Église,
sa puissance fondée sur une autorité indiscutable, le
mélange des intérêts du clergé avec ceux de la féodalité
et de la monarchie, auxquelles étaient dus la richesse et
le pouvoir séculier des évêques, tels sont les faits qui
associent le catholicisme au sort des institutions du
passé et qui font porter sur l'Église les coups adressés
d'abord à la constitution générale de la société française ;
bien qu'au fond nulle des doctrines catholiques ne fût
liée à ces abus sociaux.

Le spiritualisme lui-même est entraîné dans la ruine
commune parce que l'ardeur de la révolte contre le
crédit du clergé inspire une prédilection pour tout ce qui
est fondé sur l'expérience et les données des sens. En
haine de l'idéalisme catholique, une réaction en faveur
des sens se produit dans la philosophie, les lettres, les
sciences et les arts. C'est l'œuvre de ce bon sens français que nous connaissons tous, bon sens armée d'esprit
et de malice, mais sans nulle élévation morale, sans
nulle intelligence du monde supérieur ; c'est l'œuvre de
Voltaire, philosophe pétillant de vivacité, mais dépourvu de profondeur, de Voltaire déjà vieux à vingt
ans, encore jeune à quatre-vingt-trois ans.

8. Aussi l'œuvre dépasse de beaucoup les plans et les
espérances de l'ouvrier. Longtemps comprimés sous la

discipline religieuse, le corps et ses appétits se redressent à l'appel des philosophes ; ils secouent le joug politique de l'État, le joug moral de l'Église. Cette première révolution accomplie est le point de départ d'une révolution nouvelle contre laquelle le crédit même de Voltaire est impuissant. Il ne peut réussir à imposer à la foule les limites qu'ont fixées son bon sens et son intérêt ; Voltaire veut bien laisser brûler les prêtres qui l'excommunient, mais il ne consent pas à fermer les salons des grands seigneurs qui l'accueillent, l'applaudissent et le portent en triomphe ; il veut respecter un ordre social où s'exerce avec tant d'éclat l'autocratie de son génie et de sa fortune. Vains efforts, le scepticisme suit sa pente, et, se jouant de tous les obstacles, il aboutit par la fatalité de sa nature au matérialisme absolu.

9. En dépit des résistances et des colères du maître, les disciples s'acharnent à l'œuvre de destruction ; l'*Encyclopédie* de Diderot et de d'Alembert est comme la transition de la philosophie de Voltaire au livre *de l'Esprit*, où Helvétius assimile l'homme à la brute, et au *Système de la nature* [1], dans lequel d'Holbach nie tous les sentiments généreux, tous les principes supérieurs de l'âme humaine, les taxe de puériles rêveries, et soumet le monde à la loi d'un développement fatal. La liberté sans règles, tous les droits sans un seul devoir, l'homme sans Dieu, voilà le fond de cette école, voilà le dernier fruit du scepticisme libertin du Régent, du scepticisme antichrétien de Voltaire [1].

1. Voir *Précis de Philosophie*, par PELLISSIER. T. I.

10. Oui, quand le frein et la règle ne sont plus dans l'État, il faut qu'ils soient dans l'âme de chaque citoyen. Avec la liberté civile devrait commencer le règne moral de la religion ; sans cette discipline sacrée, toutes les révoltes, tous les excès sont les conséquences naturelles de la liberté humaine.

La pudeur même était comme une contrainte et une chaîne imposées par le despotisme de l'ancien régime ; le XVIIIe siècle, jaloux de briser toutes les entraves, se plaît à une licence d'images et de pensées qui a été l'une de nos fautes les plus tristes et les plus funestes. A ses tentatives de réforme, même modérée, Voltaire avait eu le tort d'associer l'obscénité du langage, et l'esprit public, entraîné par l'exemple avait déshonoré lui-même son autel et son dieu nouveau. C'est aujourd'hui le châtiment de la France que la licence dans les images et dans les mots, l'affectation de libertinage et d'impiété passent dans notre pays pour les compagnes inséparables de l'esprit d'indépendance. Cette ignoble alliance a compromis le parti libéral ; elle se retourne contre lui en fournissant à bien des âmes nobles et délicates l'arme la plus redoutable de toutes : le dégoût et le mépris.

11. Cependant l'excès du matérialisme et de l'impiété provoquent, en faveur de l'âme et de Dieu, une réaction dont l'auteur principal fut J.-J. Rousseau ; mais cette réaction même reste encore fidèle aux inspirations générales du temps. Toujours animée de ses passions, elle continue sous une autre forme la guerre contre les traditions et les autorités du passé. Et cette guerre est

peut-être plus terrible encore, parce qu'elle attaque
l'État et l'Église non plus par la raillerie et l'impudeur,
mais au nom du cœur et par le raisonnement. La rhétorique ardente de Rousseau, malgré ses hostilités
contre Voltaire, est encore bien plus destructive que ne
l'avaient été les sarcasmes de Voltaire et les déclamations de l'Encyclopédie. Ainsi se continue et s'accuse
sous les formes les plus diverses le caractère du XVIIIe
siècle, son esprit tout négatif : l'imagination comme le
jugement, le sentiment comme l'esprit, la verve piquante aussi bien que l'éloquence la plus étudiée, tout
prend part à cette vaste conjuration contre toute autorité humaine ou divine ; le présent renie le passé.

12. En effet, si les hypothèses des matérialistes, dont
plus tard Gœthe était épouvanté comme de l'aspect d'un
cadavre, si ces hypothèses finissent par révolter le sentiment moral dont Jean-Jacques est l'éloquent avocat ;
si la réaction rouvrant à l'esprit français le monde religieux le ramène à Dieu et à la croyance dans l'immortalité de l'âme, c'est au nom seul de la raison et de
l'instinct religieux que s'accomplit cette révolution ;
car l'école de Rousseau associe l'esprit religieux, les
plus tendres émotions de la piété, les élans mêmes du
mysticisme à une négation obstinée des dogmes de la
religion révélée, à une invincible antipathie contre
l'Église catholique.

La raison émancipée se croyait infaillible ; comment
son orgueil exalté aurait-il pu subir une religion fondée
sur l'humilité, c'est-à-dire sur la défiance de soi-même

sur la conscience de la faiblesse et du néant de l'homme?

Aussi le même orgueil humain soulevait contre la discipline chrétienne Rousseau comme Voltaire, comme les Encyclopédistes. Mais, tandis que Voltaire, circonspect jusque dans la colère, prêt à bien des accommodements, à bien des transactions, glissait toujours à la surface et n'appuyait sur rien par peur de prêter au ridicule en choquant le sens commun, Rousseau, plus sincère, plus profond, plus étroit, ne recule jamais devant le paradoxe même extravagant, et, comme fait la passion, il se réserve naïvement le droit de se contredire lui-même par de continuelles palinodies.

Le succès immense, universel de Rousseau, le fanatisme passionné dont il fut l'objet, s'expliquent d'ailleurs, en dépit de ses utopies et de ses vices, par la sincérité de son amour pour la nature, la raison et la liberté, et par l'incomparable éloquence dont il sut revêtir une argumentation spécieuse et serrée. Quant à la durée éphémère de cette vogue, quant à la réaction qu'elle a provoquée, elles se justifient parce que, dans son inquiétude maladive, Rousseau a souvent adoré ce qu'il croyait brûler : l'emphase, le caprice et le despotisme.

L'apogée du crédit moral de Rousseau coïncide à peu près avec cette année 1778 qui vit sa mort après celle de Voltaire ; c'est aussi la fin de la période spéculative et théorique du XVIIIᵉ siècle. Dans les années qui suivent, les doctrines vont se traduire en faits. Ce n'est plus par des petits vers et de longs discours que la France affirme sa force et l'exerce au dehors ; sa tribune retentissante et ses armes viennent à l'appui de ses principes.

L'œuvre littéraire et morale étant achevée, c'est le moment d'examiner de quelles formes nouvelles Montesquieu, Voltaire et Rousseau ont pu doter la belle langue que le XVIIᵉ siècle leur avait transmise.

13. La langue de Montesquieu est revêtue des qualités moyennes de cet esprit tout français, c'est-à-dire fin, mesuré, délicat, piquant, mais parfois méthodique jusqu'à la sécheresse. Dans les *Lettres persanes*, Montesquieu retrouve la vivacité pénétrante de Pascal ; il a le trait acéré de La Bruyère, avec plus de netteté peut-être, mais avec moins d'éclat ; sa langue a déjà quelque chose de plus pratique ; elle est d'un publiciste plutôt que d'un philosophe. Cependant la mesure que s'impose l'esprit du réformateur se trahit jusque dans l'indécision de son langage ; le français de Montesquieu a parfois le goût de la précision plutôt que la précision même ; il est souvent indécis, tantôt terne et froid, tantôt trop complaisant pour les habitudes et les préférences d'une époque de débauche morale et intellectuelle.

D'ailleurs les nouveautés de Montesquieu, sont plutôt dans les idées que dans les mots : le vocabulaire et la syntaxe du style des Lettres persanes sont dignes du grand siècle ; même dans les passages les plus légers, la gravité du magistrat se trahit par le ton et le langage.

14. Voltaire a mis et laissé dans tout ce qu'il a fait l'empreinte de son génie à la fois si personnel et si national. Jaloux par-dessus toutes choses de la raison, du bon sens et de la lumière, il a dépouillé la langue

française de son ampleur et de sa majesté pompeuse pour
lui donner des allures plus naturelles, plus simples et
plus faciles. L'énumération de ses heureuses innovations
dans la prose ne saurait être complète : suppression
des conjonctions, des phrases incidentes, des épithètes
de nature ou de remplissage ; nul sacrifice à l'effet
d'une période ; une vivacité, une variété de constructions
qui se plie à tous les caprices de l'imagination ; dans la
pensée et dans la phrase, un tour particulier qui offre
au lecteur l'occasion de deviner quelque chose et lui
procure une satisfaction de lui-même qui retombe en
éloges sur l'écrivain ; car c'est une des séductions les
plus adroites de Voltaire que de charmer moins encore
par l'esprit qu'il déploie que par celui qu'il prête à son
lecteur. Jamais un écrivain n'eut mieux conscience de
l'œuvre littéraire à laquelle il se vouait ; il disait lui-
même : « Si mon ouvrage n'est pas aussi clair qu'une
fable de La Fontaine, il faut le jeter au feu. » Être
compris sans effort, voilà l'objet suprême de sa rhétorique ; il écrivait encore : « Les Français ne savent pas
combien je prends de peine pour ne leur en point
donner. »

Mais sous prétexte de rendre ses leçons accessibles et
faciles, Voltaire mêle trop volontiers les genres les plus
divers, les tons les plus discordants ; il a la prétention de
prouver qu'on peut parler de tout, même de théologie,
sans cesser d'être amusant et spirituel. Aussi, en même
temps qu'il donne au style familier l'agrément dont il est
susceptible, il y fait rentrer tous les genres et tous les
sujets. Rien d'étonnant que l'écrivain perde en exactitude

15

et en rigueur ce qu'il gagne en clarté; sa langue correcte et facile a émoussé le nerf et le relief de la langue de Pascal ; aussi peut-il se comparer lui-même aux « petits ruisseaux, transparents parce qu'ils sont peu profonds. »

Son principe, que la raison doit pouvoir se rendre compte de tout, condamne encore Voltaire à pratiquer et à prôner des corrections orthographiques dont les simplifications auraient altéré gravement le caractère étymologique des mots. Du reste, toute la partie de cette réforme qui pouvait être acceptée a passé dans notre usage.

A la suite de Voltaire, il serait injuste de ne pas faire une place au plus brillant, au plus passionné des Encyclopédistes, à ce Diderot dont l'imagination s'est gaspillée en mille œuvres éphémères. Diderot mérite une place dans l'histoire de notre langue pour la justesse et la vivacité qu'il lui a données dans l'analyse et la discussion des questions relatives aux arts. Il a été le père et devrait rester à certains égards le modèle de la critique quotidienne et militante.

15. L'influence de J.-J. Rousseau sur la langue a été peut-être encore plus étendue et plus profonde que celle de Voltaire, parce que même les ennemis déclarés de ses doctrines ont subi le prestige de son style.

Déjà Buffon, joignant la règle à l'exemple, avait donné la théorie du style noble; il avait analysé, pour les proposer à l'imitation, les procédés employés par les grands écrivains du XVIIᵉ siècle; il les avait ramenés à cette

règle : nommer les choses par les termes les plus généraux. Mais rien ne discrédite plus une école que de con-
denser ses doctrines dans une formule. D'ailleurs, cette
froide rhétorique avait été d'avance condamnée par les
critiques de Pascal et par la pratique journalière de Bossuet et de Fénelon ; enfin, appliquée sans goût et sans
mesure, cette règle devait conduire à l'emphase, au vide,
à l'obscurité. Le style oratoire et tendu de Buffon ne
pouvait à aucun titre, demeurer le modèle du langage
qui convient à la science de la nature; mieux vaudrait
cent fois pour le naturaliste être poète qu'orateur; en
pareil sujet, la poésie est plus près de la vérité que n'est
la rhétorique.

C'est à titre d'artiste et de poète que Rousseau tient un
rang très-élevé dans l'histoire de notre langue. Observateur intelligent et enthousiaste, Rousseau est poète
en prose ; son admiration pour la simplicité naïve de
la nature va jusqu'à une sorte de culte ; il ne trouve
rien de bas, rien d'intime dans ce que les champs offrent
à ses yeux ; les moindres détails appellent son regard,
captivent son attention, et il assouplit la langue pour
l'approprier à la peinture exacte et minutieuse des objets.
En même temps, ses exigences de musicien réclament,
outre la limpidité du terme propre et précis, la sonorité,
le nombre et le rhythme qui font la mélodie de la phrase
et de la période. Mais, dans une nature ardente et
passionnée comme celle de Rousseau, le mal est tout à
côté du bien. Ce même amour de la simple nature,
étendu au monde moral, fait de Rousseau l'avocat de
l'instinct contre la raison, du cœur contre le bon sens,

du sentiment contre l'autorité. Bientôt cette opinion exagérée, faussée par la résistance des obstacles et par l'excitation de la lutte, aboutit au paradoxe. Rousseau affecte une sorte de cynisme dans la peinture des faits et des sentiments ; il les admet tous, même ceux qui n'ont d'autre recommandation que d'être vrais, pris et copiés d'après nature. L'exagération de la pensée et du sentiment se traduit dans le style par l'amour des contrastes, la recherche des antithèses les plus forcées, la poursuite des alliances de mots qui abaissent à plaisir l'idiome aristocratique du grand siècle. De là, en fin de compte, à la place de la logique, du mouvement et de l'émotion sincère, nous trouvons des incorrections, de la déclamation, de l'emphase, des mots, du bruit.

Toutes les qualités et tous les défauts de l'esprit de Rousseau se reflètent vivement dans son style ; et, comme son autorité s'est étendue sur toute la société française à la fin du XVIIIe siècle, il a laissé son empreinte dans notre langue, ainsi que dans les théories de notre goût littéraire et moral. Rousseau est bien plus radical dans ses espérances et dans ses prétentions que ne l'était Voltaire, et son crédit se mesurant à son audace, à sa confiance en lui-même, il donne à l'esprit français, avec l'amour de la nature, le besoin de tout ramener à des principes abstraits et généraux d'où seront tirées avec rigueur les conséquences qu'ils contiennent. D'autre part, son affectation à en appeler au sentiment et son ton déclamatoire préparent des exemples à cette éloquence boursouflée, chargée à la fois d'abstractions et d'épithètes emphatiques qui est propre aux tribuns de la Convention, à cette éloquence qui unit le ridicule à l'odieux et qui régna sans partage aux plus mauvais jours de notre histoire.

16. Une œuvre plus modeste et plus féconde dont il faut savoir gré à Jean-Jacques, c'est d'avoir fait sentir et goûter les charmes de la nature, la grâce vraie de la naïveté. Cette œuvre est continuée par un amant passionné de la vie champêtre, on dirait presque de la vie sauvage, Bernardin de Saint-Pierre. Écrivain moins ardent et coloriste moins puissant que son maître, Bernardin de Saint-Pierre mérite cependant une place à part dans l'histoire de la langue française ; ce fut un philologue érudit et ingénieux qui, échappant aux illusions vaniteuses de son siècle, comprit l'intérêt que peut avoir pour le français l'étude de ses origines.

Bernardin n'est pas seulement un émule de Rousseau, il est aussi le disciple intelligent d'Amyot et de Montaigne. Il s'attache à joindre la souplesse du naturel à la dignité majestueuse des écrivains du grand siècle ; il innove surtout par la simplicité familière des mots, par la variété libre des tours. L'abondance dans la naïveté, telle est la qualité que cet aimable esprit veut ajouter à l'idiome français ; il l'enrichit d'expressions et d'images que la désuétude fait paraître nouvelles, et qu'un emploi judicieux rajeunit et met en honneur. Si le malheur des temps ne l'eût condamné à subir en imitateur la contagion de l'école sentimentale, Bernardin de Saint-Pierre tiendrait un rang très-distingué dans l'histoire des manifestations de l'esprit français. Ce

charmant écrivain semblait même appelé à exercer une
action très-puissante sur le progrès de la langue française; mais ce n'était plus de mots qu'il s'agissait à la fin
du XVIIIe siècle : le chant du poète devait être étouffé
par le tonnerre de la tribune; après l'idylle voici venir
la tragédie et le drame sanglant.

17. A partir de 1789, la théorie des philosophes se
transforme en pratique et se traduit en actes; appliquer
les principes et pratiquer les doctrines, telle est l'œuvre
de la Révolution française. Les leçons des Encyclopédistes sont l'inspiration des assemblées qui dirigent
l'opinion ou qui lui servent d'interprètes. Mirabeau rai-
sonne comme Voltaire ; il se passionne comme Rousseau ; et c'est grâce à cette alliance de la logique et du
sentiment que, malgré bien des déclamations, l'orateur
entraîne son auditoire, plus souvent dompté que séduit.
Au milieu de l'enivrement de son succès, l'esprit français étend son empire sur tout le monde civilisé; la
vieille Europe, aussi bien que le nouveau monde, apprend de la France le culte de la justice et de la raison,
le respect des droits de l'homme et l'amour de la
liberté. Beccaria écrivait dans la préface de son bel
ouvrage : « Je dois tout aux livres français; ils ont développé dans mon âme les sentiments d'humanité. »
Mais on ne sait que trop comment cette ivresse de la
raison conduisit en quelques pas aux excès et à la dé-
mence. Les mots raison et liberté servirent de passe-
port au despotisme le plus violent ; le symbole de la
charité chrétienne fut oublié, et le fanatisme de l'égalité

y substitua le symbole de la fraternité ou la mort. Au
nom de la foi, la tyrannie avait allumé des auto da-fés :
au nom de la raison indépendante on dressa la guillo-
tine. Que la réalité de 93 est loin des rêves de 89, loin des
prédictions de Mirabeau : « La raison finira par dompter
ou, ce qui vaut mieux, par modérer l'espèce humaine
et gouverner tous les gouvernements de la terre ; Mars
est le tyran, la raison est le souverain du monde ! »

Une apothéose insensée de la raison humaine et de
ses égarements a comme effet naturel de mettre la loi
morale, pour chaque homme, dans son sens individuel,
pour la société humaine dans le sens commun, c'est-à-
dire dans l'opinion de la majorité. Qui veut se soustraire
aux caprices de ces deux tyrannies nouvelles doit opposer les principes aux principes, les opinions aux opinions ; de là des discussions sans fin ni mesure, la dispute partout à la place de la foi ; toute chose mise en
question, c'est-à-dire livrée en pâture aux sophismes de
la passion et de l'intérêt. Une fois lancé dans cette voie
périlleuse, sans guide, sans boussole, sans principes
fixes, l'homme s'aigrit par la dispute, il met en doute
la bonne foi de son adversaire. De ce soupçon injurieux
aux coups et à la guerre civile il n'y a plus qu'un pas ;
il était impossible que ce pas ne fût point franchi.

18. Mais il faut reconnaître que la langue tira un véritable profit de cet état moral dont la conscience et le goût
public subirent si cruellement les atteintes. La langue
avait été déjà fixée par les grands écrivains de l'âge
précédent. Ils avaient trouvé dans son vocabulaire et

dans ses usages des mots et des formes pour toutes les pensées et tous les sentiments ; ils en avaient fait approuver et applaudir les chefs-d'œuvre par le monde civilisé ; mais cette langue avait plus de puissance et d'autorité que de mouvement et de souplesse. A l'époque même de la fondation de l'Académie, on se plaignait déjà que l'assemblée souveraine recueillît seulement la langue de l'imagination, sans songer à celle des sciences ; mais c'était le siècle de la poésie et de l'éloquence, sa langue était par excellence une langue poétique et oratoire.

Dès le début de l'âge révolutionnaire, la naissance et la diffusion de l'esprit d'examen forcent la langue à gagner la flexibilité nécessaire aux allures de la discussion. Ainsi, par la loi impérieuse des temps, le français voit se développer et grandir des qualités dont le xve et le xvie siècles avaient dès longtemps jeté les germes, étouffés un moment par le respect de l'autorité sous Louis XIV. La langue française, au début du xviiie siècle, devient tout à fait semblable au portrait qu'en trace Voltaire ; c'est bien la langue de la conversation ; elle a la facilité, la familiarité, la grâce d'une causerie soutenue, sans perdre rien de sa fermeté ni de sa vigueur.

Cependant, de même qu'en morale, les théories générales et abstraites de justice et d'humanité dispensent trop souvent certains philosophes de toute obligation particulière, de même la langue s'accommode trop volontiers d'une simplicité qui remplace la justesse et d'une limpidité qui tient lieu de profondeur. Voltaire lui-même en est convenu, et il a réfuté par avance les éloges outrés des fanatiques qui s'imaginent que la langue de Voltaire convient à tous les genres, parce que l'habile écrivain a fait entrer tous les genres dans le cadre du style familier. C'est là une qualité et une imperfection si bien en harmonie avec la nature même de l'esprit et du caractère français qu'elle persista en dépit de l'empire exercé par l'école déclamatoire de Rousseau.

A cette révolution littéraire contribua, presque à son insu, une école de poètes qui cachent le plus souvent la stérilité du fond sous les charmes du langage ; c'est l'école descriptive, dont les amplifications plièrent aussi la langue à l'expression de ce que la peinture seule semblait pouvoir exprimer. Delille, qui souvent paraît à la critique moderne froid, correct et compassé, Delille, cet apôtre puéril de la périphrase, a été de son temps un novateur hardi ; ce fut le promoteur d'une sorte de révolution populaire ; car il eut le courage d'introduire dans la langue de la poésie beaucoup de mots exclus du beau langage par le pédantisme de la tradition.

Quant au néologisme, il a été sans doute pratiqué au XVIIIᵉ siècle avec une indépendance qui touche à la folie, mais presque toujours par des écrivains du second ordre, dont les extravagances ont subi la condamnation du temps après celle de Laharpe et de J. de Maistre. Pour la tradition, battue en brèche partout ailleurs, elle est restée si puissante dans le monde littéraire, que des quinze ou vingt mots nouveaux proposés en soixante ans par Voltaire, quatre ou cinq à peine lui ont survécu : *douteux, patauger, tragédien, vagissement*, etc. Bien plus, à la veille de sa mort, le 7 mai 1778, Voltaire pro-

16.

pose un plan du Dictionnaire où il ferait « revivre toutes les expressions pittoresques et énergiques de Montaigne, d'Amyot, de Charron, qu'a perdues notre langue. »

Rousseau fut plus novateur par le style que par le vocabulaire. L'exaltation de son imagination maladive vint donner à la prose l'accent, l'énergie, la puissance qui semblent le privilége de la poésie. Par un élan naïf et irréfléchi, Rousseau est le premier auteur de cette fusion de la poésie avec la prose qui est un des vices de la langue française du XIXᵉ siècle. Mais au lieu de tomber dans les excès d'une plate imitation des choses, la langue du maître a toute la grâce, la fraîcheur et la richesse de la nature elle-même. En effet, la gloire la plus pure de Jean-Jacques Rousseau est d'avoir appris à tous les artistes français à interpréter la nature, parce qu'il leur apprit à la voir, à la comprendre, à l'aimer ; ainsi l'apôtre de la religion du sentiment en créait la langue. Trop souvent ses disciples de la Convention l'ont fait dégénérer en un verbiage vague et déclamatoire dont les fictions auraient paru bien ridicules si elles ne s'étaient mêlées aux réalités les plus terribles.

19. Les travaux des grammairiens appellent l'attention comme un des éléments de l'histoire complète de l'esprit humain, mais ils portent la trace de l'aveuglement général à l'égard du passé. Pas plus que les philosophes, les philologues du XVIIIᵉ siècle ne comprennent combien est peu sensée, combien est stérile la doctrine qui oppose toujours et à tout propos le progrès à la tradition. Ils ne savent pas chercher dans le passé les ra-

cines et les germes du présent ; ils sont incapables d'expliquer et de justifier les innovations modernes par leur rapport avec la série des transformations anciennes ; il leur manque, comme à leurs contemporains, de comprendre que le présent n'est, après tout, qu'une phase venue à son tour et destinée à s'éclipser à son tour dans la suite des temps. Soumis à l'entraînement qui emporte tous les esprits, les grammairiens ne tiennent à peu près aucun compte du passé de la langue. Bien loin de là, pleins aussi de confiance dans l'autorité souveraine de la raison, ils croient pouvoir poser *a priori* les lois naturelles du langage et admettent en principe que ce qu'ils font est le mieux qu'il soit possible de faire.

De même que les historiens du temps ne se sont guère occupés du passé que pour l'immoler à la gloire du présent et pour montrer, par un effet de contraste, dans quelle nuit et dans quel chaos l'esprit humain était resté plongé jusqu'au jour de la lumière, de même les philologues ne datent guère que d'eux-mêmes la science du langage. Incapables de ramener cette science à une analyse expérimentale des faits que le philologue enregistre avec scrupule avant d'oser en dégager les lois et en se tenant en garde contre toute théorie préconçue, les grammairiens du XVIIIᵉ siècle admettent, comme un des priviléges de la raison, l'aptitude à deviner les lois du langage aussi bien que les droits de l'homme, aussi bien que les principes nécessaires de la vie des nations. Cette illusion fait perdre aux travaux ingénieux de Beauzée toute valeur réelle pour l'avancement de la

science du langage, et donne à ses meilleurs écrits
l'apparence d'une création purement imaginaire.

20. Faute de travaux philologiques suivis avec méthode, il est difficile d'indiquer aucun changement notable survenu dans le vocabulaire et dans la syntaxe de
notre idiome. Pour l'orthographe, Voltaire, directeur et
régulateur suprême du goût public, a tous les honneurs
de la réforme qui simplifie l'écriture et en particulier
substitue *ai* à *oi* pour représenter le son *è*, innovation
dont on retrouve des exemples dès le XIII. siècle.

Voltaire porte également la responsabilité des tentatives
absurdes faites pour bouleverser l'orthographe, et l'on
ne peut expliquer que par un besoin aveugle de popularité l'adoption d'un principe déraisonnable, celui de
prendre pour règle de l'orthographe ce qu'il y a au
monde de plus capricieux, la prononciation ; Voltaire
écrivait-il donc pour ceux qui ne savent pas lire ?

Quant à l'Académie française, trop scrupuleuse dans
un respect du passé qui était loin de l'esprit public,
elle attend jusqu'à son édition de 1750 pour porter le
nombre des lettres dans notre alphabet de 23 à 25, en
admettant le J et le V, et pour faire disparaître de l'orthographe certaines consonnes parasites dans *aucun*,
âge, *il était*, *il fut* etc., que le XVII. siècle écrivait
encore : *aulcun*, *aage*, *il estoyt*, *il feust*, etc. L'édition
de 1762 présente une nomenclature plus correcte et
plus étendue ; elle constate, en la consacrant, l'adoption dans la langue littéraire de plus d'expressions
scientifiques et d'idiotismes familiers.

La prononciation a subi pendant des intervalles variables, mais en général assez courts, l'empire capricieux de la mode. On n'a guère conservé de ces altérations éphémères que le souvenir des affectations propres aux *incroyables* du Directoire, qui, renouvelant à leur insu les ridicules de la cour du roi Henri II, supprimaient les *r* pour adoucir la prononciation et disaient en grasseyant : *ma paole d'honneu*. La révolution du 18 brumaire emporta cette mode puérile avec les libertés publiques dont le douloureux essai avait donné de si déchirants spectacles et de si honteux déboires.

21. Telle est l'histoire sommaire de notre langue pendant ce siècle extraordinaire, dont les historiens peuvent dire également et beaucoup de mal et beaucoup de bien, parce que le progrès y a été payé du plus pur de notre sang et de notre honneur, et parce qu'en même temps l'activité du génie français a trouvé, pour se soutenir et se relever, d'abord les espérances magnifiques éveillées par l'éloquence de Montesquieu, de Voltaire et de Rousseau, puis, dans la sanglante torpeur de 93, la gloire de protéger les frontières menacées par l'étranger et de faire respecter à l'Europe le sol et le drapeau de la patrie.

22. En résumé, la raison humaine voulut après la mort de Louis XIV revendiquer, après son indépendance religieuse et scientifique, sa souveraineté dans le gouvernement moral de la société ; mais ce fut au profit des instincts les moins élevés de notre nature que cette liberté s'exerça.

La corruption descendait de haut ; le Régent mettait
beaucoup d'esprit au service des plus mauvaises passions ; cependant de ce désordre se dégage un culte
passionné de l'intelligence et du savoir, honorés dans
leurs représentants même les plus modestes. L'influence
de l'esprit pratique et libéral des Anglais, étudié avec
admiration par Montesquieu et par Voltaire, se manifeste dans les œuvres principales de ces grands écrivains
par un scepticisme discret et modéré au début. Par malheur, la religion catholique, dont les intérêts temporels
étaient trop mêlés à ceux de la féodalité, est ébranlée
des mêmes coups, et avec elle toute croyance spiri-
tualiste. Le triomphe de la méthode expérimentale et
la révolte des sens longtemps comprimés assurent le
crédit d'une philosophie toute sensualiste, qui, par une
pente rapide, est entraînée à l'athéisme affiché par Helvétius et par d'Holbach, triste désordre qui explique
l'horreur avec laquelle certains esprits associent encore aujourd'hui l'idée de la liberté à celle de l'irréligion et de l'impudeur ! Cependant l'excès provoque une réaction et J. J. Rousseau réclame, au nom
du sentiment moral, le culte de Dieu et la croyance à
l'immortalité de l'âme ; mais il ne relâche rien de l'hostilité contre toute autorité cléricale ou laïque, il ajoute
même à la puissance de l'attaque par la vivacité de ses
émotions et par le cynisme de la passion qui ne rougit
pas de se contredire.

Montesquieu, Voltaire et Rousseau exercent sur la
langue de leur temps une action qui est la conséquence
naturelle du crédit dont jouissent leurs ouvrages.

Montesquieu donne le modèle d'un français précis, vif, pressant dans ses expressions et dans ses tours ; Voltaire porte les mêmes qualités à la perfection qu'elles comportent ; à force de génie et de travail heureux et facile, il réalise l'idéal d'une langue qui suit e revêt la pensée sans l'altérer ni sans gêner aucun de ses mouvements ; sa langue est son esprit, et son esprit est l'esprit même de la France au XVIII₍ₑ₎ siècle. Rousseau, dans une réaction ardente contre Voltaire, reprend et complète l'œuvre déjà entreprise par Buffon, sans toutefois emprunter à celui-ci cette dignité factice et tout oratoire qui fait son originalité, mais qui est aussi sa faiblesse. Poëte en prose, Rousseau ajoute à la précision et à la vérité le nombre et l'élégance naturelle, la passion et la couleur, parfois aussi l'emphase et la déclamation. Son œuvre est continuée avec intelligence, bien qu'avec une sorte de culte trop passionné, par Bernardin de Saint-Pierre, qui engage plus vivement la langue littéraire dans la voie du sentiment et du naturel. Son mérite, unique pour le temps, c'est de s'intéresser au passé de notre idiome, qu'il voudrait rattacher à la tradition de Montaigne et d'Amyot.

Enfin, l'esprit français, cédant à un entraînement irrésistible, essaye de réaliser ce règne de la raison invoqué par Montesquieu, réclamé par Voltaire et dont Rousseau croit avoir rédigé le code et fixé la religion. De là les merveilles et aussi les horreurs de la Révolution française. L'agitation des âmes, l'usage et l'abus de l'examen et de la discussion, ont pour effet d'obliger la langue à s'assouplir et à prendre de nouveau cette

vive allure du xvᵉ et du xviᵉ siècle que la majesté du
xviiᵉ siècle lui avait fait perdre. Le français devenu déjà
la langue de la conversation par l'influence de Voltaire,
la langue de l'imagination et de la poésie par les conseils
et par l'exemple de Rousseau, devient la langue de la
discussion politique et sociale dans les discours de Mirabeau, de Vergniaud, de Maury. La curiosité de l'esprit
français appliquée à la langue elle-même produit des
ouvrages estimables, mais dont les auteurs sont égarés
par cette orgueilleuse pensée que, la raison et la science
datant d'hier, l'homme n'a rien à tirer de la nuit et du
chaos du moyen-âge et que la raison peut concevoir *a
priori* les lois qui dominent toutes les règles du langage.

Aussi est-il difficile de noter aucun changement historique intéressant à cette époque, sauf la diffusion d'une
orthographe plus simple mais moins fidèle à l'étymologie, ou quelques bizarreries de prononciation proposées
par la mode et emportées par le flot de la Révolution.

La langue du xviiiᵉ siècle, malgré la différence des
temps, ne fait guère que reproduire la langue du
siècle précédent. En dépit de ses aspirations à l'indépendance, le siècle de la Révolution française subit
jusque dans ses plus grands écarts le joug de son
éducation littéraire ; il parle toujours la langue de ses
maîtres. Alors même qu'il innove, ce n'est encore qu'en
appliquant des règles, en observant des usages qui
datent du grand siècle. Voltaire, qui n'a rien respecté,
respecte la langue dont il est le fidèle gardien, il écrit
les yeux toujours fixés sur Racine et sur Massillon.

CONCLUSION

ESSAI SUR L'HISTOIRE DE LA LANGUE FRANÇAISE

AU XIXe SIÈCLE

Présent et avenir de la langue française.

1. Réaction morale contre les excès du xviiie siècle. — 2. Caractère et division générale du xixe siècle. — 3. Retour au culte de l'antiquité sous le Directoire et l'Empire. — 4. Indépendance de Châteaubriand, de madame de Staël et de Joseph de Maistre. — 5. Pauvreté de la langue jusqu'en 1815. — 6. Renaissance littéraire à la restauration. — 7. Essai de révolution littéraire. — 8. Influence des littératures étrangères. 9. De l'école romantique. — 10. Attaques contre la langue. — 11. Utilité des tentatives de réforme littéraire. 12. Gloire de la France en 1830. — 13. Naissance d'une littérature industrielle vers 1840. — 14. Abaissement de la littérature et de la langue. — 15. Influence de la littérature sur les faits sociaux. — 16. Esprit public qui en est sorti. — 17. De la critique contemporaine. — 18. Philosophie de l'histoire de France. — 19. Espérances permises pour notre avenir moral et littéraire. — 20. Du génie chrétien et de sa fécondité inépuisable. — 21. Rapport entre les révolutions de la langue et celles de la pensée. — 22. État actuel de l'esprit public. — 23. Classification des écrivains français. — 24. Loi qui doit présider aux progrès de la langue française. — 25. Utilité des travaux de philologie comparée. — 26. Conciliation entre la tradition et le néologisme. — 27. Écueils à éviter. — 28 Conclusion générale.

1. La Révolution de 1789 marque dans l'histoire de la France le triomphe des principes proposés et livrés à la discussion par les philosophes français au XVIIIe siècle. On sait par quels égarements la raison

humaine manifesta son impuissance à tirer d'elle seule
à la fois son inspiration et sa règle, son élan et son frein.
L'anarchie sociale, les désordres politiques et moraux
qui signalèrent le règne de la raison en France ame-
nèrent un épuisement, une prostration morale où la
France ne pouvait demeurer sans renoncer à vivre.
Ainsi la Terreur provoqua dans la nation un besoin
croissant de sécurité et l'horreur des immolations publiques éveilla dans les âmes le désir d'effacer le déshon-
neur de la vie politique par l'éclat de la gloire militaire;
c'est de ce concours de sentiments généreux que sortit,
au début du XIXᵉ siècle, l'Empire.

2. Si l'on ne se laisse pas éblouir par l'éclat incomparable du règne de Napoléon Iᵉʳ, on reconnaîtra que,
depuis la douloureuse perturbation de 93, la société française n'a pu reprendre une assiette définitive; notre
pays n'a pas encore réussi à se donner à lui-même des
institutions fixes et auxquelles l'avenir semble assuré.
Inquiète et manquant d'une foi nouvelle, la France
s'agite plutôt qu'elle n'avance; depuis cinquante ans elle
se lance avec une impétuosité irrésistible dans les di-
rections les plus opposées; elle tente tour à tour les
voies les plus diverses, et se tourne vers tous les points
de l'horizon. Aussi l'unité singulière de notre histoire
contemporaine, c'est l'hésitation même et les oscillations
de l'esprit public. Toujours mécontente du présent, toujours avide de mieux, la France, par de brusques révolutions, passe de l'anarchie au despotisme, incapable
de se fixer dans la jouissance d'une liberté raisonnable,

impuissante à établir et à protéger le développement des droits de l'individu conciliable avec l'ordre dans la société.

Cette partie agitée de notre histoire se trouve divisée par des révolutions en quatre périodes : le premier Empire jusqu'en 1815, la Restauration jusqu'en 1830, la Monarchie bourgeoise jusqu'en 1848, enfin le second Empire.

3. La confiance idolâtre de l'homme en sa raison, l'apothéose de l'humanité venait d'être cruellement contredite par les faits. Cédant à un instinct trop puissant chez nous, la France de 1804 se jeta dans l'excès opposé; la raison n'ayant pas réalisé toutes ses espérances, la France désespéra de la raison et lui imposa une abdication complète. C'étaient les philosophes qui avaient éveillé l'esprit d'examen et mis au jour toutes les théories dont les dernières applications avaient ensanglanté la Révolution ; la philosophie fut condamnée au silence et à l'exil sous le nom d'*idéologie* ; la gloire militaire se chargea de tout remplacer. En même temps, loin d'appliquer aux choses de la pensée la théorie nouvelle du progrès indéfini de l'humanité, l'esprit d'autorité remonta jusqu'au xviie siècle pour trouver des modèles dans l'art de penser et d'écrire : telle fut l'inspiration constante de la littérature impériale. Mais au xixe siècle de l'ère chrétienne, pour les fils de la Révolution, ce culte du passé ne pouvait être que l'œuvre artificielle de l'obéissance et de la peur ; ce n'était pas l'expression d'une foi sincère ; aussi cette littérature tomba-t-elle très-vite dans toutes les misères et toutes les platitudes d'une imitation servile.

Cet abaissement est attesté surtout par les habitudes du style à cette époque. La dignité déjà pompeuse du XVII⁰ siècle s'exagère sous la plume de copistes peu intelligents et dégénère en horreur du mot propre ; la passion de la périphrase allanguit l'expression et donne à certains poëmes de l'école impériale toutes les apparences d'un tissu d'énigmes. En l'absence d'une inspiration poétique ou oratoire, les écrivains officiels et officieux, les seuls que pût tolérer le despotisme napoléonien, empruntent à la littérature de Louis XIV des cadres qu'il ne s'agit plus que de remplir. Le mérite se mesure aux difficultés vaincues dans le développement des lieux communs, et Delille, fier du nombre incalculable de descriptions variées qu'il a versifiées, enregistre avec un orgueil naïf sur sa liste de descriptions un trictrac et plus de cinquante couchers de soleil.

A vrai dire, jusqu'en 1815, l'activité native du peuple français n'a d'autre aliment que la gloire des combats ; la vie est dans la politique et dans la guerre.

4. C'est hors du sol natal, c'est dans l'exil que le génie français produit les fruits qui présagent un temps meilleur pour les œuvres de la pensée. Sous l'Empire, la vraie littérature française est hors de France ; on la trouve à peu près tout entière dans *Atala*, *René*, les *Martyrs* de Châteaubriand ; dans *Corinne* et *l'Allemagne*, de Madame de Staël ; dans le livre *du Pape* de J. de Maistre, qui réagit à sa manière contre la violence de la Révolution. Ainsi l'organisation improvisée en France par le génie de Napoléon n'est pas plus complète

que solide.; la pensée de tous y est absorbée, annulée par la pensée du maître, et la compression tyrannique sous laquelle la presse et la littérature sont à demi anéanties laisse à l'étranger l'honneur de recueillir et d'encourager les œuvres libres de l'esprit. Épreuve glorieuse pour nous, car elle montre qu'en dépit de la France, qui semble alors renier son propre génie, les doctrines de la Révolution française font la conquête du monde civilisé.

5. Pendant ces quelques années si stériles pour le développement de l'intelligence, et pour le progrès du bien-être moral et physique de la nation, la langue française n'est qu'un pâle reflet de l'idiome classique du XVIIe et du XVIIIe siècle ; elle végète plutôt qu'elle ne vit. Les travaux d'érudition philologique qui doivent illustrer Abel de Rémusat et Champollion ne contribuent pas encore à élargir le champ des conceptions historiques ; personne en France ne tire des faits qu'ils recueillent la science des lois organiques de la langue ; leurs études sont des germes destinés à donner plus tard et leurs fleurs et leurs fruits.

6. Aussi, en 1815, la Restauration de la dynastie à laquelle la France avait dû Henri IV et Louis XIV marque une vraie renaissance de l'esprit français. Dans les loisirs d'une paix chèrement achetée, la France consacre sa féconde activité à consolider la liberté politique et religieuse, à discuter les conditions générales de la vie sociale, à tenter l'accord si difficile entre l'ordre et la liberté. Rendu à lui-même, l'homme s'é-

lance avec ardeur dans toutes les voies qui sollicitent sa curiosité. L'esprit de libre examen, appliqué aux conceptions religieuses, anime à la fois l'*Essai* de l'abbé de Lamennais et les *Soirées* de Joseph de Maistre; le retour raisonné aux principes du christianisme inspire à Lamartine ses *Méditations*, ainsi que le patriotisme dicte à Béranger ses *Chansons*, à Casimir Delavigne ses *Messéniennes*. P. L. Courier porte les qualités de l'esprit français dans l'étude de l'antiquité, comme Cuvier et Geoffroy Saint-Hilaire dans la philosophie de l'histoire naturelle; la fantaisie s'enivre du bruit des mots et du choc des rimes dans les *Odes et Ballades* de M. V. Hugo, et l'étude sérieuse des monuments du passé porte Barante au niveau de Froissart, Augustin Thierry à l'égal de Montesquieu, M. Guizot presque au rang de Bossuet. Ce sera l'une des gloires les moins contestables de la Restauration que ce mouvement de la France vers la justice, la sagesse et la raison en politique, vers le vrai dans les œuvres d'imagination; généreuse ardeur du savoir, noble culte des grandes causes : après l'élan guerrier, l'élan intellectuel.

7. Le XVIIIe siècle, dans ses attaques contre tout ce qui était, n'avait respecté qu'une chose, la langue et la littérature; il employait avec un singulier scrupule toutes les formes classiques et traditionnelles. Au XIXe siècle il est donné de reprendre et de continuer l'œuvre de la rénovation et du progrès. En même temps qu'il remet en vigueur les principes moraux follement détruits ou ébranlés par le XVIIIe siècle, il combat la seule autorité révérée par l'âge précédent, maintenue par l'empire, l'autorité de la tradition littéraire.

Rien d'étonnant que, dans une croisade passionnée contre des règles discutables et imposées, l'élan ait dépassé le but, et que les novateurs, franchissant les bornes du goût, aient méconnu trop souvent les principes de la raison et du sens commun. Notre société actuelle se complaît trop dans l'indifférence à la littérature et aux théories esthétiques pour comprendre et se figurer l'exaltation d'esprit et d'imagination qui transporta la jeunesse française de 1820 à 1830, alors que les fragments publiés d'André Chénier révélaient une méthode ingénieuse et ravissante pour l'imitation de l'antique; alors que les Messéniennes de Casimir Delavigne revêtaient d'un langage élevé les sentiments et les passions de la foule·; alors que les Méditations de Lamartine enchantaient les âmes et les berçaient dans une sorte de mysticisme à demi sensuel ; à l'époque enfin où la verve railleuse de la nation se donnait satisfaction soit en répétant les refrains de Béranger, soit en commentant les pamphlets de P. L. Courier.

8. Telle était alors la curiosité universelle pour tout ce qu'ont fait et pensé les hommes, telle était la sympathie pour les grandes œuvres du génie humain, que toutes les langues et toutes les littératures devinrent des objets d'étude et de comparaison. C'était encore revendiquer une liberté que de franchir les étroites limites du monde classique. Dans ces courses empressées vers tous les points de l'horizon, l'Angleterre et surtout l'Alle-

magne furent explorées avec grand profit ; leur littérature a laissé dans l'esprit et dans la langue de la France
des traces pleines d'intérêt ; grâce au progrès des temps,
nous sommes bien loin de la dédaigneuse ignorance de
Voltaire, qui souhaitait aux Allemands plus d'esprit et
moins de consonnes, et qui se plaisait à ne voir dans
Shakespeare que le « *Tourne, tourne, chaudron !* » des
sorcières de Macbeth. D'ailleurs, de grands faits historiques s'étaient accomplis de l'autre côté du Rhin. Après
la victoire du patriotisme allemand chassant les baïon-
nettes françaises était venu le triomphe de l'esprit allemand sur le culte exclusif de notre littérature. Libre du
joug classique, l'Allemagne avait pris pour maître unique
la nature, dont les merveilles, reproduites ou interpré-
tées par Goethe et par Schiller, avaient fourni le fond
d'œuvres admirables et nouvelles. Ainsi la pleine et
puissante autorité du génie avait renversé les rôles ; de
maîtres devenus disciples, les écrivains français cher-
chaient, comme les allemands, à copier la nature, et
voulaient la prendre pour seul guide et pour unique
modèle.

En même temps, l'érudition nouvelle et hâtive de la
jeune génération crut avoir découvert dans le moyen-
âge une mine de beautés inconnues aux écoles précé-
dentes, qui n'avaient demandé leurs leçons qu'au monde
grec et romain. La nature et le moyen-âge, tels furent
donc les dieux proposés au culte de l'avenir.

L'Angleterre apporte son concours à l'œuvre des ré-
formateurs ; l'étude de la nature est encouragée par les
succès des lackistes anglais ; ils enseignent l'art de sub-

stituer l'analyse scrupuleuse des objets les plus simples et les plus modestes à cette recherche du noble et du majestueux dont le siècle de Louis XIV avait imposé le goût. Par ses admirables récits, Walter Scott fait sentir tout le parti que l'imagination d'un grand poëte peut tirer de l'étude du moyen-âge. Ainsi se propage une sorte d'idolâtrie pour cette époque, à laquelle l'ignorance prête encore le charme et le prestige de l'inconnu.

9. C'est vers l'année 1824 que ce mouvement littéraire, connu sous le nom de romantisme, atteignit son point culminant. Le Cénacle fondé sous les auspices de M. V. Hugo eut pour mission d'organiser la victoire, et par malheur il réduisit aux maigres proportions d'une coterie cet élan libre et généreux de l'esprit français vers la nature et vers le culte intelligent du passé.

10. Il faut en convenir, la langue française eut beaucoup à souffrir de cette agitation souvent irréfléchie. Pour la plupart, les romantiques étaient jeunes, très-jeunes, fort ignorants ; et par suite d'une présomption naïve, ils écrivaient chaque matin ce qu'ils venaient d'apprendre la veille ; avec une gravité comique alors, ils faisaient du journalisme un sacerdoce, et du poëte un oracle sur le trépied ; ils croyaient ressusciter le moyen-âge en copiant la renaissance et donnaient des traductions incorrectes de l'anglais et de l'allemand pour des créations originales de l'esprit français.

Les règles de la syntaxe et de la prosodie ne furent guère mieux respectées que celle des trois unités, et

16

pour la poétique nouvelle furent créées une langue et
une grammaire nouvelles aussi. En haine de la régularité classique, la manie révolutionnaire se donna carrière dans une foule de barbarismes de toute espèce, et
le fanatisme du moyen-âge vint étaler à tort et à travers
des mots et des tournures dont le seul mérite était d'être
tombés en désuétude à l'époque classique.

11. Cette recherche du nouveau dans le langage n'a
cependant pas été sans intérêt pour le progrès de l'esprit. Elle a secondé, faut-il dire provoqué l'élan si vif
vers les recherches historiques ; elle a préludé à cette
étude sérieuse du passé qui remet aujourd'hui en lumière la gloire de notre première langue et de notre
première littérature. Mais il n'en reste pas moins vrai
que les champions de cette renaissance du moyen-âge
étaient aussi suffisants que peu instruits des choses qu'ils
prétendaient enseigner : c'était une génération enthousiaste et confiante, dont les fils, moins ardents mais
plus studieux, ont fait fleurir la critique et la philologie, et leur ont conquis dans le monde des études
historiques la place qu'elles méritent d'occuper.

A la même époque, avec moins de fracas, mais avec
un bien autre mérite, les beaux travaux d'Eugène Bur-
nouf et de Champollion élargissaient le champ de
la linguistique, étendaient l'horizon de la science et
posaient en philologie des principes fixes et féconds.

12. L'année 1830 est peut-être le plus beau moment
du xixe siècle ; la révolution qui s'accomplit alors

semble proclamer et assurer le triomphe des principes
de 1789, dont le ministère de Martignac avait déjà donné
à la France un avant-goût. Par une heureuse alliance
entre la littérature et la politique, l'activité de l'esprit
français vers 1830 s'exerce surtout dans les études historiques ; il prend pour règle ce principe de bon sens,
principe fécond méconnu par le XVIIIᵉ siècle, que le passé
est la leçon de l'avenir, que la politique est une science
tout expérimentale, fondée sur l'étude des faits, et non
le fruit d'une inspiration spontanée de la raison.

13. Les temps heureux n'ont pas d'histoire ; mais dix
ans après, quelle révolution dans le monde littéraire !
C'était un prosélytisme moral, c'était le culte d'une
gloire désintéressée qui avait donné la vie et l'éclat au
mouvement de 1825 ; vers 1840 l'esprit industriel envahit le monde de la pensée. Un dramaturge spirituel
et fécond avait donné l'exemple : Scribe tenait son livre
de recettes avec l'exactitude d'un comptable et prenait
pour mesure du goût public le chiffre de son encaisse.

Alors s'établit la théorie qui fait de l'art d'écrire une
profession qu'il s'agit de rendre aussi lucrative que
possible. Ce principe une fois posé, l'écrivain n'é-
tait plus qu'un amuseur ; s'assurer le plus grand
nombre de lecteurs pour en tirer le plus grand profit,
telle était toute sa poétique. C'est à l'occasion de ce
premier accès de fièvre industrielle qu'on put instituer
une comparaison peu flatteuse pour nous : un critique
fit observer qu'au XVIIᵉ siècle on écrivait pour la
gloire, au XVIIIᵉ siècle pour l'influence, au XIXᵉ siècle

pour l'argent. Et sur cette pente quelle chute rapide !

14. Pour grossir les profits en grossissant la liste des lecteurs, il fallut s'adresser non plus à l'élite, mais à la foule, corrompre au lieu d'instruire. C'est alors que certains écrivains osèrent chercher les sujets de leurs tableaux jusque dans les bas-fonds de la corruption parisienne. Fatigué de l'analyse générale des passions, le lecteur allait s'endormir ; des écrivains doués de plus d'imagination que de conscience le réveillèrent par des cris empruntés à un monde que jusqu'alors on avait jugé bon de cacher comme une des plaies de la société. Ces ignobles héros introduisirent leur langage dans le monde et dans les livres ; ainsi, ce fut vers 1845 une mode fort répandue de transporter jusque dans nos salons l'argot des cabarets et des bagnes.

A la suite d'un scandaleux succès, les frénétiques applaudissements de la foule suggérèrent à quelques écrivains l'idée de faire de leur talent un levier politique ; ainsi la mauvaise littérature produisit la mauvaise économie sociale de l'envie et de la cupidité.

15. La vogue de ces ouvrages littéraires et de ces principes moraux fut la première et principale cause de la manie révolutionnaire dont fut atteinte cette France que Lamartine plaignait d'être vouée à l'ennui et qu'il voulut guérir en jetant un incroyable défi au hasard. En 1848, une société heureuse, riche, honorée, marchant d'un pas sûr dans la voie des progrès sérieux, tenta l'aventure d'une constitution républicaine dans le pays le plus monarchique du monde.

16. Au sortir d'un douloureux mécompte, la société française n'éprouva plus qu'un goût et qu'un besoin, le besoin du plaisir; jouir du calme présent, ne prendre nul souci de l'avenir après tant de calculs déjoués, telles devinrent et la philosophie et la politique du plus grand nombre. Ainsi s'est établi l'empire d'une sorte d'épicuréisme apathique, tolérant par indifférence, sceptique avant tout, prêt à railler demain ses idoles d'aujourd'hui, et d'un égoïsme qui fait entrer dans ses calculs jusqu'à la charité. A cette morale négative correspond une critique littéraire digne d'elle.

17. Le XVIIIᵉ siècle s'était égaré pour avoir voulu poser, soutenir et appliquer avec trop de rigueur des principes abstraits; la critique contemporaine ne veut plus ni principes, ni lois. Elle ne reconnaît que des faits et des accidents qu'il s'agit de recueillir et d'enregistrer avec un soin scrupuleux. Rien n'est d'une manière absolue, tout change, tout se développe, tout devient, donc tout est possible ; telle est la philosophie de ces prétendus novateurs. Mais ce sophisme n'est qu'une pitoyable importation, et la France qui l'accueille, malgré sa prétention à marcher la première, ne fait ici que se traîner à la queue de l'Allemagne, pour venir échouer sur ce roc stérile de l'hégélianisme, que depuis longtemps, tous les penseurs d'outre-Rhin ont abandonné. Loin de nous toute spéculation pure, toute métaphysique, tout dogme ; des faits, rien que des faits ; l'érudition historique doit supplanter la philosophie ; tel est le programme nouveau.

Il est vrai qu'en vue de rajeunir cette vieillerie, sous le titre de grande critique, s'introduit depuis peu un art mystérieux de solliciter doucement les faits pour les mettre au service des passions. Cachés sous ce manteau, les prétendus défenseurs de l'expérience et de la vérité deviennent les plus audacieux constructeurs de systèmes et d'hypothèses. La vogue de cette contradiction nouvelle est un des plus tristes symptômes de la désorganisation morale qui travaille la France contemporaine. Enfin, comme le mal naît du mal, le vide de la grande critique vient décourager quelques bons esprits, qui se condamnent sincèrement à un empirisme étroit, parce qu'ils désespèrent de la raison humaine.

18. En somme, si l'historien reporte ses regards en arrière vers le commencement du XIXe siècle, il en fixera le début en 1815, le premier empire ne devant être compté que comme un intermède brillant et douloureux dans les annales de la France moderne ; puis il reconnaîtra que notre époque s'est d'abord tracé de la vie et de la destinée de l'individu et de la société le plan le plus sage, qu'elle avait conçu les plus nobles aspirations. Un moment, la France a pu croire que le XIXe siècle allait enfin donner satisfaction au besoin de justice qui est le fond éternel de la raison humaine, au besoin de liberté qui est l'âme de la société moderne ; elle a pu espérer que les iniquités des grandes guerres, des gouvernements du bon plaisir, des grosses armées servant de prétexte aux gros budgets étaient à jamais rayées de notre histoire; toutes ces espérances sont loin d'être réalisées.

Aux dogmes sérieux du XVIIe siècle, à l'esprit critique du XVIIIe, aux principes généreux de 189 et de 830 s'est substituée, par l'action du temps et par la contagion de l'exemple tombé de haut, une morale de fantaisie qui flatte la vanité, sert l'amour du plaisir, dégoûte de toute philosophie et fait prendre en pitié les principes. Aussi les quelques hommes désintéressés se partagent en deux groupes : les désespérés, dont le pessimisme fait rire les heureux du jour, et les apathiques, qui se vouent tout entiers à la jouissance viagère de leur bonheur, et qui à la mode du libre penser substituent sans regret la mode de ne pas penser du tout.

19. Cependant il faut espérer contre toute espérance, il faut s'enivrer soi-même de ces belles paroles d'un des plus nobles penseurs de notre siècle. M. Guizot a écrit : « Nous sommes atteints de bien des maladies sociales et morales ; il y a bien des folies dans les têtes, bien des mauvaises passions et des faiblesses dans les cœurs ; mais les sources pures ne sont point taries, les forces honnêtes ne sont pas éteintes, espérons donc, espérons.» « La France, a dit ailleurs ce glorieux vieillard, la France est la patrie de l'espérance. »

20. Non, les éléments de grandeur et de puissance ne font pas défaut à notre siècle. Le premier de tous, l'ancre la plus sûre pour l'avenir, c'est l'esprit du christianisme. Le génie chrétien pénètre de plus en plus la société moderne ; du sanctuaire il s'est répandu dans le monde. Les formes nouvelles qu'il a revêtues l'ont souvent fait

méconnaître de nos pères et de nous-mêmes; mais il est
vraiment l'âme de la société moderne. Au XVIIIᵉ siècle,
c'est le génie chrétien qui inspirait à Voltaire l'amour
de l'humanité ; au XIXᵉ siècle, c'est le génie chrétien qui
souffle à la France entière même son élan vers la richesse, parce que la richesse c'est l'indépendance individuelle, c'est la dignité morale, c'est l'instrument de la
charité. Il n'est pas jusqu'à cette apparente somnolence
du patriotisme qui ne puisse être rattachée au sentiment
chrétien ; car le christianisme substitue la sympathie
humaine et sa générosité aux passions de caste et de
nationalité, le christianisme pratique la belle maxime de
Fénelon : « J'aime ma patrie plus que moi-même, l'humanité plus que ma patrie. » Chrétien, le XIXᵉ siècle
semble dire avec Goethe : « Il y a une hauteur à laquelle
les haines nationales s'évanouissent et qui est au-dessus
même des nationalités. » C'est grâce à l'autorité chaque
jour croissante de ces sentiments chrétiens que chaque
jour aussi nous pourrons voir se dégager les trois principes auxquels appartient l'avenir : l'esprit scientifique,
lumière de l'industrie et instrument du bien-être ; l'égalité sociale dans la démocratie, principe d'apaisement et
de fraternité ; enfin la liberté politique, condition essentielle du bonheur des générations futures.

Telle apparaîtra l'image de notre époque à tout historien pénétré à la fois d'un sincère amour pour sa patrie
et d'un scrupuleux respect pour la vérité.

21. Les phases parcourues par la langue française dans
ses modifications sont comme un reflet exact des révo-

lutions politiques et morales subies par l'esprit public dans notre pays depuis cinquante ans.

Au début du siècle, dans l'exaltation générale en faveur des idées abstraites, la langue française se charge de termes métaphysiques et revêt une apparence lourde et pédantesque ; c'est l'écueil contre lequel est venue échouer l'éloquence passionnée et puissante des orateurs de la Révolution.

L'imitation servile d'Athènes et de Rome, les emprunts et les allusions à l'histoire ancienne se mêlant à une sorte d'esprit disciplinaire, le français de l'époque impériale est trop souvent une langue officielle à la fois prétentieuse et incolore. C'est en dehors de cette inspiration administrative et militaire que Chateaubriand écrit le *Génie du christianisme* et les *Martyrs* ; c'est dans l'exil que madame de Stael publie *Corinne*, c'est hors de France que Joseph de Maistre conçoit le livre *du Pape*.

A partir de 1815, les dispositions nouvelles de l'esprit public ont leur contre-coup dans la constitution de la langue. La nation française, qui s'essaye à l'exercice de la liberté, cède en politique à l'entraînement d'un ilote affranchi d'hier ; de même la langue s'égare jusqu'aux plus extravagants néologismes ; pour bien marquer son indépendance de toute tradition et de toute autorité, ce n'est pas le vrai et le beau, c'est le nouveau qu'on poursuit. Mais la puissance créatrice n'a pas été donnée à l'homme, et malgré sa fureur d'indépendance, la société de la Restauration ne fait guère que changer de joug. Il lui faut encore un guide ; seulement, au lieu de prendre leurs modèles dans l'antiquité classique ou dans les œuvres du grand siècle, les écrivains de 1825 vont les tirer de la critique érudite de l'Allemagne; notre légèreté ignorante exploite au hasard le XIVe et le XVe siècle ; elle prend l'oubli du goût et de la raison pour l'idéal de la liberté. Alors se forme une langue étrange et bariolée d'emprunts faits sans réflexion à notre ancien idiome très-mal connu ; le pédantisme du moyen-âge succède au pédantisme du grec et du latin. Le style affecté des écrivains de profession corrompt jusqu'au langage usuel, qui oublie tout naturel et toute simplicité.

22. Les progrès mêmes de l'instruction, la diffusion du goût de la lecture, au lieu des bienfaits que l'avenir a le droit d'en attendre, produisent dans la société contemporaine un mal trop réel. Comme les nouveaux civilisés ne prennent des mœurs de l'Europe que les vices et la corruption, de même le peuple, surtout celui des villes, ne cherche d'abord dans la lecture qu'une satisfaction malsaine à la curiosité de l'imagination.

Alors, pour contenter un besoin général d'émotions dramatiques, l'esprit romanesque envahit toutes les compositions littéraires, et, depuis 1845 surtout, il domine jusque dans l'histoire et même dans la théologie. Ainsi se sont trouvés faussés du même coup dans notre pays et le goût littéraire et le goût moral; ainsi, sous prétexte de poésie et d'exactitude, mais en réalité pour provoquer une curiosité lucrative, l'histoire s'est transformée en un mélodrame larmoyant et la discussion des principes philosophiques de la religion s'est trouvée remplacée

par une suite de tableaux de fantaisie, de paysages
d'imagination, de faits accommodés en vue d'une mise
en scène dramatique. Ce ne sont plus vingt amis, c'est
le monde entier qu'on est tout prêt à perdre pour un bon
mot ou pour une période sonore.

23. Ce désordre moral a pour conséquence la sépara_
tion des gens de lettres en deux classes qui n'ont de
commun que le nom. La grande majorité se compose
d'industriels qui exploitent leur fonds d'esprit et d'érudition pour amuser le public et tirer de sa curiosité et
de ses mauvaises passions les plus gros profits possibles.
L'art et la critique n'ont rien à voir dans leurs œuvres,
produits destinés au commerce et dont souvent le style
ne respecte pas plus la grammaire que la morale et le
goût. Une minorité sérieuse pèse les suffrages au lieu de
les compter, et cherchant à satisfaire la raison avant de
plaire au public, se fait par la pensée un aréopage de
juges supérieurs, Homère et Thucydide, Virgile et Cicéron, Dante et Shakespeare, Bossuet et Racine. Ces
quelques écrivains sont et demeureront la gloire du
XIXᵉ siècle ; par bonheur pour la France, ils forment
une phalange où sont représentés tous les genres.
La poésie religieuse et morale, après avoir fait entendre
des accents d'une douceur ravissante et passionnée s'est
réfugiée aujourd'hui sur les cimes désertes; elle y a rencontré des inspirations graves dont elle fait retentir sa solitude
pieuse. Sans rien perdre de sa grandeur morale, sans altérer
la pureté des doctrines, l'éloquence religieuse s'est faite
plus humaine et gagne tous les jours en puissance et en

autorité, parce qu'elle substitue à la pompe des mots la puissance de l'argumentation. A la tribune politique, la langue française a fait briller des qualités inconnues au passé, elle a fourni de nobles accents à l'âme d'un grand peuple qui veut être libre : tantôt l'orateur contemple de haut les vicissitudes des États et révèle au monde les lois mystérieuses qui mènent les peuples et ceux qui croient les gouverner; tantôt son analyse puissante fait pénétrer la lumière dans le chaos des faits et va troubler dans leur sécurité les partisans attardés de l'ombre et du mensonge.

Le drame s'est proposé Corneille pour modèle, il a l'ambition de relever les âmes par un spectacle vivifiant, celui de la lutte de passions avouables couronnées par le triomphe de la vertu. Grâce au poëte, nous nous réconcilions avec nous-mêmes ; on se sent meilleur quand on goûte, quand on applaudit les honnêtes gens.

Jamais peut-être une érudition plus consciencieuse et plus éclairée n'a dicté les arrêts de l'histoire, jamais une sérénité plus religieuse, une impartialité plus haute n'ont présidé aux recherches de la philosophie ; jamais le génie humain n'a embrassé d'un coup d'œil plus puissant les horizons lointains du passé et de l'avenir.

Les intelligences les plus diverses ont transporté dans la critique littéraire cette diversité même qui produit et renouvelle l'intérêt : l'un est l'éloquent annaliste de l'esprit humain, dont il fait revivre les œuvres en les interprétant ; ses tableaux ont tout l'éclat de la réalité, toute la variété, tout le mouvement de la vie, avec l'ordre et la lumière que le génie peut y ajouter ; l'autre se complait dans des nuances d'analyse qui rajeunissent toutes les questions et prouvent l'inépuisable fécondité de l'esprit humain ; pour quelques-uns enfin, le passé doit être la leçon du présent, l'éducation intellectuelle ou morale est le dernier mot de la critique littéraire.

L'amour ardent du progrès et de la liberté anime d'une verve spirituelle plus d'un éloquent interprète des vérités pratiques qu'il faut répandre dans les classes laborieuses, noble et généreux apostolat.

Le roman a sa valeur littéraire aussi bien que l'histoire ; il a secoué plus d'une fois le joug humiliant de la mode et du caprice public ; telle est l'œuvre indépendante de quelques esprits qui se distinguent de la foule, celui ci par la précision nerveuse du récit, celui-là par la délicatesse exquise des sentiments ou par l'ingénieux enchaînement de fictions vraisemblables. C'est même en ce genre, dont la faveur publique a singulièrement élargi le cadre, que la littérature contemporaine a produit ses œuvres les plus caractéristiques. Qui n'admirerait dans certains romans le style le plus varié, le plus riche, le plus éclatant, un style qui rappelle les plus grands écrivains modernes : J.-J. Rousseau n'a pas cette souplesse ; Châteaubriand manque de ce naturel parfait.

Voilà de grands esprits, et nous pouvons en compter assez pour faire bonne figure devant la postérité; voilà les vrais défenseurs de notre belle langue ; ils conservent les qualités qui ont fait sa gloire et son universalité. C'est à tous ceux qui aspirent à les comprendre, à les imiter et à continuer leur œuvre patriotique que peuvent

17

être adressées avec fruit quelques observations sur l'a-
venir de la langue française.

24. D'abord, et plus que jamais peut-être, on doit se
redire que la langue est avant tout l'instrument de la
poésie et de la pensée, que la parole est un fait intellectuel, le signe le plus éclatant de notre nature morale,
le privilége unique de l'homme, la vraie marque de sa
royauté universelle, la chose dont il doit être le plus fier
et le plus jaloux. Sans doute, les victoires de l'industrie
sont éclatantes et précieuses ; mais il ne faut pas se
laisser enivrer par ces succès. Plus l'homme étend son
empire sur la matière, plus il convient de le rappeler à
la contemplation de l'immatériel. Pour l'individu et
pour la société moderne, la devise, la règle de conduite
est dans le mot de Virgile : *Everso succurrere sæclo;*
disons mieux, dans le divin précepte : *Sursum corda.*

Non, la démocratie et l'activité industrielle n'ont pas
besoin d'être poussées dans le sens où elles penchent;
et c'est la mission du christianisme que de maintenir
dans une société curieuse d'observations physiques et
toute pénétrée de l'amour du bien-être, un spiritualisme
plus élevé, doctrine pure et vraie, contre-poids salutaire
à nos instincts inférieurs. Du spiritualisme, plus de
spiritualisme encore, telle est la devise de tous ceux qui
peuvent agir sur les âmes, des érudits aussi bien que des
artistes et des poëtes.

25. C'est à ce titre que l'étude assidue de notre antiquité classique est et demeure la meilleure sauvegarde
du goût et de la langue. En second lieu, les études de la

philologie comparée, appliquées avec tant de zèle à notre vieil idiome français, ramènent à la lumière de nouveaux chefs-d'œuvre, autant de nouveaux titres de gloire pour notre pays. Par là se réveille et se réchauffe ce culte du passé, dont le XVIIIᵉ siècle nous avait trop déshabitués. Désormais, grâce aux découvertes des linguistes, la logique des faits mieux connus va se substituer aux théories abstraites des grammairiens. Elle mettra fin au culte pédantesque des règles compliquées à plaisir, et aussi à cette manie d'innovation qui défigure notre bel idiome en y introduisant des mots empruntés par la mode à l'Angleterre ou à l'Allemagne.

26. Ainsi, mieux instruite par l'histoire de son passé, la langue française ne doit plus tomber ni dans la réglementation arbitraire des érudits, par un respect extrême pour la tradition, ni dans le néologisme grossier des petits maîtres, car à toutes les époques de notre histoire le pédantisme de la légèreté conserve les mêmes allures, qu'il s'agisse de déguiser notre langue à l'italienne, à l'espagnole ou à l'anglaise.

Tout en tenant grand compte du passé, il est juste de faire à l'esprit de progrès les sacrifices qu'il a le droit de réclamer. La rapidité avec laquelle tout s'accomplit dans le monde des sens fait aussi loi pour le monde de la pensée, et le proverbe anglais est accepté de nos jours comme vérité morale : *Le temps est un capital.*

Aussi désormais dans toute composition littéraire, le soin du fond doit l'emporter sur le soin de la forme ; une rhétorique nouvelle [1] substitue à mille règles sub-

1. Voir *Précis de Rhétorique*, par PELLISSIER.

tiles cette observation unique sur l'art d'écrire : une pensée est bien dite quand les mots font passer l'idée de l'écrivain dans l'intelligence du lecteur. Pour satisfaire à ces exigences, notre langue n'a qu'à conserver et à développer les qualités qui l'ont recommandée à l'admiration : la clarté et la précision. C'est dans ce sens que seront dirigés tous les efforts des écrivains qui ont l'ambition de servir leur pays et la cause de l'avenir.

27. Ces deux inspirations supérieures, le spiritualisme et le culte de la clarté et de la précision étant posés comme premiers principes et comme direction constante, signalons trois écueils contre lesquels la langue pourrait aller se heurter et périr :

1° L'influence de la mode, qui impose on ne sait ni comment ni pourquoi certains mots ou certaines locutions qu'on voit passer de la conversation dans les journaux, puis dans les livres.

2° Les barbarismes et les solécismes commis par les étrangers; fautes singulières, mais trop communes, auxquelles nous pouvons nous laisser aller par séduction du nouveau, comme à certains vices de prononciation.

3° Le faux goût de quelques écrivains industriels qui, pour frapper vivement l'imagination du public, cherchent à se distinguer, fût-ce par des sottises, et provoquent l'attention et la curiosité par des innovations dont ils sont les premiers à sentir l'absurdité.

28. Dieu seul sait l'avenir réservé à notre pays et à notre langue ; mais si jamais la France déchoit de son

rang dans le monde de la pensée, avouons qu'elle n'aura
nulle excuse possible, car jamais, dans aucun siècle, elle
n'a été mieux instruite de son passé, des leçons qu'il lui
fournit, des obligations qu'il lui impose ; jamais la critique de la littérature et de la langue n'a été faite et
présentée avec plus de clarté, de précision, d'exactitude.
Nous savons en cela comme en mille autres choses ce
qu'il y a de mieux à faire ; le ferons nous ? Nous avons
la notion très-claire du devoir, le sens supérieur de
la civilisation ; en aurons-nous la force persévérante ?
Oui ; il faut attendre ce nouveau succès, il faut le
réclamer de cette élasticité rapide, de cette fécondité
inépuisable dont la France a déjà fourni tant de preuves
dans la variété de ses destinées et de ses travaux.

A cette condition-là, mais à cette condition seule,
notre langue du XIXᵉ siècle restera la langue universelle
de la civilisation, la langue de la diplomatie, la langue
littéraire étudiée avec ardeur par toute la société cultivée, dans la jeune Amérique aussi bien que dans la vieille
Europe. On a vu quel fut le passé de la langue française,
on peut prédire ce que serait son avenir, grâce à l'alliance féconde du néologisme et de la tradition. Quel
homme pénétré de spiritualisme et plein de l'amour de
son pays n'accepterait cette règle de conduite bien
simple et bien féconde : Associer l'esprit d'ordre à l'esprit de liberté ; conserver, mais les yeux fixés sur
l'avenir et sur ses droits ; innover, mais avec le respect de notre passé glorieux : noblesse oblige.

·APPENDICE

ÉTUDE CRITIQUE DE QUELQUES FRAGMENTS
DE VIEUX FRANÇAIS.

1. IXᵉ SIÈCLE. Serments de Strasbourg. — 2. Xᵉ SIÈCLE. Cantilène de sainte Eulalie. · 3. XIᵉ SIÈCLE. La vie de saint Alexis. — 4. Chanson de Roland — 5. Lois de Guillaume le Conquérant. — 6. XIIᵉ SIÈCLE. Traduction des Psaumes. — 7. Mystère d'Adam. — 8. Hymne religieux. — 9. XIIIᵉ SIÈCLE. Fragment de Villehardoin. — 10. Fragment de Joinville. — 11. XIVᵉ SIÈCLE. Le combat des Trente. — 12. Fragment de Froissart.

I. — NEUVIÈME SIÈCLE

SERMENTS DE STRASBOURG (842)

Manuscrit de l'historien Nithard à la bibliothèque du Vatican.)

SERMENT DE LOUIS LE GERMANIQUE

Pro Deo amur et pro christian poblo et nostro commun salvament dist di in avant in quant Deus savir et podir me dunat si salvarai eo cist meon fradre Karlo et in adjudha et in cadhuna cosa, si cum om per dreit son fradra salvar dift [1] in o quid il mi altresi fazet et ab Ludher nul plaid nunquam prindrai qui meon vol cist meon fradre Karle in damno sit.

1 Et non pas *dist* comme on l'écrit d'après Chevallet qui a confondu dans l'écriture gothique *ft* avec *st*.

TRADUCTION

Pour l'amour de Dieu, et pour le commun salut du peuple chrétien et le nôtre, dorénavant, autant que Dieu m'en donne le savoir et le pouvoir, ainsi je défendrai mon frère Karl que voilà et par aide et en chaque chose, ainsi qu'on a le devoir de défendre son frère, pourvu qu'il me fasse de même ; et avec Lothaire jamais je ne prendrai aucun arrangement qui, par ma volonté, soit au préjudice de mon frère Karl.

SERMENT DES SOLDATS DE CHARLES LE CHAUVE

Si Lodhwigs sagrament quæ son fradre Karlo jurat conservat et Karlus meos sendra de suo part non lo stanit si io returnar non l'int pois ne io ne neuls cui eo returnar int pois in nulla ajudha contra Lodhuwig nun li vi (1) er.

TRADUCTION

Si Louis garde le serment qu'il jure à son frère Karle, et si Karles, mon seigneur, de sa part ne le tient pas, si je ne puis l'en détourner ; ni moi ni aucun que je puisse en détourner, nous ne lui serons d'aucune aide contre Louis en cela.

1. On peut lire *iv* qui est plus facile à rattacher à *ibi*.

REMARQUES GÉNÉRALES

Là où est l'accent latin, est aussi l'accent du vieux français.

Il n'y a déjà plus que deux cas[1] : le cas sujet né du nominatif et le cas régime né de l'accusatif et exprimant les quatre relations d'accusatif, d'ablatif, de génitif et de datif. EXEMPLES : 1° la préposition *pro* a pour régime les accusatifs *amur* et *nostro commun salvament*, au lieu de l'ablatif classique ; 2° les substantifs *amur* et *salvament* ont pour régime l'un l'accusatif *deo* et l'autre les accusatifs *christian poblo*, au lieu du génitif classique ; 3° les verbes *dunat, in damno sit, jurat,* ont pour régimes indirects le premier l'accusatif *mě*, le second les accusatifs *meon fradre Karle*, le troisième les accusatifs *son fradre Karlo*, au lieu du datif classique.

Le cas régime (1) est né de l'accusatif latin par la chute de l'*m*. EXEMPLES : *deo[m], poblo[m], nostro[m], fradre[m].* Cette chute date de loin : l'*m* de l'accusatif manque déjà aux accusatifs suivants dans la première inscription du tombeau des Scipions (vers 283 av. J.-C.) : *Samnio cepit* « il conquit le Samnium » *subegit omne Lucana* « il soumit toute la Lucanie. » (Voir *Latini sermonis vetustioris reliquiæ selectæ* E. EGGER, p. 100.) Les poètes, même classiques, ne tenaient pas compte de l'*m* de l'accusatif ; ils élidaient *am, em, im, um,* devant une voyelle : *monstrum horrendum, informe, ingens* (VIRGILE).

Les voyelles *a, o, e,* lorsqu'elles ne portent pas l'accent, sont déjà tellement assourdies qu'elles sont mises l'une pour l'autre ; elles équivalent presque à notre *e* muet : *Karlo* ou *Karle, fradra* ou *fradre ; sendra* équivaut à *sendre,* et les mots *de suo part* équivalent à *de sua part* ou *de sue part.*

Enfin l'article (*le, la, les*) n'existe pas encore.

---

1. Voir sur la déclin. romane, *page* 138.

Commentaire philologique.

EXPLICATION DES CARACTÈRES ET DES SIGNES

A a. Les *caractères gras* indiquent les voyelles sur lesquelles est l'accent tonique en latin et en français.

( ) *Entre parenthèses* les mots français dérivés ou équivalents et les mots ajoutés pour compléter le sens d'une locution.

[ ] *Entre crochets* les lettres qui ont disparu ou doivent disparaître.

« » *Entre guillemets* la traduction française.

= Signifie *égale, équivaut à, dérive de...*

* *L'astérique* précède les formes intermédiaires dont il n'y a pas d'exemples authentiques.

Les mots dont l'explication a été déjà donnée ne sont pas répétés dans le vocabulaire.

PRO DEO AMUR ET CHRISTIAN POBLO ET NOSTRO COMMUN

PRO (*pour*) c'est le mot latin.

DEO (*Dieu*), cas régime = l'acc. lat. *deu*[m].

AMUR (*amour*), cas régime = l'acc. lat. *amor*[em].

Dans *deo amur*, *deo* est le régime du substantif *amur*. On disait au xiii° siècle : *La loi deo* et l'on dit encore aujourd'hui : l'*Hôtel-Dieu*. Seulement dans *deo amur* « l'amour de Dieu » le régime précède le mot régisseur, au lieu que dans *la loi deo* et l'*Hôtel Dieu* les régimes suivent (1).

1. Voir la règle *page* 157.

CHRISTIAN (*chrestien, chrétien*) , cas régime = l'acc. lat. *christian*[um].

POBLO (*peuple*), cas régime — l'acc. lat. qui se rencontre chez Plaute *poplu*[m] pour *populum* (1).

Le *b* de *poblo* rappelle celui de *publicus, a, um*.

NOSTRO (*nostre, nôtre*), cas régime = l'acc. lat. *nostru*[m].

COMMUN (*commun*), cas régime = l'acc. lat. *commun*[em], *commun*.

Le mot-à-mot de *pro christian poblo et nostro commun*

1. Voir *page* 59.

17,

SALVAMENT D'IST DI IN AVANT IN QUANT DEUS SAVIR ET
PODIR ME DUNAT SI SALVARAI EO CIST MEON

salvament est : « pour le
*sauvement du chrétien peuple
et notre commun sauvement».

SALVAMENT (* *sauve-
ment*), cas régime = l'acc.
lat. *salvament*[*um*].

D'IST DI IN AVANT. Le
latin *de* s'élidait devant une
voyelle.

IST (*ce*), cas régime =
l'acc. lat. *ist*[*um*].

DI (*jour*), cas régime =
l'acc. lat. *di*[*em*].

Les mots *ist* et *di* n'existent
plus dans le français d'aujourd'hui On retrouve *di* dans
diurne.

IN (*en*), plus tard *en.*

AVANT (*avant*) = la
prép. lat. *abante* (dans certaines inscriptions).

Du bas latin : *de hora in
avant* « de l'heure (pré-
sente) en avant » est venu
d-or en avant.

Du bas latin : *de ex hora
magis* « de hors l'heure (présente) plus (loin) » est venu
d-és or mais.

IN QUANT (*en tant que*)
= le lat. *in quan*[*tum*]

DEUS, = le lat. *deus.*
Plus tard l'on trouve le cas
sujet *diex* = le nom. lat.
deus. Il a été supplanté par
le cas régime *dieu* = l'acc.
lat. *deum* (1).

SAVIR (*savoir*) = le lat.
sapĕre pour *sapére.*

PODIR (*pooir, pouvoir*)
= le lat. * *potere* pour
posse.

ME (*me*) = l'acc. lat. *mē.*

DUNAT (*donne*) = le lat.
donat.

SI (*si*) = le latin *sīc*
« [ain]si ».

Cette particule très-usitée
au moyen-âge à titre d'adverbe n'est plus employée
que comme signe d'affirmation [*ain*]*si* remonte par [*en*]
si, [*in*] *si*, au latin *insic.*

SALVARAI EO (*salverai-
je, sauverai - je*) = lat.
salvār[*e*] *hab*[*eo*] *e*[*g*]*o* « à
sauver ai-je, j'ai à sauve .»
On a déjà dans *salvarai eo*
la construction moderne:
« [ain]si sauverai-je ».

EO (*je*) (plus tard *io*, *jo*;
dans les *lois de Guillaume,*
cas sujet, = le nom. lat.
e[*g*]*o.*

CIST (*cest, cet*), cas régime, = l'acc. lat. *eccistum*
pour *ecce istum.*

MEON (*mon*) , cas ré-

1. Pour la théorie des subs-

tantifs verbaux voir: *Observations sur un procédé de
dérivation très-fréquent en
français* par E. Egger. (Voir
plus haut *page* 127).

FRADRE KARLO ET IN ADJUDHA ET IN CADHUNA COSA SI CUM OM PER DREIT SON FRADRA SALVAR DIFT IN O QUID IL MI

gime, = l'acc. lat. *meum*.

FRADRE (*frère*), cas régime, = l'acc. lat. *fratre*[*m*].

KARLO (*Charles*) ou *Karle*, qui se lit plus bas = l'acc. lat *Kartu*[*m*], *Karolu*[*m*].

ADJUDHA (*aide*), substantif verbal de *adjutāre*.

Il passe par les formes successives ; *adjudha* (serment de Louis le Germanique). *ajudha* (serment des soldats de Charles le Chauve), *ajude* (chanson de Roland, II, 16), *aiude* (sermons de saint Bernard, p. 546), puis *aïde* ou *aide*.

CADHUNA (*chacune, chaque*), cas rég. = l'acc. lat. *cad-ūna*[*m*].

De *quot-unus*. *Quot* signifie « chaque », dans *quot-annis* « chaque année », *quot-calendis* « chaque premier du mois », *quot-diebus* « chaque jour ».

COSA (*chose*), cas rég. = l'acc. lat. *causa*[*m*].

CUM (*com, comme*) = le lat. *quom*[*odo*].

OM (*on*), cas sujet, = le nom. lat. [*h*]om[*o*]. De l'accusatif lat. *hom*[*i*]*ne*[*m*] est venu le cas régime *homme*.

Aujourd'hui le cas sujet **on** n'existe plus qu'à titre de pronom indéfini. Il a été sup-

planté comme substantif par le cas régime *homme* (1).

PER (*par*) = le latin *per*.

DREIT (*droit*), cas régime, = l'acc. lat. *d*[*i*]*rect*[*um*].

SON (*son*), cas régime, = l'acc. lat *suum*.

Il a supplanté le cas sujet *ses* = le nom. lat. *suus*.

FRADRA, déjà vu sous la forme *fradre*.

SALVAR (*salver, sauver*), = le lat *salvār*[*e*].

DIFT (*doibt*, doit) = le lat *dēbet*.

O, cas régime, = l'acc. lat [*h*]o[*c*].

QUID (*qued, que*), cas rég. = l'acc. lat. *quod*.

Le mot-à-mot de *in o quid* est : « en ce que, à la condition que ».

IL (*il*), cas sujet = le nom. lat. *ille*.

On verra plus bas le cas régime *lo* (*le*) Par une exception assez rare nul des deux cas n'a prévalu sur l'autre, et aujourd'hui encore *il* est toujours sujet et *le* toujours régime.

MI, cas rég. indir. = le dat. lat. (qui est chez Virgile et ailleurs) *mi* « à moi ».

1. Voir *page* 82 et *page* 145.

ALTRESI FAZET ET AB LUDHER NUL PLAID NUNQUAM
PRINDRAI QUI MEON VOL CIST MEON FRADRE KARLO IN
DAMNO SIT.

ALTRESI = le lat. *al-t[e]ru[m] si[c]*. Le mot-à-mot est « un autre ain[si]; la pareille ».

FAZET (*fasse*) = le lat. *faciat*.

L'*i* de *faciat* prononcé *j* (*facjat*) est représenté par le *z* de *fazet*. — Voir plus loin *bellezour* (Cantilène de sainte Eulalie).

AB (*de*) = le lat. *ap[ud]*.

LUDHER (*Lothaire*), cas rég. = l'acc. lat. *Ludher[um]*.

NUL (*nul*), cas régime, = l'acc. lat. *nul[lum]*.

On verra plus bas le cas sujet *neuls*.

PLAID (1) cas rég. *placitum* (Stace) « ce qui plaît (une résolution, une décision) ». Nous disons de même « prendre une résolution, une décision ».

NUNQUAM, c'est toujours le latin *nunquam*; ce n'est pas encore le vieux français *nonque*. (Voir la Cantilène de sainte Eulalie)

La double négation qui est dans *nul plaid nunquam* se retrouve dans : «*je ne prendrai*

jamais nulle résolution».

PRINDRAI (*prendrai*) = lat. *prend[e]re hab[eo]*.

(Voir plus haut *salvarai*.)

QUI (*qui*), cas sujet, = le nom. lat. *qui*. Le masc. *qui* remplaçait le neutre *quod*.

On verra plus bas le cas régime *que*. Le pronom relatif d'aujourd'hui a conservé cette distinction : cas sujet *qui* : « l'homme *qui* me regarde » ; cas régime *que* : « l'homme *que* je regarde. »

VOL (*vouloir*), subst. verbal tiré de l'infinitif *volir* (plus tard *voloir*) = le lat. * *volēre* pour *velle*.

Je propose *volir* (*voloir*) d'après *podir* (*pooir, pouvoir*). Dans *meon vol* l'emploi du cas régime suffit pour exprimer la relation que nous exprimerions aujourd'hui à l'aide d'une préposition : *par mon vouloir*.

KARLE, déjà vu sous la forme *Karlo*.

Le cas régime direct tient lieu du cas régime indirect.

DAMNO (*dam*), cas rég. = l'acc. lat. damnu[m].

SIT (*soit*) = le latin *sit*.

1. Et mon homme est aux plaids. (RACINE).

SI LODHWIGS SAGRAMENT QUÆ SON FRADRE KARLO JURAT CONSERVAT ET KARLUS MEOS SENDRA DE SUO

SI, conjonction latine restée en français.

LODHWIGS (1) (*Clovis, Louis*), cas sujet, = le nom. lat. *Lodhwig*[*u*]*s*.

On verra plus bas le cas régime *Lodhwig*.

SAGRAMENT (*sarrement*, *serrement*, *serment*), cas régime, = l'acc. lat. *sagrament*[*um*] pour *sacrament*[*um*].

QUÆ, faute du copiste, pour *que* (que), = l'acc. lat. *que*[*m*].

Le masc. *que*[*m*] remplaçait le neutre *quod*. On a vu plus haut le cas sujet *qui*.

JURAT, CONSERVAT (*jure, conserve*) = le lat. *jurat, conservat*.

KARLUS (*Carl, Charles*) = le nom. lat. *Karlus*.

On a vu plus haut le cas régime *Karlo, Karle*. Le cas sujet *Charles* a supplanté le cas régime *Charle*. Toutefois les poètes ont encore le droit d'employer le cas régime *Charle* comme sujet.

MEOS (*mes*), cas sujet, = le nom. lat. *meus*.

On a vu plus haut le cas régime *meon*. Le cas sujet *meos, mes*, a été supplanté

1. Sur l's du cas sujet au sing. voir *page* 139.

par le cas régime *meon, mon*.

SENDRA (*seigneur*), cas sujet, = le nom lat. *senior*,

Transformations : *senior*, * *senor*, * *senr*. Nos ancêtres en ont fait, les uns *sendra*, en insérant un *d*, les autres *sire* en supprimant la nasale *n*. L'*a* de *sendra* équivaut à un *e* muet (de même que plus haut *fradre* et *fradra*). Il est superflu comme l'*e* muet de *sire*. Le cas sujet *sendra* s'est perdu ; mais le cas sujet *sire* s'est conservé. On peut comparer au point de vue du *d* intercalaire, *senior*, * *senor*, * *senr*, *sendra*, à *junior*, **junor*, *jinre*, *gindre* • ouvrier boulanger •, à *minor*, *menre*, *moindre*. De l'acc. lat. *seniorem* est venu le cas régime fr. *seigneur*. On peut comparer, au point de vue du cas sujet et du cas régime, les formes suivantes :

NOM. LAT.	CAS SUJET FR.
senior,	sire, sendra
major,	maire,
minor,	moindre,
cantor,	chantre,

ACC. LAT.	CAS RÉG. FR.
seniorem,	seigneur,
majorem,	majeur,
minorem,	mineur,
cantorem,	chanteur.

SUO (*son*), cas régime, = l'acc. lat. *suu*[*m*].

PART NON LO STANIT SI IO RETURNAR NON L'INT POIS
NE IO NE NEULS CUI EO RETURNAR INT POIS IN NULLA
AJUDHA CONTRA LODHUWIG NUN LI VI ER.

L'*o* non accentué de **suo** est une voyelle muette. Les finales non accentuées *a, e, o,* étaient si également sourdes qu'on écrivait indifféremment *fradra* et *fradre, Karle* et *Karlo.* Les mots *de suo part* équivalent donc à *de sua part* ou à *de sue part.*

PART (*part*), cas régime = l'acc. lat. *part*[*em*].

NON (*non, ne*) = le lat. *non.*

LO (*le*), cas rég. = l'acc. lat. [*il*]*lu*[*m*].

Le masculin [*il*]*lu*[*m*] remplaçait le neutre *illud.* Certains vers de Plaute et de Térence prouvent que *illum* se prononçait souvent en une seule syllabe : '*llum* On a vu plus haut le cas sujet *il.*

STANIT (*tient*) = lat. *tenet.*

IO, vu sous la forme *eo.*

RETURNAR (*retourner*) = le lat. *re* « en arrière » *tornar*[*e*] « tourner ».

L'INT (*l'en*) = lat. [*il*]*lu*[*m*] *ind*[*e*].

POIS (*puis*) = le lat. *pos*-*s*[*um*].

NE (*ni*) = le lat. *nec.*

NEULS, cas sujet, = le nom. lat. *null*[*u*]*s.*

On a vu plus haut le cas régime *nul.* Il a supplanté le cas sujet *neuls.*

CUI, (*qui*) cas rég., = le lat. *cui,* datif employé comme régime direct.

NULLA (*nulle*), cas rég. = l'acc. lat. *nulla*[*m*].

AJUDHA, déjà vu sous la forme *adjudha.*

CONTRA (*contre*) = le lat. *contra.*

LODHUWIG, cas régime, = l'acc. lat. *Lodhwigu*[*m*].

On a vu plus haut le cas sujet *Lodhwigs.* Il a supplanté le cas régime *Lodhuwig.*

NUN, déjà vu sous la forme *non.*

Toujours la double négation (in *nulla* ajudha... *nun*).

LI (*lui*), cas rég. ind., = le dat. lat. [*il*]*li,* souvent monosyllabique chez les comiques '*lli.* De même *lui* est le plus souvent régime indirect.

VI ou IV = le lat. [*i*]*bi* ou *ib*[*i*].

Le latin *ibi* était enclitique, c'est-à-dire sans accent ; ses deux syllabes avaient donc la même valeur. Prononcé *ibi,* il a donné *vi,* qui s'est perdu. Prononcé *ibi* il a donné *y* qui s'est conservé.

ER (*serai*) = le lat. *ero.*

Le mot-à-mot de *nun li vi er* est : « je ne lui y

serai en nulle aide (1) ».

1. Notez qu'à part les noms propres :

1° cas sujet *Lodhwigs,* cas régime *Lodhuwig* ;

2° cas sujet *Karlus,* cas régime *Karlo, Karle* ;

3° (cas sujet *Luders*), cas régime *Ludher*;

tous les mots contenus dans ces serments sont d'origine latine ; aucun d'eux n'est d'origine celtique ni germanique.

Voir à ce sujet *page* 38 et *page* 59.

II. — DIXIÈME SIÈCLE.

CANTILÈNE EN L'HONNEUR DE SAINTE EULALIE.

(Manuscrit de la bibliothèque de Valenciennes.)

TEXTE.

1. Buona pulcella fut Eulalia ;
2. Bel avret corps, bellezour anima.
3. Voldrent la veintre li Deo inimi,
4. Voldrent la faire diavle servir.
5. Elle n'out eskoltet les mals conselliers,
6. Qu'elle Deo raneiet chi maent sus en ciel.
7. Ne por or, ned argent, ne paramenz,
8. Por manatce regiel ne preiemen,
9. Ne ule cose non la pouret omque pleier,
10. La polle, sempre non amast lo Deo menestier ;
11. E por o fut presentede Maximiien,
12. Chi rex eret a cels dis sovre pagiens.
13. El li enortet dont lei nonque chielt,
14. Qued elle fuiet lo nom christien.

TRADUCTION.

1. Bonne vierge fut Eulalie ;
2. Bel avait eu en partage le corps, plus belle l'âme.
3. Les ennemis de Dieu voulurent la vaincre,
4. Voulurent lui faire servir le diable.
5. Elle n'écouta point les méchants [lui] conseillant
6. De renier Dieu qui habite là haut dans le ciel,
7. Ni pour or, ni argent, ni parures ;
8. Par menace du roi, ni par prière ;
9. Non, rien ne la put jamais plier,
10. Cette vierge, à n'aimer toujours le service de Dieu ;
11. Aussi fut-elle traduite devant Maximien,
12. Qui était roi à cette époque sur les païens
13. Il l'exhorte à ce dont jamais elle ne se soucie,
14. A abandonner le nom chrétien.

Commentaire philologique.

REMARQUES GÉNÉRALES.

Les rimes sont des assonances.

L'*a* et l'*e* non accentués sont équivalents ; ce sont des muettes (*buona pulcella* et la *polle*).

L'article (*le, la, les*) existe déjà.

BUONA PULCELLA FUT EULALIA BEL AVRET CORPS
BELLEZOUR ANIMA VOLDRENT LA VEINTRE

BUONA (*bonne*), cas sujet, = le nom. lat. *bona*.

PULCELLA (*pucelle*), cas sujet = le nom. lat. *puel licella*.

FUT (*fut*) = le lat. *fuit*.

EULALIA (*Eulalie*), cas sujet = le nom. lat. *Eulalia*.

BEL (*bel*), cas rég.=l'acc. lat. *bel*[*lum*].

AVRET (*avait*) = le lat. *habu*[*e*]*rat* pour *habverat* « elle avait eu ».

BELLEZOUR (*plus belle*), cas rég. = l'acc. lat. *belliorem* (VARRON).

L'*i* de *belliorem* prononcé *j* (*belljorem*) est représenté par le *z* de *bellezour*.

ANIMA (* a*nme*, a*sme*, *âme*), cas régime = l'acc. lat. a*nim*[*am*].

VOLDRENT (*voulurent*) = le lat. * *volerant* pour *voluerant*.

Le *d* est intercalaire. On peut comparer: lat. *absolvere* fr. * *absolre*, * *absold*ı*e*, absoudre.

LA (*la*), cas rég. = [*il*]*la*[*m*] souvent monosyllabique chez les comiques ʼ*lla*[*m*].

VEINTRE (*vaincre*) = le lat. *vinc*[*e*]*re*.

Le *t* fr représente le *c* lat.

LI DEO INIMI VOLDRENT LA FAIRE DIAVLE SERVIR ELLE N'OUT ESKOLTET LES

De même : *croistre* croître *crescere, cognoistre* connaître = *eognoscere. paistre (paître)* = *pasc[e]re*. Le français moderne *vaincre* a repris le *c* latin.

LI (*les*) cas suj. plur.= le nom. lat. plur. *il[li]* souvent monosyllabique chez les comiques *'lli*.

Plus bas, le cas régime *les* qui a supplanté li dans le français moderne.

INIMI (*ennemis*), cas suj. plur. = le nom. lat. plur. *inimici*.

De l'acc. lat. plur. *[il]los inimicos* est venu le cas rég. fr. plur. *les ennemis*. Il a supplanté le cas sujet plur, *li inimi*.

LI DEO INIMI « les ennemis de Dieu ». Même syntaxe, que dans *deo amur* « amour de Dieu ». Voir les SERMENTS.

FAIRE (*faire*), = le lat. *fac[e]re*.

DIAVLE (*diable*),cas rég. = l'acc. lat. *diab[o]lu[m]*.

SERVIR (servir) , = le lat. *servir[e]*.

Si *servir* était encore neutre comme le lat. *servire*, on a le cas régime direct pour le cas régime indirect dans *diavle servir*, comme dans *cist meon fradre Karlo in*

damno sit (SERMENTS). Mais il est possible que *servir* fût déjà actif, comme il l'est aujourd'hui: « *servir le diable* ».

ELLE (*elle*), cas suj. = le nom. lat. *illa*.

On a vu plus haut le cas régime *la*. De même aujourd'hui *elle* est toujours sujet et *la* toujours régime.

N'OUT. La négation *ne* avec elision de l'*e* devant une voyelle.

On peut rattacher *ne* à *no* = le lat. *no[n]*, comme *le* à *lo* = le lat. *[il]lu[m]*. D'autres ont préféré le rattacher à *n*[*c*]. La négation n'est pas encore renforcée, par un substantif désignant une très petite chose, un rien (*rem*) : « je *ne* veux *point* (*punctum*), je *ne* veux *pas* (*passum*), je *n'*y vois *goutte* (*guttam*) » je *n'*en prends *mie* (miette) = le lat. *mica* (1).

OUT (*eut*, *eut*) = le lat. *ha[b]uit..*

ESKOLTET (*escouté* , *écouté*),cas rég.= l'acc. lat. *auscultat[um]*.

LES (*les*), cas rég. plur. = l'acc. lat. plur. *[il]los* souvent monosyllabique chez les comiques *'llos*.

1. Voir à ce sujet *page* 149.

**MALS CONSELLIERS QU'ELLE DEO RANEIET CHI MAENT SUS
EN CIEL NE POR OR NED ARGENT NE PARAMENZ POR
MANATCE REGIEL NE PREIEMENT NE ULE COSE**

Il a supplanté le cas sujet *li*. (Voir plus haut.)

MALS (*mauvais*), cas rég. plur. = l'acc. lat. plur. *mal[o]s*.

Du nom. lat. plur. [*il*]*li mali* est venu le cas sujet *li mal*.

CONSELLIERS (*conseiller*), cas rég. plur. = l'acc. lat. plur. *consiliar[io]s*.

Du nom. lat. plur. [*il*]*li consiliar[ii]* est venu le cas sujet *li conseillier* supplanté aujourd'hui par le cas régime *les conseillers*.

QU'ELLE (*qu'elle*) élision devant une voyelle, comme aujourd'hui, = le lat. *quod illa*.

RANEIET (*renie*) = le subj. lat. *rene[g]et.*

CHI (*qui*), cas sujet = le nom. lat. *qui.*

Plus haut le cas régime *que.*

MAENT = le lat. *man[e]t* « reste, demeure, habite ».

SUS (*sur, sus,* dans *courir sus* à) = le lat. *sursum, susum* (SAINT AUGUSTIN).

EN (*en*) = le lat. *in.*

Les SERMENTS ont encore *in* et la CANTILÈNE a déjà *en.*

CIEL (*ciel*), cas rég. = le lat. *coel[um].*

POR (*pour*) = lat. *pro.*

Les SERMENTS ont encore *pro*

NED (*ne, ni*), avec un *d* euphonique pour empêcher l'élision devant une voyelle (1).

ARGENT (*argent,* = l'acc. lat. *argent[um]*).

PARAMENZ (*parements*), cas rég. plur. De *parare* * *paramentum* comme de *armare armamentum.*

L'acc. lat. * *parament[um]* devint le cas rég. fr. *parament.* Le cas rég. plur. *les parements* a supplanté le cas sujet *li parement.* L'*e* médial de *parment* manque au nom propre *Parmentier.*

MANATCE (*menace*), cas rég. = l'acc. lat. *minacia[m].* Substantif dont le plur. est chez Plaute.

REGIEL (*royal*), cas rég. = l'acc. lat. fém. *regal[em]* (2).

PREIEMENT (*prière*), *priement* ou *priment,* cas rég. = l'acc. lat. *precument[um],* tiré de *precari* « prier ».

ULE (*nulle*) cas suj. = le nom. lat. *ulla.*

COSE (*chose*), cas suj. = le nom. lat. *causa.*

(1) Voir la règle *page* 112.
(2) Voir sur les adjectifs en *al, page* 109 et *page* 142.

NON LA POURET OMQUE PLEIER LA POLLE SEMPRE NON
AMAST LO DEO MENESTIER E POR O FUT PRESENTEDE
MAXIMIIEN CHI REX ERET A CELS DIS SOVRE

Le cas régime *cosa* = l'acc. lat. *causa*[m], est dans les SERMENTS. Toujours la double négation (*ne ule cose non la pouret*).

POURET (*pouvait*) du lat. *poterat* « pouvait ».

Lat. *poterat*, bas lat. * *potrat*, franç. * *potret, porret, pouret*.

OMQUE (*oncques*) = le lat. *unquam*. Dans les SERMENTS *unquam*.

PLEIER (*plier*) = le lat. *plicar*[e].

POLLE, cas rég. = l'acc. lat. *pulla*[m] pour *puella*[m]. On a vu plus haut le diminutif *pulcella*.

SEMPRE = le lat. *semper* « toujours ». Il nous en reste « *sempiternel* ».

AMAST (*aimât*) = le lat. *amass*[e]*t*.

LO (le), cas régime, = l'acc. lat. masc. [*il*]*lu*[m].

Souvent monosyllabique chez les comiques '*ilum*. Le lat. *ministérium* était du neutre · mais les noms neutres sont devenus masculins.

MENESTIER (*mestier, métier*) cas régime, = l'acc lat. *ministerium* « service »

Même syntaxe dans *lo deo menestier* « le service de Dieu » que dans *li deo inimi*

« les ennemis de Dieu » et *deo amur* « l'amour de Dieu » (Voir plus haut).

E (*et*) = le lat. *et*.

Aujourd'hui nous écrivons *et*, comme dans les SERMENTS; mais nous prononçons *e* comme dans la CANTILÈNE.

PRESENTEDE (*présentée*), cas suj. = le nom. lat. *præsentata*.

MAXIMIIEN (*Maximien*), cas rég. = l'acc. lat. *Maximian*[um]. Le cas régime direct pour le cas régime indirect.

REX (*roi*), cas suj. = le nom. lat. *rex*.

De l'acc. lat. *regem* est venu le cas rég. fr. *roi* qui a supplanté le cas sujet.

ERET = le lat. *erat* « était ».

Le fr. *était*, plus anciennement *estoit*, vient du lat. *stabat*

A (à) = le lat. *a*[d].

CELS (*ceux*), cas rég. plur. = l'acc. lat. (qui est chez les comiques) [*ec*]*cil-l*[*o*]*s* pour *ecce illos*.

DIS, cas rég. plur., = l'acc. lat. plur. *dies* « jours ».

On a vu plus haut le cas régime sing. *di* (SERMENTS).

SOVRE (*sor, sur*) = le lat. *super*.

PAGIENS EL LI ENHORTET DONT LEI NONQUE CHIELT QUED
ELLE FUIET LO NOM CHRISTIEN.

PAGIENS (*payens*), cas rég. plur. = l'acc. lat. *pagan[o]s*.

EL (*le*), variante de *il*, qui est dans les SERMENTS.

LI (l'*y*) contient le cas rég. *la* par élision *l'* et l'adverbe *i* = le lat. *hic* « ici ».

Il équivaudrait donc à *celle ici, celle-ci*.

ENHORTET (1) (*enhorte, exhorte*) = le lat. *inhortat* pour *inhortatur* (qui est chez APULÉE).

DONT (*dont*) = le lat. *de und[e]*.

Dans les SERMENTS *l'int* = le lat. [*il*]*l*[*um*] *ind[e]*.

LEI, c'est le fém. de *lui*. De l'acc. lat. [*il*]*la*[*m*][*h*]*i*[*c*] est venu le cas rég. fr. fém. *lei*, comme de l'acc. lat. masc. [*il*]*lu*[*m*] [*h*]*i*[*c*] est venu le cas régime fr. masc. *lui*. Dans *lei nonque chielt* le cas régime direct tient lieu de régime indirect.

NONQUE = le lat. *nunquam*, qui est dans les SERMENTS.

CHIELT (variante de la forme postérieure *chalt, chaut*) = le lat. *call[e]t*.

QUED (*que*) = le lat. *quod*.

Le *d* subsiste et empêche l'élision de l'*e* qui le précède.

FUIET (*fuie*) = le lat. *fugiat*.

NOM (*nom*), cas rég. = le lat. *nomen*.

CHRISTIEN, variante de *christian*, qui est dans les SERMENTS.

(1) Sur le *t* final voir *p*. 146.

III. — ONZIÈME SIÈCLE.

LA VIE (1) SAINT ALEXIS.

(Texte publié par M. Gaston Pâris.)

Bons fut li siecles al tens ancienor
Quer feit i ert e justise et amor;
Si ert credance, dant or n'i at nul prot :
Tot est mudez, perdude at sa color ;
Ja mais n'iert tels com fut as anceisors.

Al tens Noe et al tens Abraham,
Et al David que Deus par amat tant,
Bons fut li siecles : ja mais n'iert si vailanz.
Vielz est e frailes, tot s'en vait declinant,
Si 'st empeiriez tot bien vait remanant.

Pois icel tens que Deus nos vint salver,
Nostre anceisor ovrent cristientet,
Si fut uns sire de Rome la citet ;
Riches hom fut de grant nobilitet :
Por ço l'vos di, d'un son fil voil parler.

TRADUCTION LITTÉRALE.

Bon fut le monde au temps des Anciens,
Car bonne foi y était et justice et amour ;
Aussi y était confiance dont aujourd'hui il n'y a plus beaucoup:
Le monde est tout changé, il a perdu sa couleur;
Jamais il ne sera tel qu'il fut sous nos ancêtres.

Au temps de Noé et au temps d'Abraham
Et à celui de David que Dieu aima tant;
Bon fut le monde, jamais il ne sera de telle valeur ;
Il est vieux et frêle, tout s'en va déclinant,
Il a fort empiré et s'en va tout dépérissant.

Après ce temps où Dieu nous vint sauver,
Nos ancêtres eurent chrétienté ;
Alors fut un seigneur de la ville de Rome ;
Qui fut un homme riche et de grande noblesse :
Je vous le dis, parce que d'un sien fils je veux parler.

1. (*Sic.*) Il ne faut pas la préposition *de.* Voir la règle *page* 157.

Commentaire philologique.

BONS FUT LI SIECLES AL TENS ANCIENOR QUER FEIT I ERT
E JUSTISE ET AMOR SI ERT CREDANCE DANT OR N'I AT
NUL PROT TOT EST MUDEZ PERDUDE AT SA COLOR JA
MAIS N'IERT TELS COM FUT AS ANCEISORS AL TENS NOE
ET AL TENS ABRAHAM ET AL DAVID

BONS (*bon*) = *bon*[*u*]*s*.
FUT (*fut*) = *fuit*.
SIECLES (*siècle*), cas suj.
= *sec*[*u*]*lu*|*m*] (1).
AL (*au*) = *a*[*a*] [*il*]-
lu[*m*].
TENS (*temps*)=*tem*[*pu*]*s*.
ANCIENOR (*des anciens*)
= * *antianor*[*um*]. Gén.
plur. de *antianus*, adj.
composé de la préposition
ante et du suffixe *anus*, ou
bien de l'adverbe *antea* et
du suffixe *nus*.
QUER (*car*) = *quar*[*e*].
FEIT (*foi*) = *fid*[*es*] ou
fid[*em*].
I (*y*) = i[*bi*].
ERT = e*rat* « était ».
E (*et*) = *et*.
L'auteur emploie *e* devant
une consonne, *et* devant une
voyelle.
JUSTISE (*justice*) = *jus-
titia*.
AMOR (*amour*) = a*mor*,
CREDANCE (*créance,
croyance*) = * *cre*[*d*]*entia*.

1. Voir la règle *page* 139.

OR (*heure*) = [*h*]*or*[*am*]
« à cette heure, mainte-
nant ».
AT (*a*) = [*h*]*a*[*be*]*t*.
PROT (*prou*, dans *ni peu
ni prou*).
TOT (*tout*) = *tot*[*um*].
MUDEZ (*mué*) = *muta-
t*[*u*]*s* « changé ».
PERDUDE (*perdue*) =
* *perduta*[*m*].
SA (*sa*) = *sua*[*m*] en une
syllabe comme souvent chez
les comiques, latins.
COLOR (*couleur*)=*colo-
r*[*em*], devenu du féminin
(Voir *page* 138.)
JA = *jam* « déjà ».
Qui contient *de ex jam*.
MAIS = *ma*[*g*]*is*.
Bat l'air qui n'en peut mais.
(LA FONTAINE.)
IERT = e*rit* « sera ».
TELS (*tel*) = *tal*[*i*]*s*.
AS (*à les, aux*) = *ad* [*il*]-
los.
ANCEISORS (*ancestre,
ancêtre*) = *ante cessor*[*e*]*s*,
cas sujet = *antecessor*.
PAR = *per*.

QUE DEUS PAR AMAT TANT BONS FUT LI SIECLES JA MAIS
N'IERT SI VAILANZ VIELZ EST E FRAILES, TOT S'EN VAIT
DECLINANT SI 'ST EMPEIRIEZ TOT BIEN VAIT REMANANT
POIS ICEL TENS QUE DEUS NOS VINT SALVER NOSTRE
ANCEISOR OVRENT CRISTIENTET SI FUT UNS SIRE DE ROME
LA CITET RICHES HOM FUT DE GRANT NOBILITET POR ÇO
L'VOS DI D'UN SON FIL VOIL PARLER.

Même sens que dans par trop.
AMAT (1) (*aima*) = *ama*[*vi*]*t*.

TANT (*tant*) = *tant*[*um*]

VAILANZ « vaillant »,
dans *pas un sou vaillant*
ou « *valant* » dans *valant
un sou* = *valens*.

VIELZ (*vieux*) = *ve*[*tu*]*l*[*u*]*s*.

FRAILES (*frêle*) = *fra*[*g*]*il*[*i*]*s*

VAIT (*va*) = *va*[*d*]*it*.

DECLINANT (*déclinant*) = *declinand*[*o*].

EMPEIRIEZ (*empiré*) = *impējĕrat*[*u*]*s*.
Le latin classique a *pejerare*.

REMANANT *(restant)* = *remanend*[*o*] « s'arrêtant, restant là, dépérissant ».

POIS *(puis)* = *post* « après ».

QUE (*que*) = *quam*.

NOS (*nous*) = *nōs*.

VINT (*vint*) = *venit*.

NOSTRE (les *nôtres, nos*) = *nostri*.

1. On pourrait lire en un seul mot ; *parama* = *paramavit*, comme *parachever*.

ANCEISOR = *antecessor*[*es*].
C'est le cas sujet (plur).
Le cas rég (pluriel) est *anceisors* (1).

OVRENT (2) (*eurent*) = *[h]abuĕrunt*.
Il faut supposer que la pénultième était devenue brève : *Matri longa decem, tulerunt fastidia menses* (VIRG.).

CRISTIENTET(*chrétienté*) = *christian*[*i*]*tat*[*em*].

CITET(*cité*)=*ci*[*v*]*itat*[*em*]

RICHES (*riche*) = *reich* « riche » en allemand.

GRANT (3) (*grande*) = *grand*[*em*].

NOBILITET (*noblesse*) = *nobilitat*[*em*].

DI (*dis*) = *dico*.

FIL (*fils*) = *fil*[*ium*]

VOIL (*veux*) = *volo*.

PARLER (*parler*) = *par*[*abo*]*lar*[*e*] par les intermédiaires *parablar, parblar, parlar*, d'où *parler*.

1. Voir la règle *page* 138.
2. Peut-être vaudrait-il mieux lire : *ourent* = *[h]a*[*b*]*uerunt*. L'accent lat. serait respecté.
3. Voir la règle *page* 142.

IV. — XIᵉ SIÈCLE.

CHANSON DE ROLAND.

(Texte publié par M. Francisque Michel, d'après un manuscrit
de Turold dans la bibliothèque du British Museum.)

Li quens Rollanz gentement se cumbat :
Mais le cors ad tressuet e mult chalt,
En la teste ad e dulor e grant mal,
Rumput li est li temples por ço que il cornat ;
Mais saveir volt se Charles i vendrat.
Trait l'olifan, fieblement le sunat.
Li emperere s'estut, si l'escultat :
« Seignurs », dit-il, « mult malement nos vait :
Rollanz mis nies hoi cest jur nus defalt,
Jo oi al corner que guaires ne vivrat.
Ki estre i voelt, isnelement chevalzt !
Sunez vos grasles tant que en cest ost ad ! »
Seisante milie en i cornent si halt,
Sunent li munt e respondent li val.
Païens l'entendent, nel le tendrent mie en gab ;
Dit l'un al altre « Karlun avrum nus ja. »

TRADUCTION LITTÉRALE.

Le comte Rolland noblement se bat ;
Mais il a le corps tout en sueur et fort chaud,
A la tête il a douleur et grand mal,
Sa tempe est rompue parce qu'il a corné ;
Mais il veut savoir si Charles y viendra.
Il tire son cor, faiblement en sonne.
L'empereur s'arrêta et l'écouta :
« Seigneurs, dit il, cela va très-mal pour nous ;
Rolland, mon neveu, aujourd'hui nous fait défaut,
J'entends à sa façon de corner qu'il ne vivra guère.
Qui veut y aller doit chevaucher vite !
Sonnez vos cors aigus autant qu'il y en a dans cette armée. »
Soixante mille cors sonnent si haut
Que les monts résonnent et les vallées répondent.
Les païens l'entendent et ne le tinrent plus en moquerie ;
L'un dit à l'autre : « Nous aurons bientôt Charles. »

18

Commentaire philologique.

LI QUENS ROLLANZ GENTEMENT SE CUMBAT MAIS LE CORS
AD TRESSUET E MULN CHALT EN LA TESTE AD E DULOR E
GRANT MAL RUMPUT LI EST LI TEMPPES POR ÇO QUE IL
CORNAT MAIS SAVEIR VOLT SE CHARLES I VENDRAT TRAIT
L'OLIFAN FIEBLEMENT LE SUNAT

QUENS (*comte*) = *comes*.

ROLLANZ (*Roland*) = Roll*a*nd[u]s.

GENTEMENT (*noblement*) = *genitamente* « d'une façon [bien] née ».

On a dit encore au XVIIe siècle, *c'est un homme né, il n'est pas né*, pour c'est *un homme bien né, il n'est pas bien né*.

SE CUMBAT (*combat*) « se bat avec l'ennemi » de *batvere* (1).

Par *v* comme *solvere* et *silva*; on trouve par exception *batuere* par *u* comme *luere* et *silua* par *u*.

CORS (*corps*) = co*r*[*pu*]*s*.

AD (*a*) = *ha*[*be*]*t*.

TRESSUET « percé de sueur » = *transsūda*[*um*].

MULT (*moult*) = *mul*-*t*[*um*].

CHALT (*chaud*) = *cal*-*d*[*um*], syncope de *calidum*.

TESTE (*tête*) = *testa*[*m*] « crâne ».

Abjecta in triviis inhumati
[glabra jacebat
Testa hominis, nudum jam
[cute calvitium.
(AUSONE.)

(1) Voir sur cette forme, *page* 118.

DULOR (*douleur* = (*dolo*-*r*(*em*).

GRANT (*grand*) = *gran*-*d*[*em*] ou *grand*[*e*].

MAL (*mal*) = *mal*[*um*].

RUMPUT(*rompu*)=*rum*-*put*[*um*] pour *ruptum*.

LI = [*il*]*li*, « à lui ».

TEMPLES(*tempe*) = *tem*-*pus*.

Du sing. *temp*[*us*] est venu *tempe*, forme qui a prévalu. Du plur. lat. *tempora, tempra*, est venu *temple*, forme qui a péri. C'est donc une incorrection que d'avoir écrit au sing. *li temples*; il fallait *li tempes*.

CORNAT (*corna*) = *cor*-*nuat* « souffla dans un cor ».

VOLT (*veut*) = *vult*.

VENDRAT (*viendra*) = *ven*[*i*]*r*[*e*] [*h*]*a*[*be*]*t* (1).

TRAIT (*trait, tire*) = *tra*-[*h*]*it*.

OLIFAN (*éléphant*) = *ele*-*phant*[*um*] ou *elephan*-*t*[*em*] « cor d'ivoire ».

FIEBLEMENT (*faiblement*) = *flebiil mente*.

SUNAT (*sonna*)=*sonavit*.
(TERTULLIEN.)

(1) Voir sur la formation du futur, *page* 147.

LI EMPERERE S'ESTUT SI L'ESCULTAT SEIGNURS DIT-IL
MULT MALEMENT NOS VAIT ROLLANZ MIS NIES HOI CEST
JUR NUS DEFALT JO OI AL CORNÉR QUE GUAIRES NE
VIVRAT KI ESTRE I VOELT ISNELEMENT CHEVALZT SUNEZ
VOS

EMPERERE (*empereur*)
= *impe*ra[*t*]*or*.

L'*e* final de *emperere* est
superflu comme celui de
sire (3).

S'ESTUT (*s'arrêta*) = *se
statuit*.

De *sta*[*t*]*u*[*i*]*t estout, estut*,
comme de [*h*]*a*[*b*]*u*[*i*]*t, eu*.

ESCULTAT (*écouta*) =
auscultavit.

SEIGNURS (*seigneurs*) =
senior[*ē*]*s*.

DIT-IL (*dit-il*) = *di*[*x*i]*t
il*[*l*]*e*.

MALEMENT (*mal*) =
mală mente « d'une façon
mauvaise, fâcheuse ».

NOS VAIT *nous va*, c. à d.
« va pour nous » = *nōs
va*[*d*]*it*.

MIS (*mon*) = *meus*. Cas
sujet de *mon* = *meum*.

NIES (*neveu*) = *nep*[*o*]*s*.
Cas sujet de *neveu* = *ne-
pot*[*e*]*m*.

HOI CEST JUR (*aujour-
d'hui*).

Pléonasme semblable à ce-
lui qui existe dans *aujourd'hui*,
seulement *hoi* précède dans
hoi c'est jur et *hui* suit dans

aujourd'hui : *hoi* = *ho*[*d*]*i*[*e*]
jur de [*d*]*iur*[*num*].

NUS DEFALT (*nous
faut*, c. à. d. nous man-
que) = *nos * defall*[*i*]*t*.

JO OI (*j'ouïs*).

Ego, eo (Voir SERMENTS),
io, jo, je. au[*d*]*io*.

AL CORNER (*au corner*).

C'est-à-dire « à la manière
dont il corne ».

GUAIRES (guères, guère)
= germanique *weigaro*
« beaucoup (1) ».

VIVRAT(*vivra*)=*viv*[*e*]*re*
[*h*]*a*[*be*]*t* (2).

ESTRE (*être*) = *escere*,
suffixe inchoatif, « commencer à être ».

Comme *paistre, paître*, de
pascere,. comme *connoistre,
connoître*, de *cognoscere*, etc.
L'opinion commune suppose
essere pour *esse* comme *vo-
lere* pour *velle, potere* pour
posse.

VOELT (*veut*) = *vult*.

ISNELEMENT « d'une
manière prompte » = alle-
mand *schnell*.

CHEVALZT (*chevauche*)
= *caball*[*i*]*c*[*e*]*t*.

(1) Voir LITTRÉ, *Dictionnaire*, GUÈRE.

(2) Voir page 147.

GRASLES TANT QUE EN CEST OST AD SEISANTE MILIE EN I
CORNENT SI HALT SUNENT LI MUNT E RESPONDENT LI
VAL PAIENS L'ENTENDENT, NEL TE TENDRENT MIE EN GAB
DIT L'UN AL ALTRE KARLUN AVRUM NUS JA

GRASLES *(frêles)* = *gra-cilēs* sous - entendu *tubās* « [trompettes] grèles (1) ».

OST *(armée)* (ost dans LA FONTAINE)=[*h*]*ost*[*em*].

SEISANTE *(soixante)* = *se*[*x*]*aginta*.

MILIE *(mille)* = *millia*.

EN I *(alors)* = *in ibi* ou *inibi* (CICÉRON).

Halt *(haut)* = a*lt*[*um*].

L'*h* est superflu comme dans *huis* = **o**s*t*[*ium*].

MUNT *(monts)* = cas suj. plur. *mon***t**es.

Il a pour cas régime *mu**n**ts*.

RESPONDENT *(répon-dent)* = *respondent*.

VAL *(vaux)* = cas suj. pl. = **v**a*ll*[*ēs*].

Il a pour cas régime *vaux*.

PAIEN *(païens)*=*païens*

cas régime plur. = *pa-gan*[*ī*], cas sujet plur.

ENTENDENT *(entendent)* = *intendunt*.

NEL *(ni)*.

TENDRENT *(tinrent)* = * *tenvĕrunt* pour * *tenue-runt*.

MIE *(pas)* (*mie*, chez LA FONTAINE) = *mica* « miette ».

GAB *(moquerie)* = scan-dinave *gabb* « raillerie ».

Voir LITTRÉ, *Dictionnaire*. Les Northmans ont introduit en France plus d'un mot scan-dinave.

AVRUM *(aurons)*= [*h*]*a-ber*[*e*] [*hab*]*em*[*u*]*s*.

De *habere* on a fait *aveir* et de *habemus* avons. De *aveir-avons* sont venus * *aver-avons*, * *avr-avons*, * *avr-aons*, *avr-*o*ns* et enfin *aur-*o*ns*.

(1) Voir LITTRÉ, *Diction-naire*, au mot GRAILLER.

V. — XI° SIÈCLE.

LOIS DE GUILLAUME LE CONQUÉRANT.

(VERS 1069)

(Dans l'Histoire d'Ingulphe.)

Ces sount les leis et les custumes que le rei Willams grentat a tut le puple de Engleterre après le conquest de la terre, iceles mesmes que li reis Edward sun cosin tint devant lui.

Ço est a saveir :

Pais à saint Yglise. — De quel forfait que home out fait en cels tens, e il pout venir a sainte yglise, out pais de vie e de membre ; e se alquons meist main en celui qui la mere Yglise requireit, se ceo fust u evesqué, u abbeïe, u yglise de religiun,rendist ceo que il i avereit pris, e cent solz de forfait ; et de mere yglise de paroisse, XX solz ; e de chapele, X solz.

Icez plaiz afierent a la coroune le rei.

Et se alquens, u quens, u provost mesfeist as homes de sa baillie, e de ço fuist atint de la justice lu roi, forfait fust u duble de ce que altre fust forfait.

TRADUCTION LITTÉRALE.

Ce sont les lois et les coutumes que le roi Guillaume garantit à tout le peuple d'Angleterre, après la conquête du pays, celles là mêmes que le roi Edouard, son cousin, établit avant lui.

C'est à savoir :

Sûreté de la sainte Église. — Quelque forfait qu'un homme eût fait en ce temps, s'il pouvait se réfugier en sainte église, il avait sûreté pour sa vie et pour ses membres ; et si quelqu'un avait mis la main sur celui qui réquérait à notre mère l'Église, que ce fût ou une église épiscopale, ou une abbaye, ou une église de communauté, qu'il rendît ce qu'il y avait pris, avec cent

18.

sous d'amende ; et dans une église mère de paroisse, vingt sous ; et dans une chapelle, dix sous.

Ces causes afferent à la couronne du roi.

Et si quelqu'un, ou comte, ou prévôt, avait fait tort aux hommes de sa juridiction, et de ce fût convaincu par la justice du roi, qu'il fût puni au double de ce qu'un autre aurait été puni.

REMARQUE PRÉLIMINAIRE.

Il semble que l'historien Ingulphe, au lieu de citer d'abord le texte même des Lois de Guillaume, expose en son nom ce que contient ce texte.

En effet, au début il emploie le parfait qui est le temps narratif des historiens, au lieu d'employer comme plus bas le futur qui est le temps impératif des législateurs. La traduction proposée par Chevallet devrait donc être modifiée comme ci-dessus (1).

Au point de vue de la correction grammaticale, on remarquera l'emploi du cas sujet pour le cas régime et *vice versa*. Ainsi *le rei Willams* = [il]lu[m] reg[em] Willam[u]s. Il faudrait *li reis Willams* = [il]l[e] [h]i[c] rex Willam[u]s — *li reis Edward* = [il]l[e] [h]i[c] rex Edward[um]. Il faudrait *li reis Edwards* = [il]l[e] [h]i[c] rex Edward[u]s.

---

(1) Je me fais un devoir et un plaisir de reporter le mérite de cette ingénieuse découverte philologique à mon ami M. Francis Meunier, dont l'obligeance et l'érudition m'ont été du plus grand secours.

Commentaire philologique.

CES SOUNT LES LEIS ET LES CUSTUMES QUE LE REI WILLAMS
GRENTAT A TUT LE PUPLE DE ENGLETERRE APRÈS LE
CONQUEST DE LA TERRE ICELES MESMES QUE LI REIS
EDWARD SUN COSIN TINT DEVANT LUI ÇO EST A SAVÈIR
PAIS A SAINT YGLISE DE QUEL FORFAIT QUE HOME OUT
FAIT EN CELS TENS, E IL POUT VENIR A SAINTE YGLISE
OUT PAIS DE VIE E DE MEMBRE E SE ALQUONS MEST MAIN
EN CELUI QUI LA MÈRE YGLISE REQUIREIT SE CEO FUST U

CES (*ces*) = [*ec*]*cist*[*o*]*s*.
Le masculin *ces* a supplanté
le féminin *celles* = [*ec*]*cistas*.

CUSTUMES (*coutumes*)=
cons[*ue*|*ud*[*i*]*nes*.

GRENTAT (*garantit*) = *
cr[*e*]*entav*[*i*]*t* du part. *cre-*
[*a*]*ent*[*um*].
Comme *præsentavit* du
part. *præsente*[*m*].

CONQUEST (*conquête*) =
* *conquaest*[*um*] pour *con
quisitum*.
Cf. conquaestor. On dit
aujourd'hui *conquête* = * *con-
quaestam*.

ICELES (*celles-là*) = *ec-
cillas*.

MESMES (*mêmes*) * *me-*
[*tips*]*is*[*si*]*mas* pour *ipsis-
simas* + *met*.

COSIN (*cousin*)
Du latin *cons*[*ang*]*uineu*[*m*]
selon M. A. de Chevallet qui
s'appuie sur *cugino* (italien).
Du latin *cons*[*ob*]*rinum* selon
M. A. Brachet, qui s'appuie
sur *cusrin* (patois des Gri-
sons).

ÇO (*ce*) = [*ec*]*c*[*e*| [*h*]*o*[*c*].

FORFAIT = *foris factum*
« fait hors (du devoir) ».

OUT (*eut*) = [*h*]*a*[*b*]*u*[*i*]*t*.
Il faudrait *ouist* pour supposer [*h*]*a*[*b*]*uiss*[*e*]*t*. Voyez
plus bas *fuist* de *fuiss*[*e*]*t*.

CELS (*ceux*) = [*ec*]*cil-
l*[*o*]*s*.
Ceux ne s'emploie plus
comme adjectif.

POUT (*put* = *po*[*t*]*u*[*i*]*t*.
Il faudrait *pouist* pour supposer *po*[*t*]*uiss*[*e*]*t*. Voyez plus
bas *fuist* de *fuiss*[*e*]*t*.

ALQUONS, cas sujet, =
al[*i*]*qu*[*is*]*un*[*u*]*s*, supplanté
par *alcun*, *aucun*, cas ré-
gime, =*al*[*i*]*qu*[*em*]*un*[*um*].

MEIST (*mist, mît*) = *mi-*
[*s*]*iss*[*e*]*t*.

REQUIREIT (*requérait*)
*requir*e[*b*|*at*.

CEO (*ce*) = [*ec*]*ce* [*h*]*o*[*c*].

FUST (plus anciennement
fuist)=*fuiss*[*e*]*t*. Voir plus
bas.

U (*ou*) = *au*[*t*].

EVESQUÉ U ABBEÏE U YGLISE DE RELIGIUN RENDIST CEO QUE
IL I AVEREIT PRIS CENT SOLZ DE FORFAIT ET DE MERE
YGLISE DE PAROISSE XX SOLZ E DE CHAPELE X SOLZ ICEZ
PLAIZ AFIERENT A LA COROUNE LE REI ET SE ALQUENS
U QUENS

EVESQUÉ *(évêché)*.

De *episco[pum]* est venu *évesque* et de *évesque* est venu *évesqué*. Le suffixe *é* = lat. *atum* dans *episcopatum*.

ABBEIE *(abbaye)* = *abba[t]ia*.

YGLISE *(église)* = *eccles[i]a*.

RENDIST *(rendît)* = *reddi[d]iss[e]t*.

AVEREIT *avreit, (aurait)* = *[h]aber[e] [h|a[b]e[b]at*.

Le conditionnel est formé de l'infinitif et de l'imparfait comme le futur l'est de l'infinitif et du présent. Dans *avereit aver (avoir)* = *[h]abere* et *eit* (plus anciennement *eeit)* = *[h]a[b]e[b]at*.

PRIS = *prens[um]*.

SOLS *(sous)* = *sold[o]s* chez Martial pour *solidos*.

Le *z* représente *ds*. Il représente *ts* dans *paramenz* (Voir la CANTILÈNE).

PAROISSE = *paroe-[c]ia[m]* (saint Augustin).

Remonte au grec παρὰ οἰκία. Les Latins prononçaient *paroecia*. Ils avaient déplacé l'accent parce que l'*i* de *paroecia* étant bref ne pouvait porter l'accent.

CHAPELE *(chapelle)* =

capella[m] « sanctuaire possédant la chape d'un saint ».

Diminutif de *cappa[m]* « chape, manteau à capuchon (ISIDORE de Séville) ».

ICEZ *(ces)* = *eccist[o]s*.

Le *z* représente *ts*. C'est le cas régime pour le cas sujet.

PLAIZ *(plaids)* (RACINE).

C'est le cas régime plur de *plaid* (Voir SERMENTS) = *plac[i]t[um]* Le *z* pour *ds*. Il faudrait le cas sujet

AFIERENT *(afferent)*.

Du latin *fert, ferunt*, a dû venir le français *fiert, fierent*. Joignons-y la préposition *à*, nous aurons *afiert, afierent*. Si nous partions du latin *afferunt*, l'accent du latin *afferunt* et celui du français *afferent* ne concorderaient plus. On dit aujourd'hui *être afferent, afférer*, mots récents.

LA COROUNE LE REI.

Même syntaxe que dans *deo amur, li deo inimi, lo deo menestier*. Seulement le cas régime *le rei* suit le mot régisseur au lieu de le précéder.

ALQUENS *(quelque)* comme *alquons*.

QUENS *(comte)* = *com[e]s*.

U PROVOST MESFEIST AS HOMES DE SA BAILLIE E DE ÇO
FUIST ATINT DE LA JUSTICE LU REI FORFAIT FUST U
DUBLE DE CE QUE ALTRE FUST FORFAIT.

C'est le cas sujet Le cas rég. *comte = com*[*i*]*te*[*m*]. a supplanté le cas sujet.

PROVOST (*prévôt*) = *præpos*[*i*]*t*[*um*].

MESFEIST (*a fait tort*) = *min*[*u*]*s fe*[*c*]*iss*[*e*]*t*.

Mes = min[*u*]*s*. Ainsi l'espagnol *menos preciar = mespriser*, mé-*priser*. On ne dit plus *mes-faire* « faire moins (qu'on ne doit) ». Mais *mesfait*, mé-*fait*, est resté.

SA BAILLIE (*son bailliage*), du verbe *bailler = baj*[*u*]*lar*[*e*] « porter, garder, veiller à ».

FUIST = *fuiss*[*e*]*t*.

Les formes *meist, mesfeist*, sont devenues *mis*[, *mesfis*], puis *mî*], *méfit*; mais la forme *fuist* est devenue *fust* (vu plus haut), puis *fût*.

LA JUSTICE LU ROI comme *la coroune le rei*.

FUST. Voir plus haut *fuist*.

DUBLE (*double*)=*dupl*[*i*]*ce*[*m*].

ALTRE (*autre*).

Peut venir de **al**[*te*]*r* ou de **al**]*te*]*ru*[*m*].

VI. — XIIᵉ SIÈCLE.

TRADUCTION DES PSAUMES.

1. Beatus vir qui non abiit in consilio impiorum, et in via peccatorum non stetit, et in cathedra pestilentiæ non sedit;

2. Sed in lege Domini voluntas ejus, et in lege ejus meditabitur die ac nocte ;

3. Et erit tanquam lignum, quod plantatum est secus decursus aquarum , quod fructum suum dabit in tempore suo : et folium ejus non defluet : Et omnia quæcumque faciet prosperabuntur ;

1. Beneurez li huem chi ne alat el conseil des feluns e en la veie des peccheurs ne stout, e en la chaere de pestilence ne sist ;

2. Mais en la lei de nostre Seignur la voluntet de lui, e en la sue lei purpenserat par jurn e par nuit.

3. Et iert esnement cume le fust qued est plantet dejuste les decurs des ewes, chi dunra sun frut en sun tens. Et sa fuille ne decurrat, e tutes les coses que il-unques ferat serunt fait prospres.

VII. — XIIe SIÈCLE.

MYSTÈRE D'ADAM.

DIABOLUS. Eva, ça (1) sui venuz à toi.
EVA.   Di moi, Sathan, e tu purquoi (2) ?
DIABOLUS. Je vcis querant (3) tun pru (4), t'honur (5).
EVA.   Ço dunge Deu (6) ! DIAB. N'aiez pour (7) ;
            Mult a grant tens (8) que jo ai apris (9)
            Toz les conseils de parais (10).
            Une partie (11) t'en dirrai (12).
EVA.   Or le comence, e jo l'orrai (13).
DIAB.   Orras me tu ? EVA. Si ferai bien,
            Ne te curecera de rien (14).
DIABOLUS. Celeras m'en (15) ? EVA. Oïl (16), par foi.
DIABOLUS. Iert descovert (17). EVA. Nenil (18) par moi.
DIABOLUS. Or me mettrai en ta creance (19)
            Ne voil de toi altre fiance (20).
EVA.   Bien te pois creire (21) a ma parole.

---

(1) Or ça, sire Grégoire, que gagnez vous par an ?(LA FON-
TAINE.) — 2. Et toi, pourquoi es·tu venu ? — 3. = *quærendo*
de *quærere* « querre », plus tard « quérir ». — 4. « Ton avantage, ton bien. » — 5. « Ta honneur ·, au féminin, comme *ta*
douleur, ta valeur, etc. — 6. Que Dieu me donne cela ! — 7. Il faut
lire et prononcer *paour* = *pavorem*. Autrement le vers serait
faux. — 8 Il y a moult grand temps — 9. La mesure veut :
que j'ai appris. — 10. *Paraïs*, trisyllabique. — 11. *Partïe*, trisyllabique.— 12. *Dïcere* a donné, *dïere, dïrre*, puis *dïre*.

13. Son sang crîra vengeance et je ne l'orrai pas
                                        (CORNEILLE.)

TRADUCTION LITTÉRALE ET MÉTRIQUE.

LE DIABLE. Ev', ça [je] suis venu à toi.
EVE.   Dis-moi, Satan, et toi pourquoi ?
LE DIABLE. Je vais quérant ton bien, t'honneur.
EVE.   Ce donne Dieu ! LE DIABLE. N'ayez [pas] peur ;
            Moult a grand temps que j'ai appris
            Tous les conseils de paradis.
            Une parti' [je] t'en dirai.
EVE.   Or, commence-li, et je l'orrai.
LE DIABLE. Me orras-tu ? EVE. [Ain]si f'rai-[je] bien,
            [Il] n'te courroucera de rien.
LE DIABLE. Tu] m'en cel'ras ? EVE. Oui, par [ma] foi.
LE DIABLE. S'ra découvert EVE. Nennil par moi,
LE DIABLE. Or [j'] me mettrai en ta créance.
            [Je] n' veux de toi autre fiance.
EVE.   Bien [tu] t'peux croire à ma parole.

Audire, ouïr, futur : * *j'ouir-ai*. *j'orrai*, « j'entendrai ».
14. Il ne te courroucera de rien; tu n'auras pas à te plaindre ».
— 15. « Tu m'en garderas le secret » — 16. Oïl, disyllabique.
— 17. « (Cela) sera découvert ».— 18 *Nenil* = *non il lud*). C.
qui confirmerait l'opinion que *oïl* = [*h*]o[*c*] *il*[*lud*]. — 19. « Je
te crois. » — 20. « Je ne veux de toi aucune autre assurance. »
— 21. *Croire* signifiant « te fier », comme *credere* « se fier. »

VIII. — XIIᵉ SIÈCLE.

HYMNE RELIGIEUX.

(C'est la sainte Vierge qui parle.)

Je plains et plors come feme dolente,
Quar je ay perdu ce que plus m'atalente (1),
A grant tristour (2) fuie ma jouvente (3),
      Sans nul confort (4).
Triste sera ma vie jusques à la mort (5).

Beau dous cher fis, simple vis, bele bouche (6),
La vostre mort, beau fis, au cuer me touche (7).
Des ores mais vivray come une souche (8),
      Sans nul confort.
Triste sera ma vie jusques à la mort.

Beau dous cher fis, vos deinastes desendre (9)
Dou ciel en moi et char humaine prendre (10).
Por vostre mort bien me doit li cuer fendre (11),
      Sans nul confort.
Triste sera ma vie jusques à la mort.

1. Ego plango et ploro quomodo femina dolens
   Quare ego habeo * perdutum quod plus me adtalentat
(*Ad talentum*, « ce qui m'agrée le plus, est le plus à mon gré. »)
2. Ad grandem tristorem (même terminaison que dans *dolorem*.
3. Est fugita mea juventas.
4. Sine (la terminaison de *dans* = *de intus* a influé sur l'orthographe de *sans*) Nullum confortum (substantif verbal de *confortare* « réconforter, consoler »).
5. Tristis erit mea vita de usque ad mortem (*deusque, diusque, iusque, jusque*).

TRADUCTION AVEC RESTITUTION MÉTRIQUE.

Je plains et pleur' comme femme dolente,
Car j'ai perdu ce qui plus m'atalente,
A grand' tristesse [est] fuïe ma jouvente,
      Sans nul confort.
Triste sera ma vi' jusqu'à la mort.

Beau doux cher fils, simple vis, belle bouche,
La vôtre mort, beau fils, au cœur me touche.
Dès ores mais vivrai comme une souche,
      Sans nul confort.
Triste sera ma vi' jusqu'à la mort.

Beau doux cher fils, vous daignâtes descendre
Du ciel en moi et chair humaine prendre.
Par vostre mort me doit bien le cœur fendre,
      Sans nul confort.
Triste sera ma vi' jusqu'à la mort.

6. Bellum dulcem carum filius, simplicem visum (*vis-à-vis = visage a visage*) bella bucca.
7. Illam vestram, mortem, bellum filius, ad cor me * toc-toccat.
8. De ex horas magis vivere habeo quomodo.
9. Bellum dulcem filius, vos digna vis-tis descendere.
10. De illo cœlo in me et carnem humanam prendere.
11. Per vestram mortem bene me debet illud cor findere.

IX. — XIIIᵉ SIÈCLE.

JOFFROI DE VILLEHARDOIN.

(La conqueste de Constantinople).

Or oez (entendez) une des granz merveilles que vos
onques oisiés (je lirais *oistes* = *audivistis*). A celui tanz
(temps) avoit un empereur en Constantinople, qui avoit
non (nom) Sursac, si avoit un frere qui avoit non (nom)
Alexis, qu'il avoit racheté de prison de Turs (Turcs). Cil
Alexis prist un jor l'empereeur (*imper*ā[*i*]o*r*[*em*]) son
frere, et li trest (*traxit* « arracha ») les yelx (yeux) de la
teste et se fist empereeur par tel traïson come vos oez, et
le tint longuement em prison et un sien filz avec, qui
avoit non (nom) Alexis. Cil filz eschapa et s'enfui jusques
a une cité seur mer, qui avoit non (nom) Enconne (An-
cône). De la s'en ala il vers le roi Phelippe d'Alemaigne
qui une seue (sienne) sereur (*sororem*) avoit a feme
(femme). Dont vint a Veronne en Lombardie et se heberja
en la vile (ville) et la trova il pelerins et genz assez qui
s'en aloient en l'ost.

X. — XIIIᵉ SIÈCLE.

JEHAN DE JOINVILLE.

(Histoire de saint Louis.)

Au mois d'aoust entrames en nos nez (nefs, navires) a
la Roche de Marseille : a celle journee que nous entrames
en nos nez (nefs, navires) fist l'en (l'on) ouvrir la porte de
la nef, et mist l'en (l'on) touz nos chevaus ens (dedans),
qui nous devions mener outre mer ; et puis reclost l'en
(l'on) la porte et l'enboucha l'en (la boucha l'on) bien
aussi comme l'en (l'on) naye un tonnel, pour ce que, quant
(quand) la nef est en la mer, toute la porte est en l'yaue.
Quant (quand) les chevaus furent ens (dedans), nostre
mestre notonnier (nautonnier) escria à ses notonniers,

(nautonniers) qui estoient ou bec (au bec) de la nef et leur dit *est aree* (faite, labourée) vostre besoigne? et ilz respondirent *oy, sire, vieingnent* (viennent) *avant les clers* (clercs) *et les proveres* (prêtres). Maintenant que ilz furent venus, il leur escria *chantez de par Dieu ;* et ilz s'escrierent touz a une voix *Veni creator spiritus,* et il escria à ses notonniers (nautonniers) *faites voile de par Dieu,* et il si (ainsi) firent.

XI. — XIV° SIÈCLE.

LE COMBAT DES TRENTE.

Seigneurs, or faites paix (1), chevaliers et barons,
Bannerois (2) bachelers (3) et trestoux (4) nobles hons,
Evesques et abbés, gens de religions,
Heraulx, menestreelx et tous bons compaignons,
Gentilz hons et bourgois de toutes nacions,
Escoutez cest roumant (5) que dire vous voulons.
L'istoire en est vraie et les dix (6) en sont bons,
Comment trente Engloiz hardix comme lions
Combatirent un jour contre trente Bretons :
Et pour ce j'en vueil dire le vray et les raisons,
Sy s'esbatront (7) souvent gentilz hons et clarions (8).
De cy jusqu'à cent ans pour vray en leurs maisons.

(1) Silence. — (2) Bannerets.— (3) Bacheliers, jeunes gens. — (4) Absolument tous. — (5) Récit en langue romanc. — (6) Pluriel de *dit* « mot». — (7) Ainsi prendront leurs ébats, leur récréation — (8) Clercs.

XII. — XIV° SIÈCLE.

JEHAN FROISSART.
Déroute des Flamands à Rosebecque.

Quant les Flamens qui estoient derriere veirent que ceulx devant fondoient et cheoient l'un sus l'autre et que

ilz estoient tous desconfis, ilz s'esbahirent et jetterent
leurs plançons (piques) par terre et leurs armures et se
misrent a la fuitte vers Courtray et ailleurs. Ilz n'avoient
cure (1) que pour eulx mettre a sauveté. Et Franchois et
Bretons aprés, qui les chassoient en fossez et en buissons,
en aunois, en marés et bruieres, cy dix. cy vingt, cy trente,
et la les recombatoient de rechief, et la les occioient, se
ilz n'estoient les plus fors. Si en y eut un moult grant
nombre de mors en la chace entre le lieu de la bataille et
Courtray, ou ilz se retraioient a saulf garant.

(1) Le meunier n'en a cure.   (La Fontaine.)

NOTES BIBLIOGRAPHIQUES

LISTE DES AUTEURS A CONSULTER *

I. — Sur les Origines.

1. *Généralités.* — MAX MULLER. Essai de Mythologie comparée, traduit de l'anglais. *Paris*, Didier, 1872. In-8°.

MAX MULLER. La Science du langage, traduite par F. Baudry. *Paris*, 1864. In-8°.

J. J. AMPÈRE. Sur la formation de la langue française. *Paris*, in-8°.

LEWIS. Essay on the Origin and formation of the romance languages. *London*, 1862. In-8°.

DE CHEVALLET. Origine et formation de la langue française. *Paris*, 1850-1858, 3 vol. in-8°.

ÉDÉLESTAND DU MÉRIL. Essai philosophique sur la formation de la langue française. *Paris*, 1852. In-8°

LITTRÉ. Dictionnaire de la langue française. *Paris*, 1861-1873. In-4°.

2. *Langues des Celtes et des Francs.* — LA RUE. Mémoire sur les bardes armoricains. *Caen*, 1815. In-8°.

F. EDWARDS. Recherches sur les langues celtiques. *Paris* 1844. In-8°.

---

* Pour simplifier l'exposition et la dégager de tout renvoi, j'ai cru devoir reporter ici l'indication des ouvrages auxquels j'ai fait les emprunts les plus considérables. J'y ajoute les titres de quelques autres ouvrages qu'on pourra consulter avec fruit ; ce sera donc comme une bibliographie du sujet.

LE GONIDEC. Dictionnaire breton-français, publié par M. Hersart de la Villemarqué. *Saint-Brieuc*, 1847. In-4°.

H. DE LA VILLEMARQUÉ. Chants populaires de la Bretagne, 1 vol. in-8° et in-12.

L. SCHACHT. De elementis germanicis potissimum linguæ franco-gallicæ. *Berolini*, 1853. In-8°.

3. *Latin.* — DU CANGE. Glossarium ad scriptores mediæ et infimæ latinitatis. *Paris*, 1733-1736. 6 vol. in-fol. — *Paris*, 1840-1850. 7 vol. in-4°.

CARPENTIER. Glossarium novum ad scriptores medii ævi. *Paris*, 1766. 4 vol. in-fol.

E. EGGER. Notions élémentaires de grammaire comparée. Sixième édition. *Paris*, 1865. In-12.

J. J. AMPÈRE. Histoire littéraire de la France avant et sous Charlemagne, *Paris*, 3 vol. in-8°.

BONDIL. Introduction à la langue latine au moyen de l'étude de ses racines et de ses rapports avec le français. *Paris*, 1838. In-8°.

ZANGE. Exposition des lois du passage des mots latins aux mots français. *Sondershausen*, 1845. In-4°.

GASTON PARIS. Étude sur le rôle de l'accent latin dans la langue française. *Paris*. In-8°.

BOISSIER. Une province romaine. *Revue des Deux-Mondes*, 1er avril 1866.

DIEZ. Introduction à la grammaire des langues romanes de Diez, traduite par G. Paris. *Paris*. In-8°.

4. *Langues romanes.* — ROQUEFORT Glossaire de la langue romane *Paris*, 1808-1820. 3 vol. in-8°.

FAURIEL. Histoire de la Gaule méridionale. *Paris*, 1836. 4 vol. in-8°.

FAURIEL. Histoire de la poésie provençale. *Paris*, 1846. 3 vol. in 8°.

RAYNOUARD. Lexique roman. *Paris*, 1838-1844, 5 vol in-8°.

DIEZ. Introduction à la grammaire des langues romanes trad. par G. Paris. *Paris*.

DIEZ. Grammatik der romanischen Sprachen. 3 vol. *Bonn*. 3e édit. 1872.

DIEZ. Etymologisches Waterbuch der romanischen Sprachen. 2 vol. Bonn 3e édit. 1869.

FUCHS. Die romanischen Sprachen in ihrem Verhæltnisse zum lateinischen. *Halle*. 1849.

A. W. DE SCHLEGEL. Observations sur la langue et la littérature provençales.

GUESSARD. Grammaires provençales de Faidit et de Raymond Vidal. 2e édition. *Paris*, 1858. In-8°.

PAUL MEYER. Cours d'histoire de la littérature provençale. (*Discours d'ouverture*.) *Paris*, 1865. In-8°.

P. MEYER ET GASTON PARIS. Romania, revue des langues et des littératures romanes. *Paris*, 1872

II. – Sur le vieux français.

1. *Dictionnaires et Grammaires*. — CAPEL. Glossaire du VIIIe ou IXe siècle publié par DIEZ.

PALSGRAVE. L'Esclaircissement de la langue françoise. *Londres*, 1530. In-fol. Réimprimé par Génin. *Paris*, 1852. In-8°.

COTGRAVE. Dictionnaire anglais-français et français-anglais. *Londres*, 1650. In-folio.

NICOT. Dictionnaire français-latin. *Paris*, 1606. In-fol.

PASQUIER. Les Recherches de la France. *Paris*, 1611. In-4°.

MÉNAGE. Dictionnaire étymologique de la langue française. *Paris*, 1750. 2 vol. in-fol.

MÉNAGE. Observations sur la langue française. *Paris.* 2 vol. in-12.

SAINTE-PALAYE. Glossaire de l'ancienne langue française. *Paris.* 1er vol. in-fol.

SAINTE-PALAYE. Glossaire des termes du vieux français, manuscrit conservé à la Biblioth. nationale de Paris. 10,557. G. BOREL. Dictionnaire des termes du vieux français. *Paris*, 1750. In-fol.

ROQUEFORT. Dictionnaire étymologique de la langue française, avec introduction par Champollion-Figeac. *Paris*, 1829. 2 vol. in-8°.

ORELL. Alt-franzosische Grammatik. *Zurich*, 1830. In-8°.

BURGUY. Grammaire de la langue d'oïl. *Berlin* et *Leipzig*, 1853-1856 2 vol. in-8°.

MATZER. Franzosische Grammatik *Berlin*, 1856. In-8°.

FRANCIS MEUNIER. Essai sur la vie et les ouvrages de NICOLE ORESME, suivi d'un GLOSSAIRE. *Paris*, 1857. In-8°.

SCHELER. Dictionnaire d'étymologie française. *Bruxelles-Paris*, 1862. In-8°.

2. *Textes.* —RAYNOUARD. Monuments relatifs à la condamnation des chevaliers du Temple. *Paris*, 1813.

RAYNOUARD. Choix de poésies originales des Troubadours. *Paris,* 1816-1824. 6 vol. in-8°.

Le Roman de la Rose, publié par M. Méon. *Paris*, 1814. 4 vol. in-4°.

Le Roman du Renart, publié par M. Méon. *Paris,* 1826. 4 vol. in-8°.

ROBERT WACE. Le Roman de Rou, publié par M. Frédéric Pluquet. *Rouen*, 1827. 2 vol. in-8°.

Li Romans dou chastelain de Coucy et de la dame de Fayel, publié par G. A. Crapelet. *Paris*, 1829.

Proverbes et dictons populaires, avec les dits du mer-

cier et des marchands et les crieries de Paris au XIIIe et
XIVe siècles, par G. A. Crapelet. *Paris*, 1831. In-8°.

PAULIN PARIS. Romancero français. *Paris*, 1833. In-8°.

Li Romans de Garin le Loherain, publié par M. Paulin
Paris. *Paris*, 1833-183.5 2 vol. in-8°.

Le Roman du Renard; supplément, variantes et corrections, publié par P. Chabaille. *Paris*, 1835. In-8°.

Li Romans de Berte aus grans piés, publié par Paulin
Paris. *Paris*, 1836. In-12.

WACE. Le Roman de Brut, publié par Leroux de Linzy.
Paris, 1836. 2 vol. in-8°.

Les Manuscrits français de la Bibliothèque du roi, publiés
par Paulin Paris. *Paris*, 1836-1842. 7 vol. in-8°.

Le Livre des métiers d'Étienne Boileau, publié par
M. Depping. *Paris*, 1837. In-4°.

Chanson de Roland, publiée par Francisque Michel.
Paris, 1837. In-8°.

GÉRAUD. Paris sous Philippe le Bel, d'après des docu-
ments originaux de 1292. *Paris*, 1837. In-4°.

Assises de Jérusalem, publiées par Foucher. *Rennes*,
1839. In-8°.

Les quatre Livres des Rois, traduits en français du XIIe
siècle, publiés par M. Leroux de Lincy. *Paris*, 1840.
In-4°.

Choix de sermons de saint Bernard, publié par M. Leroux
de Lincy et imprimé à la suite du livre des Rois.

Le Roman du Saint-Graal, publié par Francisque Michel.
Bordeaux, 1841. In-8°.

Chants historiques français, depuis le XIIe jusqu'au XVIIIe
siècle, publiés par M. L. de Lincy. *Paris*, 1845. 2 vol.
in-12.

Assises de Jérusalem, publiées par le comte Beugnot.
Paris, 1843. 2 vol. in-fol.

Li Romans d'Alixandre, par Lambert li Tors et Alexandre de Bernay, publié par H. Michelant. *Stuttgard*, 1846.

J. P. MAGNIN. Chrestomathie du vieux français, ou Choix de morceaux. *Berlin*, 1863. In-8°.

3. *Etudes diverses.* — VILLEMAIN. Tableau de la littérature au moyen-âge. Cours de 1828. *Paris.* 2 vol. in-12.

FRANCIS WEY. Histoire des révolutions du langage en France. *Paris*, 1848. In-8°.

G. FALLOT. Recherches sur les formes grammaticales de la langue française et de ses dialectes au XIII° siècle. *Paris.* In-8°.

GÉNIN. Des variations du langage français depuis le XII° siècle. *Paris*, 1845. In-8°.

GÉNIN. Récréations philologiques. *Paris*, 1856. 2 vol. in-8°.

LENIENT. La Satire en France au moyen-âge. *Paris*, 1859. In-12.

DEMOGEOT. Histoire de la littérature française. *Paris*, 1860. In-12.

LITTRÉ. Histoire de la langue française, études. Cinquième édition. *Paris*, 1869. 2 vol. in-12.

C. NISARD. Curiosités de l'étymologie française. *Paris*, 1863. In-12.

E. EGGER. Observations sur un procédé de dérivation très-fréquent dans la langue française. *Mém. de l'Acad. des Inscript.*, tome XXIV, 2° partie. *Paris*, 1865. In-4°.

PAUL MEYER. Les Études de M. Littré sur l'histoire de la langue française. *Paris*, 1865. In-8°.

III. — Sur le français moderne.

HENRI ESTIENNE. Dialogues du langage françois italianisé. *Paris*, 1579.

HENRI ESTIENNE. La Précellence du langage françois,
1579. Édition de L. Feugère. *Paris*, 1850. In-12.

CH. L. LIVET. Dictionnaire des Précieuses, par SOMAIZE.
Paris. 2 vol. in-16.

CH. L. LIVET. La Grammaire française et les grammairiens du xvie siècle. *Paris*, 1859. In-8°.

GUIZOT. Dictionnaire des synonymes. *Paris*, 1865. In-8°.

ALLOU. Essai sur l'Universalité de la langue française.
Paris, 1828. In-8°.

VILLEMAIN. Tableau de la littérature au x viiie siècle. Cours
de 1829. 4 vol. in-12.

VILLEMAIN. Considérations sur la langue française, servant de préface à la dernière édition du Dictionnaire
de l'Académie. *Paris*, 1835.

FR. GODEFROY. Lexique comparé de la langue de Corneille et de la langue du xviie siècle. *Paris*, 1862.
2 vol. in-8°.

D. NISARD. Histoire de la littérature française. Troisième
édition. *Paris*, 1863. 4 vol. in-12.

B. LAFAYE. Dictionnaire des synonymes de la langue
française. *Paris*, 1858. In-8°. — Supplément au même
ouvrage. *Paris*, 1865.

SAINTE-BEUVE. Causeries du lundi. — Nouveaux lundis.
Paris, 1853-1865.

A. BRACHET. Grammaire historique. *Paris*, 1867. — Dictionnaire étymologique. *Paris*.

MARTY-LAVEAUX. Sur l'Étude de la langue française.
Paris, 1872.

FIN.

TABLE DES MATIÈRES.

CONCLUSION.

ESSAI SUR L'HISTOIRE DE LA LANGUE FRANÇAISE

AU XIXe SIÈCLE.

APPENDICE.

ÉTUDE CRITIQUE DE QUELQUES FRAGMENTS

DU VIEUX FRANÇAIS.

1926. — Abbeville. — Imp. Briez, C. Paillart et Retaux.

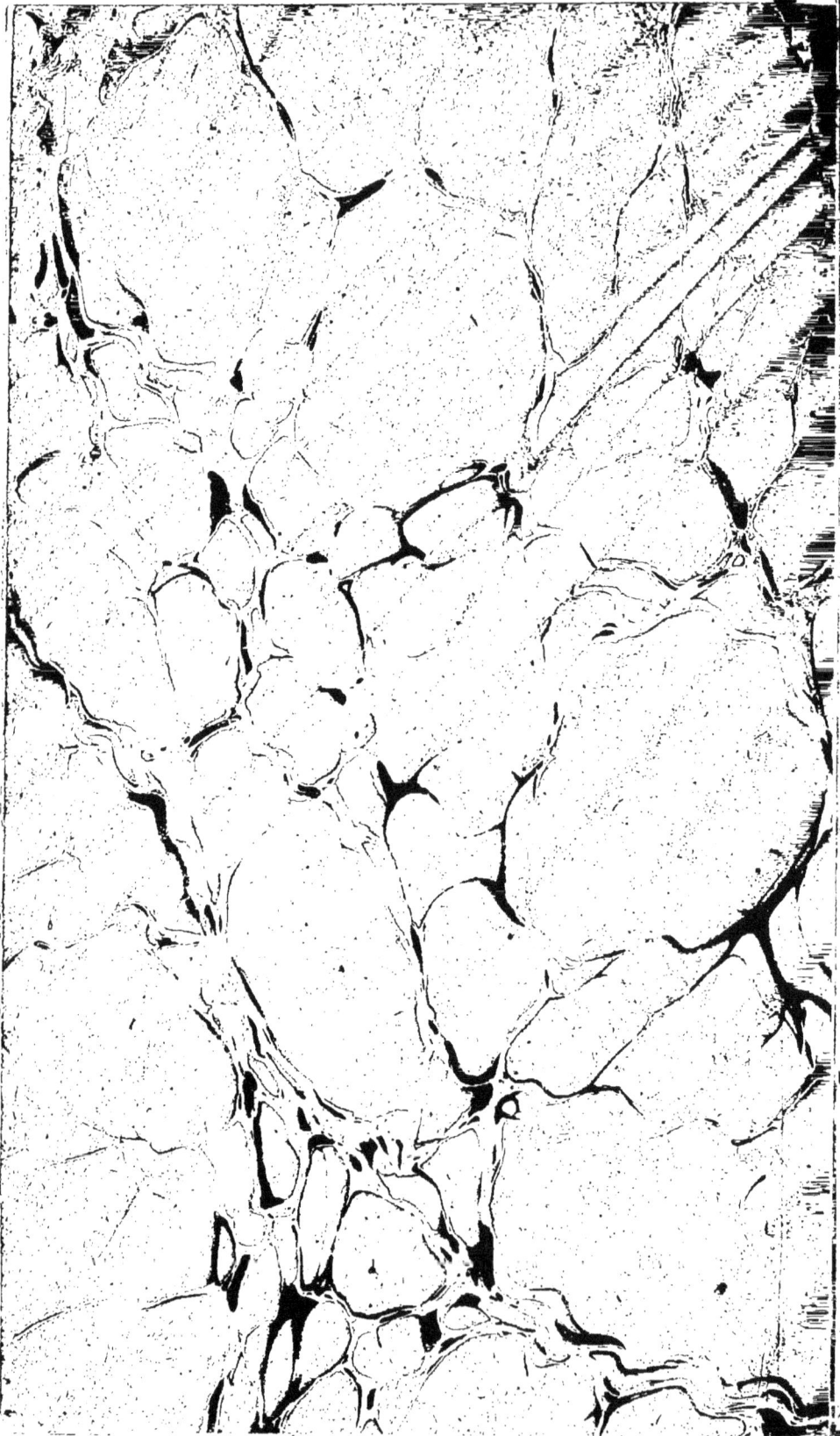

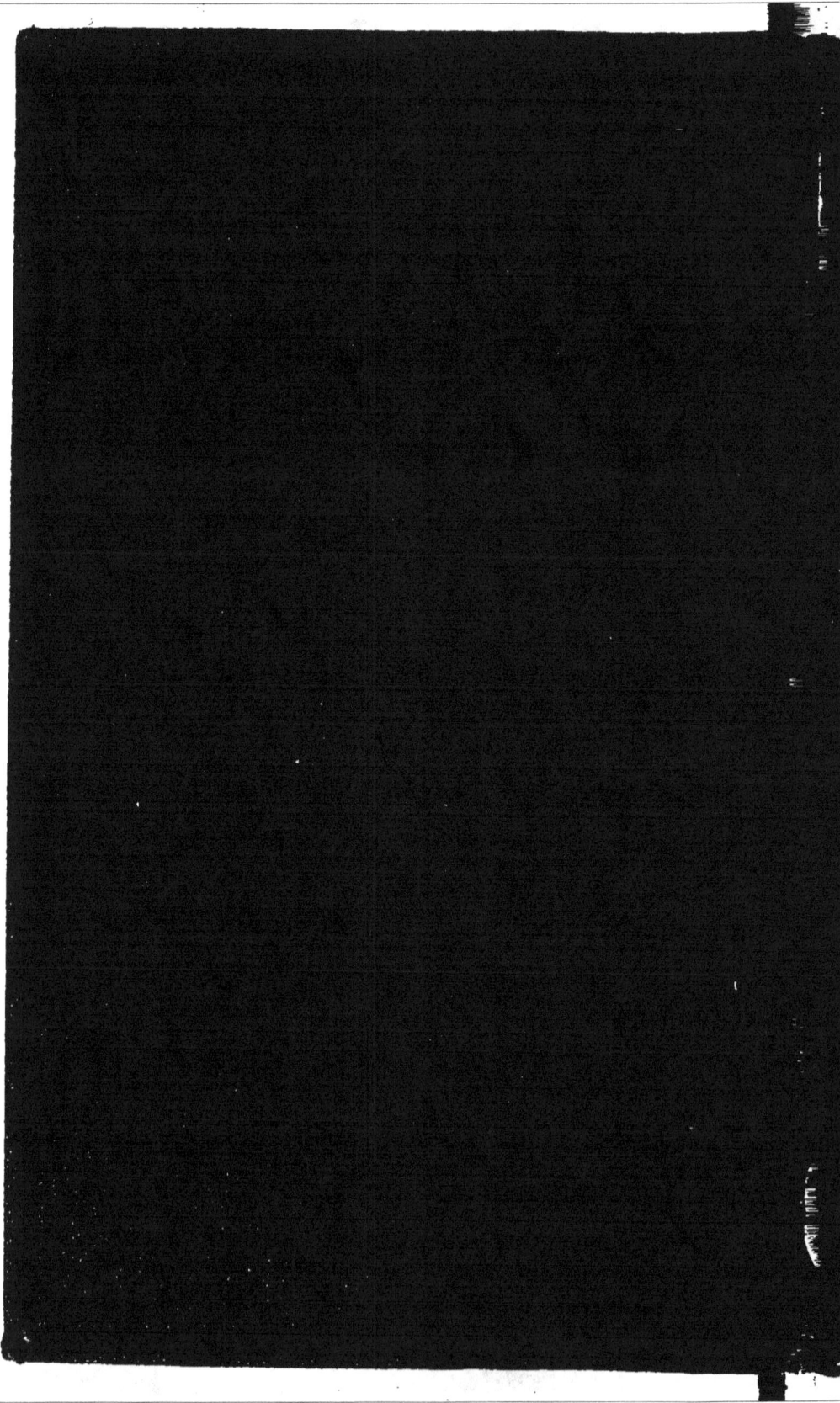

www.ingramcontent.com/pod-product-compliance
Lightning Source LLC
Chambersburg PA
CBHW071631270326
41928CB00010B/1874